普通高等教育"十二五"系列教材

U0657864

电力企业市场营销

编著　杨淑霞
主审　李　翔

中国电力出版社
CHINA ELECTRIC POWER PRESS

内 容 提 要

本书为普通高等教育"十二五"系列教材。

为了使电力企业市场营销更适应新形势的需要,本书对发供电企业市场营销的内涵及内容进行了探讨,介绍了电力企业市场营销环境、电力市场运营的基本模式、供电企业营销基本业务;对发电企业竞价策略、竞价模式、大用户直供、供电企业营销体系与策略等进行了探讨,重点介绍了用电服务接触管理、客户抱怨管理,详细介绍销售电价及测算、供电成本测算、销售电价结构设计、销售电价水平测算和电费管理,着重分析了可再生能源电力营销、需求侧管理、智能用电服务等。本书秉承融创新性、前瞻性、实用性于一体的写作主旨,采用理论研究与实践经验相结合的写作方法,具有理论表述完整、经验实例浅显、操作程序可循等特点。

本书主要作为普通高等院校电力企业市场营销的教材,也可作为电力企业员工的培训用书,还可供从事电力市场营销工作的有关人员参考。

图书在版编目 (CIP) 数据

电力企业市场营销/杨淑霞编著. —北京:中国电力出版社,2013.8 (2021.5 重印)

普通高等教育"十二五"规划教材

ISBN 978 - 7 - 5123 - 4553 - 9

Ⅰ.①电… Ⅱ.①杨… Ⅲ.①电力工业-工业企业-市场营销-中国-高等学校-教材 Ⅳ.①F426.61②F713.50

中国版本图书馆 CIP 数据核字 (2013) 第 125279 号

中国电力出版社出版、发行
(北京市东城区北京站西街 19 号 100005 http://www.cepp.sgcc.com.cn)
北京九州迅驰传媒文化有限公司印刷
各地新华书店经售

*

2013 年 8 月第一版 2021 年 5 月北京第二次印刷
787 毫米×1092 毫米 16 开本 14.5 印张 352 千字
定价 27.00 元

版 权 专 有 侵 权 必 究

本书如有印装质量问题,我社营销中心负责退换

前　言

电力企业市场营销的产生是电力市场出现的必然结果。随着电力市场的逐步发育、完善，电力企业将面对更多的、不同类型的客户和竞争者，市场营销成为电力企业的核心业务，所以市场营销的成败在很大程度上决定着发供电企业的生存与发展。当前电力企业面临着更为复杂的环境，正处于电力产业流程智能化为代表的技术革命剧烈变化过程中，这些都对电力企业的生存和发展带来极大的影响。面对新的形势，电力企业营销必须建立适应市场经济发展的电力营销机制，采取市场导向的管理模式，把市场营销定位为电力企业的核心业务，电力的生产经营活动服从和服务于电力营销的需要；应当充分利用目前"产业流程智能化"改造的有利时机，满足广大用电客户的用电需求，运用先进的通信、网络、计算机技术，为客户提供高效的、全方位的优质服务，以严格规范的管理对各项业务进行监控，才能实现电力企业的营销目标；应该改变过去建立在卖方市场基础上旧的电力管理模式，基于买方市场的要求建立起新型电力营销理念，建立一个能适应市场需求，充满活力的市场营销体系和机制。本书正是在这样的历史背景下，为了满足高等教育，尤其是电力院校市场营销专业或专业方向教学的需要而编写的。

电力企业市场营销具有很强的服务性、责任性、整体性、政策性和技术性，管理和服务两者密不可分。第一，电力企业市场营销是一项服务性很强的活动。电力工业的公益性、基础性地位决定了电力营销的服务性质。大到国民经济，小到居民生活，无论何时何地，电力企业市场营销都必须为客户提供优质、可靠、充足的电力能源。电力产品生产与消费的同步性，使电力企业与电力客户之间的联系十分紧密，这种紧密的联系主要靠营销人员的服务来完成。第二，电力营销是一项责任心很强的活动。电力企业对客户的安全用电负有一定的责任，应向电力客户提供安全用电知识和技术，在营销活动中把客户的安全放在首位。电力企业一方面要努力提高经济效益，一方面要更多承担全社会节约能源的责任，在营销中要优化合理用电方式，让用户在满足用电要求的前提下节约用电。第三，电力企业市场营销是一项整体性很强的活动。电力市场的销售和流通渠道，靠的是电网，依靠电网连接起来的生产、消费渠道，每个环节都扣得很紧，缺一不可，否则安全生产、电力商品销售将无法保证，社会效益、企业效益都将成为一句空话。因此，电力营销部门只有为客户提供规范的整体服务，才会有电力企业的发展。第四，电力企业市场营销是一项政策性很强的活动。电力企业必须贯彻执行国家在各个时期有关的能源政策，正确实施国家关于电力生产、供应与使用政策，使电能得到充分合理的利用。在实现商业化运作的同时，必须严格按照国家规定的市场营销政策和业务范围，从事电力市场营销工作。第五，电力企业市场营销是一项技术性很强的活动。电力工业是一种技术密集、资金密集的产业，在生产和消费的各个环节都采用了大量的先进技术，信息传送的自动化、计量装置的配置、校验与管理的电子化、营销业务管理的信息化等，形成了电力企业市场营销的一个鲜明特征，即很强的技术性。推广、采用现代科学技术手段，推进营销管理的现代化，是电力企业提高工作效率和服务质量，获取经济效益的有力保证。

基于上述对电力企业市场营销的理解，本书内容密切联系发供电企业实际，力求系统全面。书中没有照搬一般市场营销学的体系和内容，也没有山寨国外同类书籍的内容和结构，与目前发行的相关市场营销学教材内容不雷同，完全根据我国电力企业的现状与发展建立体系和组织内容。该书所编写的内容不是针对单一的发电企业或供电企业，而是密切联系发供电企业实际，把发电企业市场营销和供电企业市场营销的业务编在了同一本书，比较系统全面地介绍了整个电力产业链的营销过程，这对发供双方互相了解业务特点，了解整个产业链的营销环节，进而先营而后销、先谋而后动、相互理解、相互配合提供了知识准备。该书既研究目前发供电企业涉及的营销问题，也对发供电企业营销前瞻性问题进行了讨论。尤其针对如何适应"三集五大"体系、智能用电服务体系、智能用电与电力营销等进行了介绍和研究。本书也对业内热议的可再生能源电力营销、大客户直供等与能源发展密切相关的内容进行了较为详细的研究。

　　本书在编写过程中参阅借鉴了大量文献资料，是这些作者的前期努力为本书打下了基础，在此向相关作者致以最诚挚的感谢，同时引用的参考文献在标注中可能有所遗漏，敬请谅解。无论全书的结构体系，还是各章的具体内容都是一种探讨，迫于教学需要，不揣冒昧，大胆编写了这本书，以飨读者，写作过程缺漏在所难免，敬请读者批评指正。

编　者

2013 年 3 月

目　　录

第一章 概 述

第一节 电力市场与电力企业市场营销

一、电力市场

电力市场包括广义和狭义两种含义。广义的电力市场是指电力生产、传输、使用和销售关系的总和。狭义的电力市场即指竞争性的电力市场，是电能生产者和使用者通过协商、竞价等方式就电能及其相关产品进行交易，通过市场竞争确定价格和数量的机制。竞争性电力市场的要素包括市场主体（售电者、购电者）、市场客体（买卖双方交易的对象，如电能、输电权、辅助服务等）、市场载体、市场价格、市场规则等。

根据以上定义，电力市场首先是一种管理机制。这种机制与传统的行政命令机制不同，主要采用市场的手段进行管理，从而达到资源优化配置的目的，所以电力市场的基本原则是公平竞争、自愿互利。同时，电力市场还是体现这种管理机制的执行系统，包括交易场所、计量系统、计算机系统、通信系统等。

竞争性电力市场具有开放性、竞争性、网络性和协调性。与传统的垄断电力系统相比，电力市场具有开放性和竞争性。与普通的商品市场相比，电力市场具有网络性和协调性。

市场的本质是竞争，通过竞争，提高电力工业整体效率和服务质量，降低电价，提高国民经济的国际竞争力。竞争的前提是公平，公平是市场机制的基本原则。电力市场机制的引入对经济性提出更高的要求，需要在统一协调安全性和经济性的前提下，切实保证市场规则对所有成员公平、公正、公开。在电力市场环境中，发电商与电网公司成为公平买卖、进行电力交易的平等市场成员；电力及其服务成为商品。这样，传统的基于粗放管理和行政手段的一系列规划、调度和控制方案，势必无法适应充满竞争的市场环境，必须用全新的视角重新审视电力系统运行控制及规划工作的各个环节，引入市场调节手段。

二、电力市场模式

在世界范围内，电力市场模式是多种多样的。但无论采用何种模式，有一点是不变的，即输电业务和发电业务彼此独立，在发电领域开放，允许多种所有制成分、多种经济形式的发电厂存在，引入竞争机制。各国都有自己的国情和市场特点，所涉及的问题各不相同，相应的电力市场模式也分别具有各自的特点。下面将主要通过电力市场的运行机制、交易方式、定价模式、电力联营体内交易和电力联营体外交易等方面来分析和比较电力市场模式。

电力工业从一体化垄断模式向竞争的市场模式转变是一项艰巨复杂的任务，必须根据本国电力发展已形成的特点选择适当的模式，经过研究论证，制定目标明确的计划，并在法律法规的支持下，逐步有序地实施。

电力工业市场改革的最终目的是最大限度地利用市场手段来提高电力工业生产效率，降低电力生产和供应成本，实现资源的优化配置。而就目前电力工业发展程度和相关社会经济环节来看，这一目标需要分阶段逐步实现。要通过在电力生产的不同环节逐步引入竞争，充分考虑已形成的电力供应特性和电力网络结构，结合电网未来发展格局，分级构筑市场结构，选择并制定适当的市场运行机制，建立健全市场管制体系，使电力市场改革平稳地向前发展。综合各方面研究的成果，可提出电力市场改革的阶段性目标，见表 1-1。

表 1-1　　　　　　　　　　　实现电力市场的四个阶段

电力市场模式	垄断	单一批发（Single buyer）	电力批发（Whole sale）	零售竞争（Retail competition）
定义	全系统垄断	仅发电竞争（发电侧有限竞争和完全竞争）	加上批发商或供电公司选择	加上用户竞争
发电竞争	No	Yes	Yes	Yes
批发竞争	No	Yes	Yes	Yes
用户竞争	No	No	No	Yes
备注			用户必须由所接入的供电部门供电	用户可选其他供电部门供电

从竞争角度来看，在电力市场中，有四种基本模式（尽管每一种都有各种可能的变种），分别对应于电力工业中垄断、竞争的不同程度。

（1）所有阶段的垄断。发电不竞争，没有人可以选择供应者。单一公司有发电、输电和配电的垄断权，这是传统电力工业的模型。

（2）发电侧竞争的电力市场、单一购买者模式。单一购买者从许多不同的发电商中选择，以鼓励发电阶段的竞争。不允许发电企业直接进入输电网络卖电给最终用户，购买中介在输电网和与最终用户的交易上有垄断权。

这是将竞争引入到电力工业的最初级模式，在这种模式下，电力系统各发电厂与电网分开，成为独立的法人；发电市场存在唯一的买电机构，各个发电公司相互竞争，向这个机构提供电力，电网经营机构向发电公司买电并向配电公司或用户供电；输电网、配电网仍然垄断经营。（目前我们国家即是此种模式）

单一购买者模式的主要特点如下。

1）在电厂基建和运行两个方面引入竞争机制，发电公司承担了基建和运行两个方面的风险；在控制基建投资和降低运行费用或降低电力生产成本方面具备自我约束机制。

2）电网经营管理机构或电网公司负责整个电能买卖经营和操作，负责整个电网的安全可靠运行，对电网的建设和电网的优化具有激励机制，同时承担了电网建设、买卖电力的风险。

3）输电和配电仍垄断经营，为保证各独立发电公司（或发电集团）的平等参与竞争，电网公司对买卖双方的运行操作须坚持公平、公开、公正的原则，电力交易过程始终要在法律和政府的有效监督之下。

4）电力用户没有选择供电的权利。

5）电网间电力交换通过电网管理机构或电网公司进行交易，配电公司不能同相邻的电网进行电力交易。

由于在占电能主要成本的发电领域引入竞争机制，对控制电厂基建成本、减少生产运行费用具有重要作用。另外，从传统的垄断经营模式到发电市场竞争模式相对来说比较容易，对于市场机制不甚完善的发展中国家来说，这一点是十分重要的。但是，由于单一购电机构，只是在发电领域引入了部分竞争，使得竞争有限，单一购电机构的电力买卖仍然是一种垄断行为，电网不开放。

(3) 批发竞争、输电网开放、多个购买者模式。配电和零售公司从电力生产者直接购买电力并通过输电网传送。但配电/零售公司对最终用户仍然有垄断权。

在发电与电网分离后，输电与配电分开经营，发电竞争，输电网放开，并提供有偿服务；配电公司仍然对用户垄断经营（专营区），但售电公司获得了购电的选择权；大的电力用户获得了购电选择权。

批发竞争模式的主要特点如下。

1) 发电公司所生产的电能不必全部卖给电网经营管理机构，可以通过合同或进入实时电力市场直接卖给售电公司和大用户。

2) 输电网向用户开放，电网经营机构（电网公司）负责电网的运行、控制和实时电力市场的管理，组织输电辅助服务，电网公司风险减少。

3) 电力市场既有实时市场，又有中长期市场（合约交易）；售电公司既可以从电力市场购电又可以从发电公司购电，有了购电选择权，承担了买卖电力的风险。

4) 互联电网间的交易不再仅仅是电网公司的事，售电公司或大用户可通过输电网从其他地区购电。

上述特点表明，这一阶段的电力市场，各市场要素逐步完善，竞争力度增大，发电环节已展开比较完全的竞争。

与第一阶段市场不同，市场更多地允许发电商与售电公司通过合同方式来实现交易。这一阶段是电力市场的成长阶段。

(4) 零售竞争模式。批发竞争模式只允许一部分大用户有选择供电商的权利，其他用户没有选择权，在市场经济中，出现了不公平问题。随着市场的发育和完善，应使所有用户都获得购电选择权。这就是零售竞争阶段。在这一阶段，零售商向用户发出告示，用户根据电价及服务质量选择零售商，与零售商签订供用电合同。所有的用户都可以选择他们的供应者。对输电网和配电网是开放的，这个功能可以通过一个叫做独立系统运行者（ISO）的实体来实现。配电从完全竞争的零售活动中被分离出来。这个模式很有可能是未来世界电力工业的模式。零售竞争通过将所有用户都带入市场来产生非常强大的竞争力。这一阶段，不仅在发电环节，而且在零售环节，都展开较完全的竞争。

零售竞争模式的主要特点如下。

1) 配电网与输电网一样，都向用户开放，提供配电服务，收取服务费。

2) 售电公司不再对中小用户垄断经营。

3) 发电厂直接受用户选择，同时也获得选择用户的权利。

4) 所有用户都可以直接从发电厂买电，获得了选择权。

这种经营模式，选择和竞争范围加大，市场竞争更为激烈，竞争各方承担风险，因而更注重效益的发挥，对采用新技术、降低生产成本形成良好的激励机制。但这种模式的运作，需要建立十分完备的法律法规和功能完善的技术支持系统。这个阶段是各级电力市场的成熟阶段。

零售竞争市场需要有坚固的电网结构、先进的通信网络、完善的金融系统和法律系统做支持，同时需要更换复杂昂贵的表计来实现用户的自由选择权，因此这一步改革的代价不容忽视。

三、电力企业市场营销

根据现代市场营销的发展，市场营销是指企业在变化的环境中，为满足消费需求和实现企业目标，综合运用各种手段，把商品和服务销售给用户的一系列市场经营活动与过程。从上述定义可以看到，市场营销过程向前扩大到生产领域和产前的各项活动，向后延伸到流通过程结束后的消费过程。其内容涵盖市场调研、细分、产品开发、定价、促销、售后服务等诸多环节，其目的是为满足用户及顾客的全部需求。

在采用产品研究方法对市场营销学进行研究时，以电力产品的市场营销为研究对象则构成了电力企业市场营销。也可以说电力企业市场营销是用市场营销学的原理来研究电力企业市场营销活动的学科，即指通过电力企业的生产、输送、分配、销售电力商品及其附加服务，创造出为他人与组织交换的电力商品价值，以满足用电客户对电力的需求，不断提高电力企业效益的活动。

电力企业市场营销的研究内容主要应包括基础理论、营销环境、基本营销业务、新型营销业务、电力企业营销策略、可再生能源营销、智能用电服务、需求侧管理等。

电力市场营销在美国电力公司、日本电力公司、澳洲的电力公司等也得到了充分运用，在中国也得到了广泛的关注，其产生的影响无论是对政府、对电力企业，还是对广大用户，都将是巨大的。

四、我国电力企业市场营销产生的必然性

1. 我国经济的高速发展必然产生电力市场

电力是一个特殊的行业，它的高效、稳健运行关系到国民经济的健康发展。随着我国国民经济的快速发展，电力负荷的快速增长、负荷分布不均、电力成本高等问题日益突出，这些现实的问题呼唤着电力市场。电力市场是在一定时间和空间范围内，电力买方和卖方相互作用以实现其买卖关系及其意志行为的载体，通过电力市场，可以利用市场手段来提高电力行业生产效率，降低电力成本，实现资源的优化配置。

随着独立发电公司浮出水面，"厂网分开"的电力体制改革宣告完成，我国建立电力市场已成为不争的事实。

2. 竞争性电力市场是产生市场营销的基础

根据我国基本国情和国外经验，首先在发电环节引入竞争，开始逐步建设竞争性电力市场。我国竞争性电力市场具有两个本质特征，一是国有经济占控制地位，这是我国社会主义性质所决定的；二是市场的竞争性，这是市场的普遍性所决定的。竞争是指有效的竞争，是电力市场的各个主体按照共同的市场规则，无歧视地进行公开、公平、公正（即"三公"）竞争，也就是有序和开放的竞争，竞争的存在必然伴随着营销的产生。而在上述四种电力市场模式中，从垄断、发电竞争到零售竞争（用户可选择其他供电部门供电），电力市场越来越开放，竞争程度越来越激烈，引入竞争的环节越来越多，参与竞争的电力企业也越来越多，通过良好的营销活动取得最佳效果是电力企业的必然选择。

3. 电力市场的存在使电力企业必然产生市场营销

从电力市场模式上看，我国的电力市场是在发电竞争上开始起步。电力市场由买卖双方构成，在起步阶段，买方为电网经营机构，卖方为各个发电公司。作为买方，电网经营机构关心的是买到高质量、价格低廉的电力产品。作为卖方，由于竞争的存在，

为了本企业多卖电，发电企业开始关心电力销售，千方百计地应付竞争。发电企业为了更多地销售本企业的电力产品，就要了解买方的需求，要进行市场调查、预测；要研究电力需求的变化趋势；要探索电力市场运营规律；要针对市场竞争采取各种策略，要努力满足买方的需求。总之，要围绕市场做很多工作，而企业对市场进行的一切活动就是一般意义上的市场营销。因而只要发电侧引入竞争，发电企业的市场营销随之就将出现。

供电企业目前是垄断客户，但随着电力市场的发展，零售商的加入和顾客拥有购电选择权，供电企业为了更多地销售电力产品，就要针对客户特点进行营销活动。

发供电企业市场营销的产生是电力市场出现的必然结果。随着电力市场的逐步发育、完善，发供电企业将面对更多的、不同类型的客户和竞争者，其市场营销工作不但不会减少，反而会越来越复杂，所以市场营销的成败在更大程度上决定着发供电企业的生存与发展。

第二节　电力企业市场营销的研究对象和方法

一、电力企业市场营销的研究对象

研究对象关系到一门学科研究的现象领域、基本内容和发展方向问题。电力企业市场营销是研究发电企业如何在激烈的竞争中得以上网、供电企业如何在与其他能源的竞争中生存与发展的问题，即研究电力企业在不断变化的环境中，如何寻找市场机会，更好地满足用电客户需求的问题。

电力市场营销的研究对象应是电力企业在市场上的营销活动及其规律性。具体地说，它主要研究电力企业生产的电力产品和服务如何转移到用电客户的全过程。它站在电力生产、供应者的角度，作为供给一方来研究如何适应电力市场需求，如何使电力产品比其他能源方式更具吸引力，如何合理定价，优质服务，使用户满意，使用户安全用电、多用电，从而提高电力企业的经济效益。

二、电力企业市场营销的研究方法

目前与电力企业市场营销有关的书很多，这些论著多是采用对某一环节进行研究的方法，本书倾向于从管理角度来研究电力企业市场营销。这种方法强调从管理决策的角度来研究电力企业市场营销问题，通过电力市场调研对电力企业生产、输配、供应、服务的类别和环节进行有效的市场定位，并且特别重视电力企业市场营销的分析、计划、组织、实施与控制。把影响电力企业营销活动的因素（变量）分为两大类。一是不可控因素，即电力企业本身不可控制的环境因素，主要包括微观环境和宏观环境；二是可控因素，即电力企业自己可以控制的电力产品及其服务、电价改革、需求侧管理、用电产品引导、发电与供电的先进技术采用等。电力企业市场营销管理的任务主要是使可控因素与不可控因素相适应，以及各种可控因素之间协调配合，合理进行营销组合决策，使电力企业的市场营销管理决策与外界不断变化的环境相适应。电力企业按着市场的需求，分析外界不可控的环境因素，同时考虑电力企业自身的资源与目标，选择最佳的营销组合，扩大电力销售。

第三节　电力企业市场营销内容

一、发电企业市场营销内容

1. 发电企业市场营销的最终目标

在电力市场环境下，发电企业必须按照市场需求进行电力生产，因而首先要理解市场的含义。发电企业市场营销中的市场与电力市场中的市场涵义不同，发电企业市场营销中的市场是指电力产品的现实购买者与潜在购买者需求的总和。站在发电企业的立场上，所有的发电企业都是竞争者，而不是市场，即只有买方才构成市场。

发电企业市场营销有以下几个要点。

首先，发电企业市场营销的最终目标是满足各类电力客户（电网、供电企业、零售商、大用户）对电力产品的需求，同时发电企业本身获取利润。

其次，交换是发电企业市场营销的核心，并且交换应是积极的、主动的、富有创造性的，这样才能实现最终目标。否则，消极的、被动的、循规蹈矩的交换将影响电力产品的销售。

最后，交换过程能否顺利进行，取决于发电企业所生产的电力产品满足客户需求的程度和交换过程所选择的方式及管理水平。

发电企业市场营销的最终目标是满足各类电力客户（电网、供电企业、零售商大用户）对电力产品的需求，在满足客户需求的同时企业本身获取利润，因此其基本任务是使电力需求与电力供给顺利、完美地结合。

2. 发电企业市场营销的内容

为使电力需求与电力供给能够顺利、完美地结合，发电企业的市场营销活动有很多内容。其具体内容主要有：

（1）电力负荷预测。

（2）现货交易。

（3）辅助服务交易。

（4）中长期合约交易。

（5）期货交易。

（6）实时交易。

（7）销售渠道选择。

（8）电力促销。

（9）电力产品决策。

（10）客户选择与评价。

（11）市场开发。

3. 发电企业市场营销的特点

由于电力产品的特殊性，发电企业的市场营销自然有别于一般产品的市场营销，其特点主要体现在以下几个方面。

（1）营销过程非常复杂。第一，发电企业的电力产品，在发电量一定的前提下，可采用多种方式进行交易，如日前市场交易、中长期合约交易、辅助服务交易、实时交易、期货交易等；第二，采用上述几种交易方式进行交易时，一般情况下电价是不同的，采用的营销策略也应是不同的；第三，各种交易方式下电价的确定都是非常复杂的；第四，在几种交易方式之间如何合理分配电量，使营销风险最小、营销效果最佳是十分困难的事情；第五，电力生产与电力需求在时间、空间上存在着一定的矛盾。上述五方面，决定了发电企业市场营销活动的复杂性。

（2）同时性很明显。第一，电力产品最大的特点是发电、输电、配电、用电同时完成，电力产品与一般产品不同，它不能大量储存。电力产品必须做到生产量与需求量的同步；第二，一般产品的生产与将产品送达最终用户可以有一个周期，电力产品从生产到到达终端用户必须同时。

（3）处处充满博弈。竞价上网意味着发电企业如果出价不当，马上就要出局，其竞争的激烈程度较一般产品有过之而无不及。竞价上网时，各发电企业的报价是保密的，因此整个竞价过程处处充满着博弈。为了能在竞争中取胜，就要用博弈论的理论与方法去解决营销问题。

（4）营销要素影响的不对称。在一般产品营销中，营销四要素对目标市场的影响基本是相同的，而在发电企业的市场营销中，营销四要素的影响程度并非相当。四要素中最活跃的是价格，价格竞争是发电企业竞争的主要手段，价格直接关系到营销的成败，而促销、电力产品的变化对营销的影响较价格对营销的影响要小一些。

（5）不存在产品寿命周期。一般而言，某品牌产品具有典型的产品寿命周期，并应根据产品所处的寿命周期的不同阶段采取不同的营销策略，电力产品基本可以认为不存在这样的寿命周期。其销售量受多方面因素的影响，而不像一般产品更多地表现为时间的函数。

（6）产品策略难以奏效。作为一般产品市场营销基础的产品策略，在发电企业市场营销中，难以起到应有的作用。新产品开发、产品组合策略、包装策略等在发电企业市场营销中没有"市场"。

二、供电企业市场营销内容

1. 供电企业市场营销最终目标

供电企业市场营销的最终目标是满足各类电力用户（商业用户、工业用户、居民用户）对电力产品的需求，在满足客户需要的同时企业本身获取利润，因此其基本任务是使电力需求与电力供给顺利、完美地结合，这一目标的实现也是通过交换来完成的。

2. 供电企业市场营销内容

（1）营销日常工作。

（2）电力需求调查与预测。

（3）电力市场细分。

（4）电力目标市场定位。

（5）产品策略。

（6）价格策略。

（7）促销策略。

（8）服务策略。

（9）购电市场分配。

（10）市场开拓。

（11）需求侧管理。

3. 供电企业市场营销与其他产品市场营销的联系与区别

（1）供电市场营销与其他产品市场营销的联系。

1）二者均具有传播某种观念，销售某种文化，满足人们某种需要及效用的特点。某种程度上讲，食品是一种饮食文化的载体，处处体现着一种观念和食品生产商的文化和理念，而食品本身仅是一种载体。人们买车并不是买车的本身，而是买一种交通便利（即某种效用）和本身载有的文化，如高级轿车实际上是地位身份的象征。电力产品既满足了人们某种效用，给人们提供了洁净能源，同时还把电力企业的服务意识、节能与安全用电的观念传播了出去，电力企业所推崇的某种管理理念也传播了出去。

2）二者均应遵循市场营销学的原理，只不过二者的工作重点、方法和技巧不同而已。这实际上并不奇怪，因为没有两种产品市场营销的方法与技巧完全相同。供电市场营销不是有没有的问题，而是人们长期重视不够，在供电远远小于需求的年代，人们几乎忘记了供电市场营销的存在。

（2）供电市场营销及其组合与其他产品市场营销及其组合的区别。

1）从生产到终端用户时间不同。电力产品的交易本身虽包括了一系列环节，如发电环节、输配电环节、供电环节，然后才到终端用户（工业、商业与居民），但交易过程是瞬间完成的；而其他有形商品从生产到终端用户往往周期很长，而且中间环节较多。

2）其他产品的市场营销，不仅强调终端营销，而且强调中间过程的营销，如分销、储运、批发、零售；而电力的市场营销，工作重点主要在终端营销，尽管也包括发电市场、输配电市场，但工作重点应在终端营销上，或者是为终端营销服务的。

3）电力产品的营销组合是 6P＋S，而其他产品的营销组合是 6P'S，各自的内涵不尽相同。

三、市场营销在发供电企业中的地位

目前，在我国不少发供电企业中，对发供电企业的市场营销仍存在一些模糊的认识，也不排除偶有电力生产与市场营销孰轻孰重的争议，垄断经营的习惯做法、思维方式依然明显存在着。究竟如何看待发供电企业的市场营销，市场营销在发电企业应具有何种地位是所有发电企业必须十分清楚的问题。这一问题不很好地解决，营销不协调症将会十分严重，使发电企业产生大量内耗。

从社会企业中市场营销地位的发展变化，可以得到许多有益的启示。借鉴这些启示，可以使发电企业的市场营销少走弯路。

从市场营销的发展历史看，最初企业中的市场营销部门与其他部门同等重要。接着，市场上出现了需求不足的情况，营销部门被认为是比较重要的部门。此时更有甚者提出，没有顾客也就意味着企业的消亡，所以市场营销应是企业的主要职能。他们将市场营销置于中心位置，而将其他职能当做市场营销的辅助职能。这种创新激起了其他职能部门经理的不满，他们不甘心当市场营销部门的配角。为了解决各部门间的矛盾，有人提出，企业的中心应当是顾客，一切活动应围绕顾客来进行。因此他们认为，必须采取顾客导向，而且所有职能性业务部门都必须协同配合，以便更好地为顾客服务，使顾客需要得到满足。这样，市场营销又回到了与其他部门同等重要的地位上。持续一段时间后，随着营销实践的发展和市场竞争的加剧，越来越多的企业高层管理人员终于达成共识：市场营销部门与其他职能部门不同，它是连接市场需求与企业反应的桥梁、纽带，要想有效地满足顾客需求，就必须将市场营销置于企业的中心地位。经过数年的考验，这一共识仍被市场营销实践所认可。

虽然电力产品有一定的特殊性，发供电企业营销的过程、方式等方面不同于一般企业的市场营销，但所有企业市场营销实质是相同的。就发供电企业而言，在市场营销管理、生产管理、财务管理、人事管理等众多企业职能中，唯有市场营销管理是在市场上或发供电企业外部进行的，而其他管理基本上是内部管理，因此，社会公众往往从发电企业市场营销工作的好坏看其整体管理水平的高低。而在电力市场环境下，发电企业市场营销工作的好坏，也确实决定着企业总体效益的高低。因此，对发电企业而言，无需讨论，从高层领导到一般员工应统一认识，并按照这一认识去行事，即市场营销在发电企业应处于企业的中心地位。

第二章 电力企业市场营销环境

第一节 微观市场营销环境

微观营销环境区别于宏观营销环境的关键在于：其一，它比宏观营销环境对电力企业市场营销活动的影响更为直接；其二，电力企业可以通过努力，不同程度地对微观环境中的某些因素加以控制。掌握两类不同环境对电力企业市场营销活动的作用程度，是电力企业市场营销理论研究的一个重要课题。

一、供应商

供应商是指那些向制造企业及其竞争对手供应生产所需要的各种资源的其他企业和个人，他们向企业提供原材料、设备、燃料等，也包括直接向相关企业提供商品及相应服务的其他企业及其分支机构、个体工商户，包括制造商、经销商和其他中介商，即供应商品的个人或法人。

电力企业处于电力产业链中的不同位置，所面对的供应商不同。对发电企业而言，煤、设备、水供应者等是其供应商。对电网经营企业而言，其供应商是设备、电缆等器材供应者及供应电力商品的发电企业。

对发电企业而言，供应商对其发电和营销活动起着举足轻重的作用，供应商所提供资源的价格和数量，直接影响着电价、电量、利润等。供应资源质量差或不能按期交货、燃料价格上涨等势必影响到企业正常的发电及所发电的质量。这种情况不仅要影响而且会损害企业在电网中的信誉，最终影响到发电企业营销活动的正常进行。所以，发电企业必须注意以下两个方面的问题。

1. 正确选择供应商

首先，对供应商的情况进行审评。其次，检查可供物资的规格标准是否满足本企业要求。然后，对供应商的产品质量、交货期的准确性、信贷条件、担保和低成本等的组合进行研究，选取最佳者。

发电企业还应根据不同的供应者在煤、设备等供应中的地位和作用，将供应商区别对待，对于那些为企业提供必需原材料的极少数重点企业，应作为对供应商研究的重点，以保证各类资源的有效供应。

2. 从多方面获得供应，不可依赖于任何单一的供应商

发电企业与各种资源供应者的关系是十分微妙的，有时相互依存，有时因矛盾迅速解体。供应商可以向多家企业供货，发电企业也可以向不同的供应商订货。所以，发电企业应同时与各类供应商建立联系，通过建立多个供应渠道来增加供应商的自由度，以减少供应风险。但是，这意味着发电企业平时要付出更多的精力与财力，否则会受制于某一单一的供应者。而且，与多家供应商合作，也便于企业选择最佳的价格、渠道。

对电网经营企业而言，拓展电力市场，必须重视对发电企业的研究。如何使所购买的电力产品价格最低，这是电网经营企业最为关心的问题。当然，解决好这个问题，办法很简单，电网经营企业只要按供求规律和优化资源配置的原则选择上网者即可。为此，发电侧市

场必须健全，有条件实现公平竞争，竞价上网。

二、竞争者

竞争者分析在整个电力市场营销环境分析中具有极其重要的意义。电力企业市场营销的根本任务就是要比竞争对手更多更好地满足用户的电力需求。这就要求电力企业不仅要了解电力市场需求的状况，还要了解所在电网、所在供电区域竞争的特点。在看清所在电网、所在供电区域竞争形势的基础上，电力企业才能制定出有效的市场营销组合。

在电力市场上，竞争同样表现为同业竞争和非同业竞争。目前我国发电企业之间的竞争表现为同业竞争，发电企业的竞争最明显的表现为竞争上网。在同一电网内，一个发电企业的"得"常常是以另一个（些）发电企业的"失"为代价的。电网经营企业的竞争则主要表现为不同行业的竞争，即与可替代品生产者的竞争，如石油、天然气等。在替代品市场上，充分发挥电能的天然优势，辅之以灵活的价格措施和优质的服务，是扩大市场、创造需求的重要途径。电力企业应对自己竞争者的总体情况，如数量、分布、所属行业等，有个基本的了解，从而明确本企业在竞争中的地位，确定本企业的主要竞争对手。

电力企业的竞争能力体现在电力企业的规模、资金、技术水平、电压、可靠性、企业的市场占有率等方面，通过对竞争对手竞争能力的分析以及与本企业竞争能力的比较，可以发现自己的优势和劣势，从而制订正确的营销战略和策略，创造战胜竞争对手的机会。与此同时，还应时刻注意竞争对手的发展动向、技术发展动向和策略发展动向，及时了解市场竞争态势的变化，以便掌握竞争的主动权。

三、公众

电力企业涉及安全、环境等重大问题，因此它的营销活动不仅为其竞争对手所关注，还为与之相互影响的其他公众对象所关注。因此，电力企业需要与这些公众对象建立并保持良好的关系。

电力企业应设置专门的公共关系部门来处理、分析公共关系工作中的问题，但搞好公共关系工作还需要电力企业全体员工的参与。电力企业任何员工的对外言行，都可能触及到本企业的公共关系状况。电力企业的公共关系工作可以被看成为一种广义的营销活动：顾客是与电力企业相互影响的社会各方，电力企业的公关活动则是为了满足这些方面的不同需求。

电力企业的公众主要包括：

（1）融资方公众。融资方包括银行、投资及信贷公司、本电力企业股东等。与融资方关系的好坏决定了电力企业获取资金能力的大小。

（2）政府公众。电力企业制定营销战略规划时必须把政府的因素考虑进来。电力企业不得违背政府的政策、法规，而应争取促使政府颁布有利于本电力企业的法规，创造有利于本电力企业的宏观环境条件。

（3）新闻媒介公众。新闻媒介主要是报纸、杂志、广播、电视等宣传和舆论导向手段。与新闻媒介搞好关系，对提高电力企业知名度、制造有利于电力企业发展的舆论环境有重要意义。

（4）社区公众。虽然电力企业所在地的居民及其各种组织机构与电力企业关系的好坏不能直接影响到电力企业的营销活动，但电力企业积极参加当地社区建设及当地各种组织团体的活动，无疑会扩大电力企业在社会上的影响，突发事件发生时，以获得社区公众的理解。

（5）社会公众。社会公众是指社会一般公众和社会公共团体。与社会一般公众的关系状况反映为电力企业在整个社会上的知名度与形象。良好的电力企业声誉是电力企业富有价值的无形资产。社会公共团体包括各种消费者组织、环境保护组织、少数民族团体组织、妇女、儿童和老年人权益组织、各种慈善机构、宗教团体，等等。这些团体能通过政府或者自发组织行动对电力企业施加一定程度的压力，从而影响电力企业的营销活动。

电力企业走向市场的时间较短，对公共关系的认识还有待加深，但从机构上应设置公关部、从思想上应对公关予以重视，以避免公共关系问题可能带给企业的不利影响，并通过公共关系争取外界对企业的支持。

四、内部营销环境分析

面临相同的外部环境，不同的电力企业的营销活动所取得的效果可能并不一样，这是因为它们有着不同的内部环境要素。在内部各环境要素中，主要的影响因素有职工、资金状况与设备、机构设置、观念、规章制度等。

职工是电力企业营销策略的确定者与执行者，是电力企业最重要的资源。职工的思想素质和专业素质、技术水平如何，关系到电力的生产、安全、可靠性，这是营销活动的基础。尤其是电力企业是否有一支高素质的营销队伍，对营销成败有着至关重要的影响。

电力企业管理水平的高低、规章制度的优劣决定着企业营销机制的工作效率。

资金状况与设备等条件是企业进行一切营销活动的物质基础，这些物质条件的状况决定了电力企业的发电、输电、供电量，决定了电力企业营销活动的规模。

是否树立了营销观念，营销观念的正确与否是电力企业营销的关键。电力企业应树立竞争观念、安全观念、供求规律观念、效益观念、优质服务观念、创新观念、市场观念等，观念是营销活动的指导思想，有了正确的营销观念，才可能有与之相对应的营销行动。由于电力企业作为国民经济的支柱，长期在计划经济体制下运行，目前在我国电力企业内部，很多人还未觉醒，还不能适应市场的竞争和用户的需要，还把自己置于市场经济之外，表现在工作上坐等上门，缺乏忧患意识，不是主动地围绕以电力用户为中心开展工作，这会给电力企业的营销和经济效益的提高带来很大的负面作用。因此，电力企业必须转变观念并树立正确的营销观念。

过去电力企业内部的组织机构不是以市场为导向建立的，在电力企业走向市场后，为了保证电力企业的生产营销活动顺利进行，企业内部必须建立一套组织机构来执行各项管理职能，其中包括技术部门、安全部门、生产部门、财务会计部门、人力资源部门、采购供应部门、市场营销部门等。所以，市场营销部门只是电力企业的职能部门之一，电力企业的管理层次、部门之间的分工协作是否合理，直接影响着本企业营销管理的决策和营销方案的实施。营销部门只有妥善处理、协调好同各部门之间的关系，企业各部门要自觉服从营销整体利益，消除营销部门与其他部门不协调的弊端，才能使营销协调，才能保证营销活动的顺利进行。

五、用户

电力企业的用户要根据电力企业所处的环节而定，发电企业的用户是电网经营企业，电网经营企业的用户是最终使用电能的单位或个人，即最终用户。这里只是分析最终用户，因为其他环节用户的需求是最终用户的引申需求，其他电力企业只有分析用电的用户（即最终用户），才能得到市场上的真实信息，依据这样的信息，所做出的营销决策才最符合实际情况。

最终用户是电网经营企业的服务对象，电网经营企业的一切营销活动都要以满足最终用户的需求为中心。电网经营企业应根据终端用户用电类型的不同，研究他们的需求，掌握他们的特点，制定相应的营销策略，不仅满足他们现有的电力需求，更要想方设法创造他们的电力需求。这样，才能拥有更多的用户，才能在同其他能源的竞争中占有较多的市场份额，最终取得良好的营销效果。

目前，电力行业面临的压力很大。最终用户要求提供优质服务，降低电价的压力，最终用户用电需求的多样性对供电服务提出高的要求。随着社会的不断进步和人民生活水平改善，客户已不再满足有电用的基本条件，他们要求电力部门能提供便捷的服务，提高供电质量和应急服务，甚至提供信息服务和社会服务等多方面内容。能用上低价电、用上舒心电已成为全社会最终用户的呼声。电力企业应该根据最终用户的这些要求，围绕以用户为中心制定相应的营销措施，在用户满意的同时自己获得良好效益。

第二节 经 济 环 境

经济环境是影响电力企业市场营销的主要因素，它主要包括宏观经济环境、行业环境、市场环境、政策环境。

一、宏观经济环境

1. 经济发展阶段

电力是现代化生产和生活必不可少的重要动力，也是当代最方便、最容易控制、使用范围最广泛的现代化能源。电力的发展与应用，在相当大的程度上表明一个国家或地区的经济发展水平与人民生活质量。随着发展阶段的变化，电力工业与经济之间的关系也随之变化。

一个国家不同的经济发展阶段，电力工业与经济之间关系是有变化的，经济发展阶段越低，对电力的依赖性越小，但应相互适应。研究电力工业与经济之间关系可用以下指标：人均装机容量、人均用电量与人均生活用电量、用电结构、电力消费占能源终端消费的比重、发电能源占一次能源总消费量的比重、一个时期的全社会电力消费弹性系数与产业电力消费弹性系数等。

2. 经济增长的高峰期

电力经济是依附经济，电力产品的销售不像社会上其他产品的销售可独立完成，受经济增长的影响较大。

宏观经济发展过程中存在着周期性现象，它主要表现为经济增长速度在不同时期的变化以及由此而带来的其他变化，形成了经济增长的高峰期和低谷期，在两者之间，则是代表不同发展趋向的过渡期。这种周期性现象的形成机制比较复杂，但可以肯定，只要搞市场经济，这种现象就是不可避免的。

经济增长的高峰期最明显的表现是：宏观经济增长速度相当快，全社会需求旺盛，建设项目多，企业开工充足，居民收入增长相对较快，金融市场比较活跃。宏观经济增长的高峰期对电力企业带来的正面作用比较显著，由于整个社会经济活动的活跃，带来了较强的电力需求，甚至出现电力供应严重不足的情况。同时，地方各级政府部门和电力用户也都理解和支持电力企业的发展，纷纷出台一些优惠政策，以促进当地经济的发展。此时不仅工业用电上去了，而且由于整个社会经济的繁荣，国民收入也将提高，个人可支配收入相应提高，带动享受资料的消费，生活用电的需求也将提高。这些，都是对电力企业市场营销的有利因素。

但是，电力企业在营销中必须十分注意其中潜在的不利因素：高峰期的电力需求有可能是一个虚假现象，即是一个虚假的市场信号，电力企业应慎重地进行大量投资，以免形成相对过剩的生产能力，因为伴随高峰期的，必然会有一个低谷期。在过渡期特别是低谷期，与高峰期相比，由于整个社会经济活动的相对萎缩，电力需求的下降是必然的，经济增长高峰期所形成的电力生产能力很可能会大量闲置，造成浪费。高峰期旺盛的电力需求，也会使电力企业寄希望于销售量的增长，忽视内部管理与营销策略，为日后的市场营销留下隐患。

3. 经济增长的低谷期

经济低谷期的表现是：宏观经济增长较慢，全社会需求不足，基建投资少，企业开工严重不足，居民收入增长少，金融市场较为冷清。经济发展的低谷期对电力企业发展会产生不利影响。此时，社会需求不振，生产能力大量过剩，产品销售不旺，社会购买力下降，生产、生活用电需求均下降，由此影响了电力需求量的增长，严重影响了电力企业营销的经济效益。因此，作为电力企业，理所当然地期盼经济发展的低谷期尽快过去。在低谷期主要用促销的方法来缩小电力市场停滞和萎缩给电力企业带来的消极影响。同时，在经济发展低谷期，电力企业由于面临强大的营销压力，不得不注重营销策略，千方百计降低营销成本，从另一个方面提高效益。从这个意义上也可以说，经济发展低谷期也是提高营销水平的好时机。

从我国改革开放以来的发展过程来看，经济发展高峰期与低谷期之间的过渡时期往往较短。经济从过热到收缩或者从低谷到高峰的过渡，会随着某些宏观政策的调整或外界因素的突然变化而较快完成。对电力企业来说，在这段时期内，要正确把握环境的变化趋势，及时调整营销战略，在环境变化中掌握营销主动权。

4. 产业结构变化

产业结构是指各产业部门在国民经济中所处的地位和所占的比重及相互之间的关系。一个国家的产业结构可以反映该国的经济发展水平。从理论上讲，产业结构的演变表现在两个方面：一方面是随经济的发展，随人均国民收入水平的提高，劳动力不断地从第一产业中分化出来，向第二、第三产业转移，即工业用电和商业用电将提高；另一方面随科学技术的发展，工业出现现代化，先由粗加工工业向精加工工业转化，再向技术集约化方向发展，这也会提高电力的消耗量。

产业结构变化随着比较利益的法则进行，产业结构变化必然会影响电力需求的变化。然而产业结构变化的幅度不容易事先得知，因而存在着不确定性。从我国的实际情况看，第一产业国民生产总值和就业人口比重将逐渐下降，第二产业国民生产总值略有上升，但就业人口可能不变，而第三产业无论是就业人口，还是国民生产总值都将逐步上升，电力市场潜力巨大。

二、行业环境

1. 电力需求侧管理

电力需求侧管理的开展对电力市场营销有一定的影响。电力需求侧管理是指电力公司为了影响（改变）用户的电力消费，使其产生公司希望的负荷形状（即改善负荷时间特性及数量）而计划和实施的措施。需求侧管理包括：负荷管理、新用电服务项目、战略性节能、电气化、用户自备电站和用电市场调整等内容。

在需求侧管理中，由于新用电项目、电气化、扩大用电市场等工作的开展，可以促进市场营销的顺利进行，而战略性节能等工作的加强，会使电力需求下降。

过去把电力需求看做是凝固不变的，有什么样的经济和生活水平就有什么样的电力需求，近年来世界各国普遍采用了"电力需求侧管理"，认识到电力需求是可以改变的，在同样满足人们生产、生活需要的条件下，可以采取需求侧管理的措施，使电力负荷曲线发生较大的变化，使电力部门、用户和社会都获得效益。我国已经开始进行电力需求侧管理工作，但是需求侧管理的效果也具有很大的不确定性。

以 2004 年为例，我国缺电在 2000 万 kW 左右，而且缺电主要还是高峰缺电。据权威部门测算，如果实施电力需求侧管理，通过"削峰填谷"方式削减高峰负荷，可以有效降低高峰时段电力需求 1000 万 kW，将大大缓解电力紧张局面。当时国家发改委副主任张国宝在全国电力需求侧管理经验交流会上举了个例子：如对新建建筑全面强制实行建筑节能设计标准，并对既有建筑有步骤地推行节能改造，预计到 2020 年仅空调高峰负荷一项，就可减少约 8000 万 kW 的电力需求。仅建筑能耗就有如此大的节能空间，如果社会各界都能从"节约资源就是造福子孙"的角度出发厉行节能，那一年可以少上多少个电源项目？解决缺电问题，未必只有"上项目"这一个办法。

2. 电力供给

原则上讲，各部门提供的产品总量必须符合社会需要的规模，即社会的需要量。此时供求平衡，价格稳定在一定水平上。当电力产品供不应求时，电力价格就上升；电力供求平衡时，电力价格平稳；电力供大于求时，电力价格就会下降。所以在进行电力市场营销时，要做好电力需求预测，尽可能保证电力供求平衡。

市场经济越发达，产品使用价值的品质越重要，仅仅总量上符合市场需求已经远远不够了。即使电力产品在总量上符合社会需求，但因质量不能令消费者满意，如可靠性不高、经常停电、电压不稳、周波不定、时高时低，也会形成相对过剩。品质精美优良是市场上头等重要的发光点。名牌名号就名在品质和信誉上。在电力严重短缺的年代，停电和电压、频率不稳是经常发生的，电力品质不高照样有市场，但到了电力供大于求时，电力品质不高就会失去市场。

3. 经济增长点

电力经济的增长点决定着市场营销的方向。世界各国用电构成的变化会经历三个历史发展时期。

第一时期：随着人类利用能源的第三次飞跃，电能开始在工业生产上广泛应用。用电构成中工业用电量逐步上升并占很大比重，居民生活用电和商业用电比重相应下降。

第二时期：随着社会劳动生产力的提高，城乡人民要求改善生活条件，对居民生活用电和社会服务用电提出更高的要求。与此同时，随着科学技术的发展，电的应用更多地从生产领域扩展到居民生活和社会服务上，用电构成中居民生活和第三产业用电比重便逐步提高，工业用电比重相应下降。

第三时期：当第二时期发展到一定的阶段后，在一个国家，当工业用电比重与居民生活用电比重，两项各占全部用电量的 1/3 左右时，比重变化趋于平稳。目前世界上只有少数几个国家进入或接近这个时期。

分析我国近 10 年来的总用电量及其构成，可以得出结论：我国已开始进入现代电力发展的第二个时期。即我国电力发展的经济增长点，一是在城乡居民生活用电，二是商业用电。当然随着我国工业快速、健康地发展，工农业和其他行业随着全国总用电量的增长，虽在用电构成中所占比重下降，但绝对值仍然是增长的。由于其基数较大，绝对值增长数仍然是较大的。但必须看到作为电力发展新的经济增长点，毫无疑问，应为城乡居民生活用电和商业用电。

三、市场环境

1. 用电设备和家用电器的市场饱和度

用电设备和家用电器的市场饱和度会对电力需求产生影响，饱和度越高，对扩大电力市场越不利，电力销售增长率将越低。用电设备（如电动机、风机）的使用普及以及某些家用电器市场饱和后，都会使该项用电增长缓慢；而某些电器如中央空调、电热锅炉和某些家用电器，随着国民经济的发展和人民生活水平的提高而迅速普及，使电力需求急剧增长。但是用电设备和家用电器的市场渗透率取决于使用者和消费者的癖好和习惯，且因人因地而异，因而存在不确定性。我国目前电风扇、洗衣机、空调机、电热锅炉、电淋浴器、电冰箱和电视机在大城市已经相当普及，但小城镇和农村还远未饱和，因而还有一定的发展空间，对电力需求有一定的影响。

2. 能源市场的竞争

能源市场竞争剧烈，电力市场营销将面临困难。由于受电价、促销手段和服务质量等影响及历史的原因，电在用户的消费心理上留下了"不可靠"的印象，在城市用能规划中有意无意地回避了电的利用。尤其是在国家加强环保治理的大环境之下，其他能源仍抢占了部分市场。在全国终端能源消费中，电能只占 9.35%，远低于发达国家 30% 以上的水平，并且这一比例短时期内仍无明显改观的迹象。随着西部大开发，天然气、煤气、液化气、燃油等可替代能源对电力市场的挑战更加升温。能源市场这种激烈的竞争，使电力市场营销压力增大。

在能源市场的竞争中，电能作为洁净、高效的二次能源与其他能源比较有一定的优势，但价格是否具有竞争力是关键。

电力价格高低会影响电力需求的大小，不仅会影响居民生活用电需求，也会影响产业用电的需求，称为价格弹性。电力与其他能源之间具有相互替代的特性，通过电力与其他能源之间具有相互替代的特性，以及电价与其他能源价格涨跌与电力需求的关系分析，可以预测居民生活用电与产业用电的替代效果。另外，此种效果的高低还与电力与其他能源利用技术的成熟程度有关，与其他能源的来源和供应的稳定性有直接和间接的关系。

四、政策环境

1. 能源政策

能源政策实质上是反映鼓励还是限制使用能源。如推行节能政策或推行鼓励电气化政策，都会对电力需求产生负面或正面的影响。20 世纪 70 年代两次石油危机后，世界各国积极开发替代能源，而 1985 年油价下跌以来替代能源的发展受阻。类似这方面的变化，难以预先确定。如我国近年来，积极推行绿色照明，节能电机、风机、水泵、蓄冷空调和热电冷联供的热电厂，都可以大量节约电量或容量；相反，由于电力供求缓和，电力部门放宽对电力空调、电炊具等大耗电家用电器的限制，就可能扩大电力需求。

2. 环保标准

从发展趋势来说，环境保护标准的提高是必然的趋势。但环保标准提高之后必然会增加电力企业治理环境污染的成本，降低其能源生产力，并把治理污染的成本转嫁到电力产品价格上，使电力需求降低。另一方面由于环保标准提高，电力作为干净能源受到青睐，用电力替代污染严重的煤炭和燃油，可以使电力需求增加。但是替代的程度要取决于电力与其他能源的比价，电力对其他能源的竞争力，存在着不确定性。

近几年来，国家对环保的治理力度越来越大，各种环保收费政策不断出台，使电力企业这方面的压力越来越大，国家电力公司也出台了一系列关于关停、报废中低压小火电机组的政策。这一方面给电力企业带来了威胁，促使电力企业必须面对由于环保标准提高所带来的市场营销问题；另一方面也使电力企业减少了竞争者，无疑增加了电力企业的市场空间。

3. 电价政策

电力毕竟不仅是关系到国民经济发展的支柱产品，而且与人们的生活息息相关。电力的供给与电价的高低，关系到社会的稳定。国家出于对政治和社会稳定的考虑，常常在某些特殊时期出台某些电价政策，使电价偏离正常的价格水平，可能使电力需求发生变化。如果出台电价优惠的政策，会促进某些用户电力需求的增加。如果为了限制某类用户的电力消费，可能制定相应的提高价格的政策。电价的计算是非常复杂的，所涉及的项目按何种标准进行计算、如何计算，国家在不同的时期会有相应的政策。政策不同，所计算的电价就有不同的水平；电价不同，市场营销组合就应改变。例如，1985 年以来，我国对社会集资和利用银行贷款等方式建设的电厂实行按还本付息原则定价的政策，在 2001 年 4 月，国家出台了一个有关电价的政策，在实施竞价上网前，对核定上网电价的具体办法做出了新的规定。其中一项是将现行按发电项目还贷需要核定还贷期的还本付息电价改为按发电项目经营期核定平均上网电价。前后政策不同，所制定的电价肯定会不同。

电价对电力需求影响较大，特别是用户对电价的承受能力对电力需求的影响较大。据调查，农民普遍认为农业生产电价偏高。对于工业，特别是一些高耗能工业，如黑色冶炼加工业、橡胶及塑料制品业、建材及其他非金属矿物制品业、化学工业、造纸业、纺织业和金属制品业等行业，电费占成本比重均超过 10%，有的行业电费甚至占成本的 30% 以上，它们对电价的承受能力相对较低。对于第三产业，电费占总成本的比例不高，各类用户对现行电价基本能够承受。对于城镇居民生活用电，目前居民电价在可承受能力之内，但农村居民对电价敏感程度高，承受能力较弱。"两改一同价"后，农村居民用电价格水平会有所下降，在一定程度上刺激农村居民用电量的增长，但增长幅度不会太大。应该说，农村居民生活用电量上升空间还很大，根本在于收入的提高幅度与电价水平的合理性。

第三节　人　口　环　境

电力市场直接涉及具有用电欲望与用电能力的人。同时，人口因素又间接决定着工业用电。因而，人口构成了电力市场营销的基本要素。人口的数量、分布、构成、家庭结构以及在地区间的移动等人口统计因素，形成了电力企业市场营销活动的人口环境。人口环境及其变动对电力市场需求有着整体性、长远性的深刻影响，制约着电力企业营销机会的形成和目标市场的选择。多角度、多侧面地正确认识人口环境与电力企业营销之间存在着的无可避免的深刻联系，把握住人口环境的发展变化，是电力企业根据自己的行业特点和资源条件正确选择目标市场、成功开展市场营销活动的重要决策依据之一。

一、人口数量

人口数量即总人口的多少，是影响电力需求最明显的因素。虽说人口数量的多少与电力消费水平的高低并无必然联系，一个有着大量人口的发展中国家的电力需求，比一个人口少得多的发达国家的电力需求可能还要低得多。但是，由于电力是人们最基本的消费，人口越多，这部分基本消费就越多，对生活资料的需求又产生了对电力的间接消费。因而，在同等情况下，虽然人均消费量可能不高，但因人口多，电力消费的绝对数也将较多。

中国人均生活用电长期低下，尤其是农村，20 世纪 80 年代人均生活用电高速增长，年均增长速度高达 14.8%（同期 GDP 增长速度为 9%），人均生活用电 1990 年也仅为 42.4kW·h（城市为 88.4kW·h，农村为 23.1kW·h）。到 2000 年，中国人均生活用电量也仅为 130kW·h，大约为日本、法国、英国等国家实现小康社会的 1970 年时的 1/3 或更少。即使到 2020 年，中国人均生活用电量也只有日本、法国、英国 1990 年水平的一半左右，与美国的差距则更大。生活用电水平提高，尤其是农村生活用电水平的提高是个长期的、艰难的过程。

二、人口地理分布

电力市场需求与人口的地理分布密切相关。一方面，人口密度的不同，人口流动量的多少，影响着不同地区电力市场需求量的大小，人口密度越大、流入人口越多，电力需求量越大。另一方面，人们在电力消费方式、生活习惯、业余生活的多寡和种类上，不同的地区也会存在差异，这些不同，又影响着人们的用电时间和用电量。可见，不同地区电力需求量、需求状况会有一定差别。因此，研究人口的地理分布和变化，根据该地区的实际情况，有针对性地进行营销活动，对电力企业的市场营销有着更为直接的意义。

目前，在我国人口地理分布的问题上出现了三个值得电力企业营销人员高度重视的趋向。

（1）人口迁移、人口流动（农村流向城市、内地流向沿海、不发达地区流向相对发达地区）呈现不断扩大的趋势。

（2）城市人口增长的速度明显加快。

（3）由于乡镇企业的发展，农村居民中的职工人数迅速增加。

这三个趋向的出现，势必引起相应地区人口的变化，这些人口的变化，都有助于电力需求的增加，会深刻地影响到电力企业的营销活动。在电力企业营销中，选择目标市场、预测电力需求、选择营销策略时应将上述变化作为一个重要影响因素加以考虑。

三、人口结构

人口结构是指不同年龄、不同性别、不同职业、不同民族、不同受教育程度的人口占总人口的比例。以性别、年龄、民族、职业和教育程度相区别的不同消费者，由于在收入、阅历、生理需要、生活方式、价值观念、风俗习惯、社会活动等方面存在的差异，必然会产生不同的电力消费需求和消费方式，形成各具特色的消费者群。例如，老年人比例高，医疗设施用电会增加；儿童比例高的社会，游乐设施用电会增加；年轻人多的社会，娱乐设施用电就会增加。显然，注意到人口环境方面的这些因素，对电力企业的营销活动极具重要性。

四、家庭数量与规模

现代家庭是社会的细胞，也是电力产品的主要消费单位。一个地区家庭单位的多少，直接影响着电力产品的市场需求量。因为家用电器常常是以家庭为单位购买的，在小家庭和单亲家庭比例较高的地区，居民生活用电消费比大家庭比例较高的地区多。而在随人口变化的用电消费中，家庭规模越大，这部分消费越多。随着经济的发展和家庭观念的更新，家庭规模趋于小型化，即家庭数量增加、家庭人口减少，是电力市场营销必须注意的问题。

五、住宅小区的特性

住宅小区是居民生活的集中地，也是居民能源消耗的主要场所，能源的替代性体现得更为明显，如洗浴与做饭，既可以用电也可以用天然气。因此，在小区用能规划中，如果电气化指标高，小区内的公共设施比较分散，则电力需求将会较高，反之电力需求将较低。就我国目前情况而言，虽然电力企业在小区用电方面做了大量的努力，也取得了实质性的进展，但在房地产开发电气规划与电力扩供同步方面还不尽如人意。从居民小区实际建设来看，电气化指标偏小，这无异于将该市场拱手相让。电力企业应有一种抢占滩头的意识，针对住宅小区建设的特点，制定适合该市场的营销战略和营销策略，积极开发这一市场。

六、居民生活水平提高的影响

居民生活用电增长与居民收入水平提高相关性最高，对比城乡居民年均收入与人均生活用电量可以看出，两者的波动相似，人均生活用电量的波动略为滞后。近年及未来城镇居民住宅条件的改善，不仅可以提高居民生活质量，也为家用电器普及提供了更多空间，可以大大促进城镇居民生活用电量的增长。农网改造工程大大提高了电网供电能力，对改善农村居民用电条件作用显著。未来随着居民人均收入和生活水平以及生活质量的提高，城镇及农村居民生活用电量将呈上升趋势，而且上升幅度大，生活用电比重也将上升。

第四节　自　然　环　境

电力企业营销的自然环境因素，是指影响电力企业营销的自然因素的总和，如电力企业生产需要煤、水等物质资料，电力企业在发、输电过程中受自然因素的影响，等等。自然环境的发展变化会给电力企业造成一些环境威胁和市场营销机会，所以电力企业营销不可忽视自然环境方面的动向。

一、地理状况

地理状况主要是指用户所处的地理位置，具体包括地区、城市、乡村、城市规模、人口密度、地形地貌等。城市与乡村，不同规模的城市，在用电量、用电时间、用电方式上会有一定的差异。地理位置距电厂或售电企业越远，地形地貌越复杂，对电力市场营销越不利。因电网是电力市场的载体，要售电必须经过电网。距离越远，地形越复杂，网线将越长，线损也将越大，成本、费用会增高，价格也将提高。因此，此时大幅度降低线损，全方位压缩成本、费用，使用户能够承受电力产品的价格就成了电力市场营销必须面对的问题。

二、自然资源

电力企业需要的资源主要是煤和水。这些自然资源的丰富或短缺决定了电力企业营销的基础是否牢固。资源丰富，则购买价格低，电力生产成本相应降低，在与其他能源的竞争中就会比较有利。同时，由于资源丰富，适合建立火力、水力发电站，又会加剧电力行业内部的竞争。然而在现阶段，这些自然物质资源短缺或即将短缺。在相当一段时间内，人们一直认为水是"取之不尽，用之不竭"的资源，但从20世纪70年代以来，水资源虽然在自然界中比较充足，却随着工业和城市发展，缺水问题也日益严重，而且受到严重的污染。煤是"有限又不能更新的资源"，已经出现供不应求或在一段时期内供不应求。短缺导致价格上涨，使需要这种资源的电力企业面临着威胁，发电时间、一定时期内的发电量都受到了影响，电力需求在一定程度上受到抑制。

在许多工业化进程较快的国家，环境污染日益严重，引起了各国政府的重视，人民群众、新闻舆论也纷纷指责污染的危害性。这种动向给那些在生产、使用过程中有污染的能源企业造成一种环境威胁，它们在社会舆论的压力和政府的干预下，不得不采取措施控制和消除污染，这样，势必提高成本，因而在能源市场竞争中将处于不利的地位。另一方面电能作为一种最清洁、干净的能源，将受到人们的青睐，这会给电力企业创造新的市场营销机会。

随着经济发展和科学技术的进步，国家加强了对水、煤等自然资源的管理。但是，政府的管理与干预，往往与企业的增长政策与经济效益相矛盾。比如：为了控制污染，政府往往要求电力企业进行投资，在保护环境上下功夫，购置昂贵的设备，这就有可能增加电力产品的生产成本。我国为了控制某些地区的环境污染，按照法律和合理的标准，也可能对一些电力企业实行"关、停"，这对电力企业的营销产生了不利的影响。

三、气候因素

对电力市场营销而言，气候因素会间接提供机会或威胁。主要是气温和湿度的变化会影响到电力的需求量。如果气温和湿度偏离正常值，人们就要通过某种方式进行调节，尤其是随着经济的发展，人们的生活水平提高以后，调节的方式更向着高级化、简洁化、自然化方向发展。因此，通过电器进行制冷、供暖、供水就成了很多人的首选方式。可见，气候因素越是不正常，电力消耗就越多，电力市场营销就越好开展。

此外，大洪、大涝、大旱等异常状况的出现都会对电力营销产生正反两方面的影响。一方面，抗洪、抗涝、抗旱都需要电力，要消耗一定的电力；另一方面，由于洪、涝、旱，正常的电力设施可能会被破坏，人们的正常生活可能被打乱，工厂可能被迫停工，这在一定程度上又影响了电力的耗费，所以在此种情况下，既有对电力市场营销有利的方面，也有不利的方面。

第五节 政治与法律环境

任何企业的营销决策，都要受特定的政治与法律的强制和影响。政治和法律环境是指那些强制和影响社会上各种组织和个人的政治、法律、群众利益集团。

一、政治环境

政治环境包括政治体制、政治路线、政治形势、政治风气等。政治环境的变化会影响到社会生活的各方面，明显地制约着电力企业的营销活动。如果政治路线上否定市场经济，实行计划经济，电力企业只是完成生产指标，按时、按量供电，根本不用考虑营销问题。政治体制不稳，会引起经济政策多变、经济生活动荡，可能使企业良好的中长期市场营销计划变得毫无用处，更严重的是，在政府政策急剧变化和不可预测的情况下，企业也难做出营销决策，导致工厂停业、商品短缺、市场萧条，人民生活水平较低，家庭收入中大部分用于基本生活消费，享受资料、发展资料的购买较少，电力消费就少，反之就多。政治风气与人们的心态有关。政治风气良好，在生活中有着正常的心态，则人们在基本生活满足后，敢于有更高的需求，宽松的环境使人们会想尽办法让自己的生活丰富多彩、舒适安宁，这些则离不开家用电器的消费。可见，在现实生活中往往难以脱离政治因素而谈经济发展。政治因素及其变化，同样影响着电力企业的营销活动。

二、法律法规

法律是统治阶级意志的体现。某一国家、某一地区或世界范围的法律制度与道德规范对任一企业的市场营销活动具有制约和影响的作用。

电力企业市场营销活动涉的法律主要有：《中华人民共和国企业法》、《中华人民共和国税收法》、《中华人民共和国电力法》、《中华人民共和国广告法》、《中华人民共和国经济合同法》、《中华人民共和国反不正当竞争法》、《中华人民共和国消费者权益保护法》、《中华人民共和国环境保护法》等。其中有些立法明确规定了企业经济活动的内容和形式，同时对企业与企业之间的业务往来的整个过程予以监督和保障，避免每一个企业的利益受到损害，避免不正当竞争，这些立法从外部制约和影响企业的营销活动，使得国民经济活动得以正常运转。其中有些立法主要是从保护自然环境、防止公害以及不使消费者受到损害的立场出发而对企业进行的制约。在市场经济社会里，不仅企业的产品及营销受法律保护，消费者也要受到保护，同时，对社会的长远发展也要考虑，所以有关这方面的法律也是必须遵守的。企业的整个营销过程，自始至终不能放弃对法律环境因素的分析和研究。电力产品自身的特点及对国民经济的影响，决定了它在市场上的情况将会受到特别关注，尤其要在法律允许的范围内进行营销活动，否则就会受到法律的严厉制裁。

第六节　科学与技术环境

科学技术在推动生产力发展的同时，也不断地促进社会分工的深化和新的社会需要的产生。科学技术的这种发展趋势，既会给电力企业造成环境威胁，也会给电力企业造成新的市场营销机会。

（1）科学技术的发展，产生了新兴的工业部门，有利于电力市场营销。进入 20 世纪以来，科学技术日新月异，特别是第二次世界大战以来，新科技革命蓬勃兴起，形成了科学—技术—生产体系，产生了以新科技为特征的新兴部门，这就给电力企业带来了营销机会。新型的工业部门及它们的产品的使用，多数离不开电力。计算机、信息处理、自动化控制设备、电气化铁路均离不开电力。电力企业的市场营销人员注意到这些变化，相应地采取对策，就有可能使企业开拓更大的市场空间，产生更大的经济效益。随着科技在将来的进一步发展，还会产生更多的新兴部门，几乎可以断言，电力需求一定会随着新兴工业部门的增加而扩大。因此，科技的发展将有利于电力市场营销。

（2）科学技术的发展，从改善社会企业经营管理角度讲，对电力企业扩大需求不利。

第二次世界大战以后，以微电子技术为中心的新技术革命迅速发展，使许多工商企业在经营管理中都使用计算机、自控等设备，改善了企业经营管理，不仅正常生产和营业时间降低了能源消耗，而且由于有能力将能源浪费控制到最低点，因而节约了成本，提高了企业经济效益。从宏观上讲，对社会是十分有利的，但却不利于电力企业扩大需求。

（3）科学技术的发展，一方面在行业内，随着发电、输电和配电技术水平的提高，如燃气蒸汽联合循环发电技术和超导技术的广泛应用，提高了能源利用效率，降低了电力损耗，使电力成本下降，电力与其他能源的比较效益提高，具有竞争优势。同时，会促进国民经济发展和人民生活电气化水平提高，用电器具的发明，会扩大电气化的领域，增加电力需求。另一方面对人民日常生活而言，由于电力产品和家用电器的技术水平和效率的提高，会降低电力的消耗量，如电照明、电视机、电冰箱、空调等制造技术的提高，在满足人们同等需求的条件下，可以节省电力。

总之，科学技术的发展，对电力需求的影响有正有负，但是总的说来，科技的发展总是使生产、生活朝着电气化的方向迈进，总体上有利于电力企业的市场营销，但这种发展的速度也具有不确定性。

第三章 发电企业竞价策略

第一节 发电企业报价模式

一、试点地区发电企业报价模式

1. 辽宁模式：履行合约、超约竞价

按照此模式的设计，基本合约是指电网经营企业与独立发电企业每年签订一次的、履行一定上网电量按批准电价结算的购电协议。基本合约电量在竞价上网的第一年按当年市场计划需求电量的90%来核定。发电市场竞价主体按相同的发电利用小时数获得基本合约。以后逐年降低基本合约电量的比例，最后直到完全竞价上网。当年市场计划需求电量的10%及超出当年计划需求电量的增量部分用于竞价上网。市场交易每天分48个时段进行，即按机组每半小时报价一次。电网经营企业在充分考虑电网安全约束条件基础上，按报价择低录取。竞价主体收益按每个交易时段进行结算，由基本合约电量收益和超过基本合约以外的竞争电量收益两部分组成。基本合约电量收益等于基本合约电量乘以基本合约电价，竞争电量收益等于竞争电量乘以竞价上网电价。其计算公式为

$$R = Q_b \times P_b + P_m \times (Q_n - Q_b) \quad (Q_n \geqslant Q_b > 0) \qquad (3-1)$$

式中：R 为发电机组收益；Q_b 为合约电量；P_b 为合约电价；Q_n 为上网电量；P_b 为竞价上网电价。

在某个交易时段，当上网电量小于基本合约电量时，该交易时段发电机组收益等于实际上网电量乘以合约电价，用公式表示为

$$R = Q_b \times P_b \quad (Q_n < Q_b) \qquad (3-2)$$

可见，辽宁模式是以竞价带动合约电量的执行，规定如果竞价主体竞争失利未完成基本合约电量，可以向后滚动，但是到年底仍完不成全年基本合约电量，则电网只按实际电量结算，不保证履行基本合约。

2. 上海模式：期货现货双轨交易

上海模式是"长期合同电能交易＋实时电能交易＋协议电价电能交易"的竞价模式。上海市电力公司向竞价上网的独立发电企业购入期货电力电量和现货电力电量。年度期货电力电量按公平原则，考虑用电实际需要、综合历史原因、机组容量不同、提供辅助服务能力和地区供热需要等因素，双方协商确定，并签订年度上网电力电量购电合同。同时按平稳过渡、逐步推进原则，每年确定适当比例的电力电量现货竞价上网。竞价实行每日96点实时报价，并设置分时段最高限价，最终按边际成交电价结算。目前，年度期货电量为基数电量的90%，现货为基数电量的10%。

3. 山东模式：单一购买者＋双轨制上网电价

该模式的基本思路为：电网经营企业是发电侧电力市场的单一购买者，负责经营所有发电厂的上网电力电量，并保证客户用电。电网经营企业与发电企业签订购电合同，明确合同电量与电价，将机组的合同电量分解到天。然后调度中心完全根据机组报价安排机组出力，机组的合同电量仅作为结算的依据。机组实际上网电量在合同电量之内的部分按合同电价结

算，超出合同电量的部分按竞争电价结算；实际上网电量小于合同电量时，其差额电量按合同电价减去机组报价予以补偿。

电网经营企业与发电企业于每年 12 月 20 日前签订各机组下一年度的购电合同。竞价上网第一年，参与竞价上网各机组年合同电量的总额等于：年初电网预计购电量减去不参与竞价上网机组上网电量后的余额乘以 90％。以后年度根据竞价上网运行情况逐年减少合同电量，加大竞争力度。竞价实行每日 48 点实时报价，并对发电企业申报的电价设置最高限价和最低限价。竞争电量最终按竞争电价的平均值结算。

4. 浙江模式：单一购买者＋差价合约

发电企业的上网电量由浙江省电力公司（单一购买者是代表所有电力用户统一收购电力市场竞价上网电力的购买者）统一收购销售。用差价合约替代原有的购电协议，形成合约市场，合约电量按年度基数电量的 85％确定；其余 15％的电量通过竞价上网，建立每天 48 点实时报价现货市场，市场依据机组报价由低到高排序，并确定每个时段的市场清算价。其中差价合约电量稳定地按照合约价格结算，差价合约电量以外的竞价电量以市场价格结算。

二、非试点地区发电企业报价模式

1. 江苏离线期货模式

这是指竞价上网不是每天实时报价，而是采取每月投标的方式，经过江苏省评标组按照价格优先、综合各竞价电厂的技术性能和电网系统的潮流分布等因素，进行评标，最终定标确定各厂获得的中标竞价电量。中标竞价电量按照投标价格结算，电网对投标价格设置最高限价。

2. 四川模式

四川电网对省内装机容量 1 万 kW 及以上的发电厂均实行竞价上网。以全年预计上网电量为基数，其中 90％作为合同电量，其余 10％竞价。四川的竞价模式是独一无二的，表现在水电火电同时竞价，大机组小机组同时竞价，水电火电之间还可以电量置换，竞价电价设置最高限价，且峰、平、谷浮动，丰、平、枯浮动等几个方面。

3. 湖南模式

以省经贸委、物价局和电力局联合颁布的"关于省电网试行发电企业超基数发电竞争、用电企业超基数用电优惠的通知"为标志，明确从 2004 年 4 月 1 日起在湖南电网实行有限竞价上网。主要针对实行还本付息电价的独立发电公司所属统调电厂，湖南基本上是仿照江苏的竞价模式。采用离线月度期货竞价。90％基数电量按电厂批准电价结算，10％竞价电量按电厂的中标价格结算。但值得注意的是，湖南不仅水电火电同时竞价，而且规定如果电厂当月实际发电量不能满足基数电量加竞价电量时，则优先结算竞价电量，剩下的部分再按基数电量结算。竞价电厂实际上存在着不能保证完成年度基数电量的风险。

第二节 发电厂报价的相关规定与释义

一、发电厂报价相关规定

以某省电力调度中心 2000 年 10 月 25 日发布的规定为例来说明。

为保证电力市场的有序、高效和规范化运转，制定本规定。

（一）适用范围

此规定适用于所有参与竞价上网的各发电公司、发电厂。

（二）报价单位

机组报价采用单机报价形式，报价以电厂为单位进行申报。

（三）报价时间

（1）各发电厂收到省调发布的当日 22：00～次日 22：00 负荷预报曲线后，各发电厂应于每日上午 11：00 前向调度中心申报当日 22：00～次日 22：00 本厂机组竞价上网的经济和技术数据，11：00 竞价申报截止。

（2）竞价申报截止之前，各发电厂可对所申报的任何数据进行反复修改。竞价申报截止后，由于特殊原因需要对技术数据进行修改，要声明原因，须经调度中心同意，并在14：00 之前修改申报完毕。

（3）次日发电计划经批准发布后或在发电计划执行过程中，若因电厂某些原因机组运行状态发生改变，由发电厂值班班长向省调值班调度员对机组技术数据进行再申报，并要声明原因、时间等。

（四）报价数据

报价数据应真实、规范、合理。报价数据分技术数据和经济数据。

1. 技术数据

（1）允许最小运行时间：从机组启动达到最小出力时刻开始到下一次开始停机的初始点的最小运行持续时间，以 min 表示，机组的实际持续运行时间必须大于此时间值。

（2）允许最小停运持续时间：机组从解列到下一次并列的最小持续时间，以 min 表示，机组实际停运持续时间应大于此时间。

（3）机组正常启动升出力—时间曲线：机组在非检修情况下启动升出力过程中的持续时间及对应功率值，并列时刻为零时刻，结束时刻为可参加竞价优化的起点，即为最小出力点，此点不参与电价竞价，下一时段才参加竞价，时间间隔为 30min。

（4）检修机组启动升出力—时间曲线：机组检修完启动升出力过程的持续时间及对应的功率值，结束时刻为可参加竞价点，即为机组可按正常调频速率调频的起始点（此点不参与电价竞价，下一时段才能参加竞价），第一次并列时刻为零时刻，间隔为 30min；机组检修完毕具备开机参与竞价上网能力的开始时间由发电厂决定。

（5）正常停机减出力—时间曲线：机组在停机减出力过程中的持续时间及对应的功率值，开始停机时刻（最小出力点，此点不参加电价竞价，此点之前参加竞价）为零时刻，为机组不参加竞价优化的起点，解列时刻为终止时刻，间隔为 30min。

（6）机组检修停机减出力—时间曲线：机组在检修停机减出力过程中的持续时间及对应的功率值，机组开始停机时刻（最小出力点，此点不参加电价竞价，此点之前参加竞价）为零时刻，为机组不参加竞价优化的起点，解列时刻为终止时刻，间隔为 30min。

（7）是否能参加 AGC 调频：若能参加则要求申报 AGC 调频的上下限值，此上下限值需在核定的范围内。

（8）机组的最大可调出力：机组在某段时间内的可调出力的最大值，应在注册的最高可调出力之内，机组所有与出力值相关的申报数据都应小于最大可调出力。

1）降出力时，应为注册的最高可调出力值。

2）降出力时，申报最大可调出力为注册的最高可调出力减去降出力值。

3）降出力结束时何时能恢复注册的最高可调出力，由电厂提前一天申报次日的可调出力范围。

4）电厂的最大可调出力数值由电厂按时段申报。若申报最大可调出力为 0，则机组为不可用机组（即检修机组）；若最大可调出力为正常数值，表示机组为可用机组。

5）机组的最小可调出力：机组在某段时间内的可调出力的最小值，应大于或小于注册的最低技术出力值，机组所有与出力值相关的申报数据都应大于最小可调出力，此值应为最低技术出力加上所申报的高于最低技术出力的值。

6）无最小可调出力变化时，应为最低技术出力值。

7）有最小可调出力变化时，申报最小可调出力为最低技术出力加变化值。

8）最小出力变化结束何时能恢复最低技术出力，由电厂提前一天申报次日的可调出力范围。

（9）热电机组每日申报热电负荷特性曲线申报起点为当日 22：00，终点为次日 21：30；每时段的机组数据格式包括三部分：热负荷（即抽汽流量，单位 t/h）、允许最大电负荷（单位 MW）、允许最小电负荷（单位 MW）。其中热负荷由电厂进行预计，然后申报格式段热负荷对应的最高电负荷和最低电负荷，横轴为热负荷（t/h），纵轴为电负荷（MW）。

2. 经济数据

（1）机组功率—电价曲线：是指与每一出力点相对应的电价，不同出力值可以有不同的电价。功率—电价曲线必须包括最大可调出力和最小可调出力两个功率点，分别对应不同的电价，功率点数最多 10 个，最少 4 个。所申报的电价应不高于最高限价 700 元/（MW·h），不低于最低限价 100 元/（MW·h）。在一个交易周期内功率—电价曲线相邻两功率点的功率差不小于机组额定容量的 5%，电价差不小于 10 元/（MW·h）。报价按峰、谷、平三段报，每段规定不同的最高、最低限价。三段暂定为：

峰段：8：00~11：00（时段点，不同）最低限价 300 元/（MW·h），最高限价 700 元/（MW·h）；18：00~22：30，最低限价 350 元/（MW·h），最高限价 700 元/（MW·h）；

谷段：23：00~6：00，最低限价 130 元/（MW·h）；

平段：11：00~17：30 和 6：30~7：30，最低限价 200 元/（MW·h）。

每段只能申报一条，且应单调上升。申报不同价格曲线时，应用不同模版号，且在计划执行完之前模版内容不得删改。如图 3-1 和图 3-2 所示。

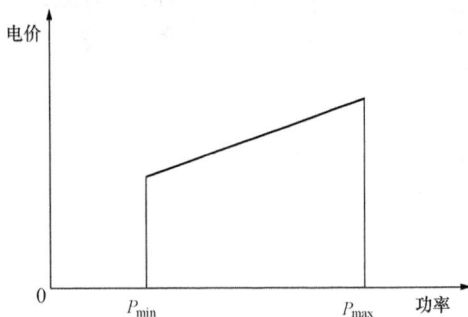

图 3-1　报价曲线（1）　　　　　图 3-2　报价曲线（2）

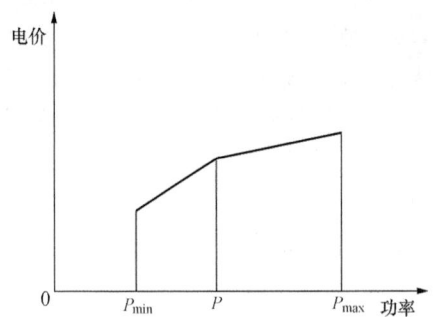

（2）机组的启动及停机费用。是指机组在启动及停机过程中消耗的燃料和水的费用。

二、发电厂报价规定释义

现以一台 300MW 机组为例说明报价数据的含义。

1. 允许最小运行时间

如图 3-3 所示,(0,0) 点代表机组启动的并列点;(5,150) 代表机组启动过程中达到最低技术出力的时刻,此时刻为允许最小运行时间的起点;(8,150) 为下一次停机的起始点,即指机组在停机减出力过程中出力减至最小出力的时刻;此点为允许最小运行时间的终点;因此机组允许最小运行时间为第 5 时段至第 8 时段的持续运行时间间隔,以 min 为单位。

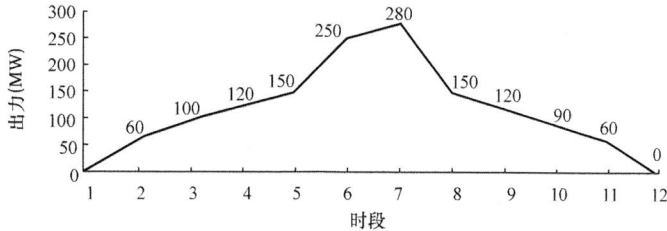

图 3-3　允许最小运行时间

2. 允许最小停运持续时间

图 3-4 所示的两条曲线代表停机和开机过程。(5,0) 点为机组停机过程的结束点——解列点,此点为允许最小停运持续时间的起始点;(8,0) 为机组开机过程的起始点——并列点,此点为允许最小停运持续时间的终止点;因此机组允许最小停运持续时间为第 5 时段至第 8 时段的持续停运时间间隔,以 min 为单位。

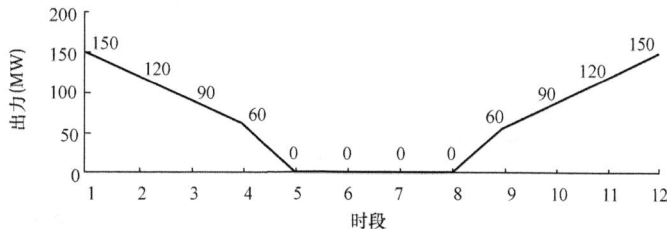

图 3-4　允许最小停运持续时间

3. 机组正常启动升出力—时间曲线

如图 3-5 所示,横坐标代表机组正常启动升出力持续时间,纵坐标代表正常启动过程对应的出力值;(0,0) 代表机组正常启动升出力起点——并列点,此点的机组出力不可为零,可为机组的并列初负荷;(120,150) 代表机组正常启动升出力过程的终止点,即最小出力点,此点为机组可参加竞价的起点,此点不参与竞价优化。机组正常启动过程中的持续时间应根据机组的启动特性折合为每 30min 一个点。

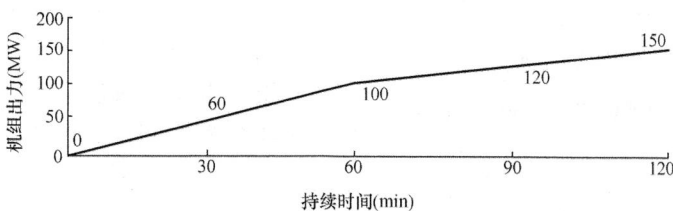

图 3-5　机组正常启动升出力—时间曲线

4. 检修机组启动升出力—时间曲线

如图3-6所示，横坐标代表机组检修启动升出力持续时间，间隔为30min；纵坐标代表检修启动过程对应的出力值；起点（0，0）为检修机组并列点，是检修机组启动的开始时刻，此点的机组出力可不为零，可为机组的并列初负荷；启动结束时刻（120，150）为可参加竞价点，即为机组可按正常调频速率调频的起始点（此点不参与电价竞价，下一时段才能参加竞价）；机组检修完毕具备开机参与竞价上网能力的开始时间由发电厂自己决定，机组检修启动过程中的试验时间应包括在启动过程中。

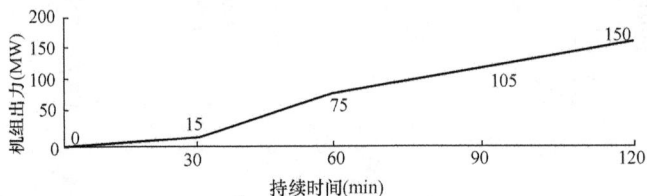

图3-6　检修机组启动升出力—时间曲线

5. 正常停机减出力—时间曲线

如图3-7所示，横坐标代表机组正常停机减出力持续时间，间隔为30min；纵坐标代表正常停机减出力过程对应的出力值；（0，150）为开始停机时刻（最小出力点，此点不参加电价竞价，此点之前参加竞价），为机组不参加竞价优化的起点；解列时刻（120，0）为停机减出力过程的终止时刻，解列时的出力值可以不为零；机组正常停机减出力过程中的持续时间应根据机组的减出力特性折合为每30min一个点。

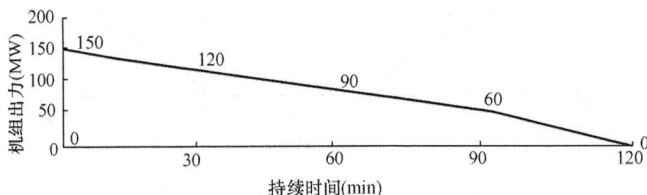

图3-7　正常停机减出力—时间曲线

6. 检修机组停机减出力—时间曲线

如图3-8所示，横坐标代表机组检修停机减出力持续时间，间隔为30min；纵坐标代表检修停机减出力过程对应的出力值；（0，150）为开始停机时刻（最小出力点，此点不参加电价竞价，此点之前参加竞价），为机组不参加竞价优化的起点；解列时刻（90，0）为停机减出力过程的终止时刻，解列时的出力值可以不为零；机组检修停机减出力过程中的持续时间应根据机组的停机减出力特性折合为每30min一个点。

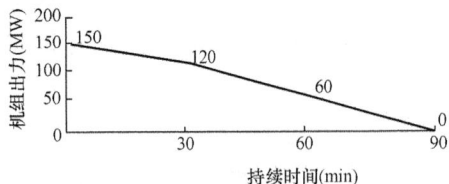

图3-8　检修机组停机减出力—时间曲线

7. 机组的最大可调出力

如图3-9所示1～4时段机组的可调出力的最大值为300MW，为注册的最高可调出力

值，因有 50MW 降出力，第
5～13 时段最大可调出力为
250MW；第 39～46 时段表示
机组最大可调出力为 0，表示机
组为不可调用机组（即检修机
组）；最大可调出力为正常数
值，表示机组为可用机组。

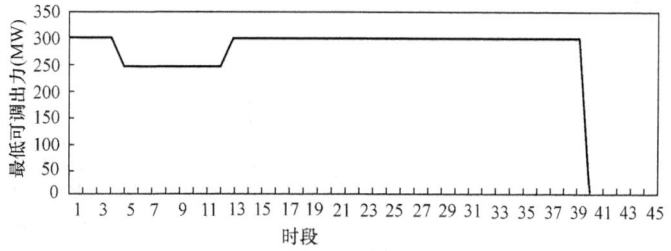

图 3 - 9　机组的最大可调出力

电厂在申报停机检修时，
最大可调出力按正常方式申报。在检修申请获批准后，最大可调出力自动置为零，即为不
可用。

机组在检修启动过程中，最大可调出力按正常方式申报。

8. 机组的最小可调出力

如图 3 - 10 所示，第 1～14 时段，机组最小可调出力为 150MW，为机组的最小技术
出力，第 15～25 时段由于机组原因，最小可调出力为 180MW；机组所有与出力值相关
的申报数据都应大于最小可调出力，此值应为最低技术出力加上所申报的高于最低技术
出力的值。

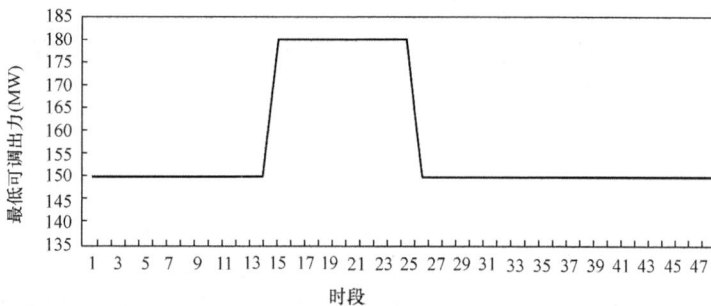

图 3 - 10　机组的最小可调出力

第三节　竞　价　模　式

一、分时竞价模式

1. 分时竞价模式的一般交易定价过程

某时段电价确定过程如图 3 - 11 所示。

（1）每天分为若干个时段（如 0.5h 为一个时段，一天共 48 个时段）。提前一天计算第
二天 48 个时段的电价。

（2）各用户（配电公司）及各独立发电公司在每天上午提出第二天各时段的售电/购电
投标书。这些数据包括：不同出力水平的费用；独立发电公司有时还需提供最低发电容量和
费用；启停机费用；每 0.5h 的可供最大出力等数据。

（3）Pool 收集发电公司的上网电价及供电公司的负荷，汇总做出每时段的 Pool 总的供
需曲线并由之确定市场出清价（Market Clearing Price）ρ_M 或系统边际价格（System Mar-

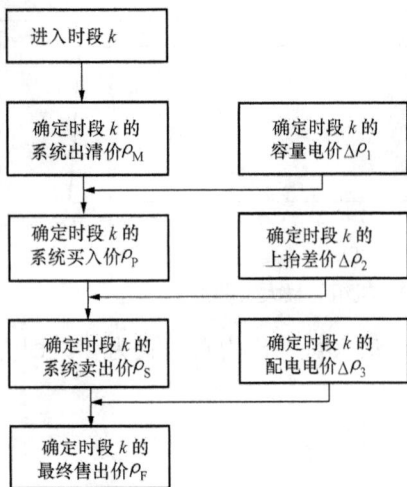

图 3-11　某时段电价确定过程

ket Clearing Price) ρ_M。

（4）以 ρ_M 为基础，考虑系统运行的其他因素，确定系统的买入价（Poll Purchase Price） ρ_P 和卖出价（Poll Sell Price） ρ_S，计算过程如图 3-11 所示，在计算系统失负荷代价 c_{VOLL} 和失负荷概率 p_{LOLP} 的基础上确定系统的容量价格 $\Delta\rho_1$

$$\Delta\rho_1 = p_{LOLP}(c_{VOLL} - \rho_M) \qquad (3-3)$$

系统的买入价格 ρ_P 为

$$\rho_P = \rho_M + \Delta\rho_1 \qquad (3-4)$$

进行网络潮流计算，考虑网络约束和辅助服务等因素，若潮流阻塞则用"阻塞程序"调整发电厂的出力，造成发电机逆序运行，从而产生上抬差价 $\Delta\rho_2$。系统卖出价 ρ_S 为

$$\rho_S = \rho_P + \Delta\rho_2 \qquad (3-5)$$

（5）向发电公司和配电公司发布调整后的日负荷计划，各发电公司和配电公司可以提出意见，进行协商。

（6）决定明日该时段最终的发电计划。

（7）采用全网统一定价，ρ_S 为 Pool 售给地区电力公司及持许可证单位的电价，这些单位向用户供电时还要收取供电费用 $\Delta\rho_3$，形成最终售出电价 ρ_F，即

$$\rho_F = \rho_S + \Delta\rho_3 \qquad (3-6)$$

2. 分时竞价模式的一般模型

我国目前用电市场并未开放，电力用户的电价受到严格管制，因此电力市场的需求弹性为 0，实际上是一种单边市场。这种电力市场具有很强的垄断势力，如果无政府调控措施，电能的上网电价会出现很大的波动，市场是不稳定的。目前国外有些市场模式采用价格上限法来解决这个问题，但效果并不好。因此，建议在用户电价开放前设立虚拟的用电市场，模拟其需求弹性。

在制定竞价模型框架时，应充分考虑到发电厂商是电力市场的主体，其竞价目的是为了获取最大利润。政府监管部门应充分尊重发电厂商在电力市场中的法人地位，以促进其提高生产效率和管理水平，同时也要加以宏观调控，使其盈利在合理范围内。

考虑到以上各方面的因素，适合当前单边电力市场的模型框架为：

（1）系统独立调度的优化模型，即

$$\min c = \sum_{t=1}^{T} \sum_{i=1}^{n} \bar{c}_i [P_i(t)] \qquad (3-7)$$

$$\sum_{i=1}^{n} P_i(t) = P_{LO}(t) \qquad (3-8)$$

式中：$\bar{c}_i[P_i(t)]$ 为发电厂商 i 在 t 段的竞（报）价曲线；$P_i(t)$ 为发电厂商 i 在 t 段的出力；$P_{LO}(t)$ 为系统在 t 段的总负荷；T 为时段数；n 为发电厂商个数。

虚拟用电侧模型为

$$P_L(t) = f_L[P_{LO}(t), \rho(t)] \qquad (3-9)$$

式中：$\rho(t)$ 为 t 时段的市场出清价。

（2）发电厂商竞价模型为

目标函数 $$\max\pi_i(t) = \beta\rho(t)P_i(t) - c_i[P_i(t)] - \rho(t)lr \qquad (3-10)$$

其中竞价策略 $$\bar{c}_i[P_i(t)] = k_ic_i[P_i(t)] \qquad (3-11)$$

式中：β 为政府调控系数；$c_i[P_i(t)]$ 为发电厂商 i 在 t 段的成本曲线；$\rho(t)lr$ 为提高电价损失的社会效益；k_i 为系数。

$$\beta = 1 + \frac{lr}{P_{LO}} \qquad (3-12)$$

以上模型在具体使用时还应加上电力系统的技术约束。

3. 分时竞价模式的弊端

这种分时竞价的市场规则给电力市场的运营带来两方面的弊端。

（1）违背了机组连续运行的要求。火电厂的运行有强烈的连续性要求，火电机组的启停不仅非常复杂，而且消耗大量资源。按时段报价增加了火电机组运行状态的随机性，无论对发电厂商还是对整个电力系统的经济、安全运行都无好处。

在分时竞价模式下假定发电成本仅为第 t 时段状态的函数，与其他时段的状态无关。这个假设不符合电力生产的实际情况。发电机组的开机及停机过程是十分复杂的，而且要支付额外的费用，因此是否连续运行对其电能的生产成本有很大的影响。当前各国电力市场要求发电厂商按时段报价，市场的出清是按各时段的供需平衡独立进行的，没有充分考虑电力生产的特点，给发电厂商报价带来了困难。同时由于分时竞价，使发电机组的启停方式具有一定的随机性，给电力市场的运营造成了负面影响。

（2）没有体现电能同质同价的公平原则，导致市场效率降低。在分时竞价模式下，电能都按该时段的市场出清价 $\rho(t)$ 结算。没有考虑不同的发电机组由于机组所处的状态不同，在 t 时段的发电边际成本的不同，以及在系统负荷波动时，不同的机组对系统的贡献可能不相同，例如有些机组需要随负荷的变化而负担爬坡的任务，而有些机组不需要随负荷的变化负担爬坡的任务。因此，若按该时段的市场出清价 $\rho(t)$ 结算，就没有体现电能同质同价的公平原则，必然降低市场机制的效率。

二、分段竞价模式

竞价机制是电力市场的核心问题，国内在这方面进行了深入研究。当前，国外电力市场普遍采用分时竞价的方式进行电能竞价，即逐时段（小时、半小时）地对负荷进行拍卖竞价，这种竞价方式比较直观，各时段的边际投标价格作为统一的市场出清价，该时段机组的中标容量都按此价格结算，如图 3-12（a）所示。但是这种竞价模式没有充分考虑电力生产的持续性特征，给电力市场的运营造成一些负面影响。

分段竞价是一种新的竞价思想，与分时竞价不同，分段竞价将负荷曲线分为若干持续的负荷段，如图 3-12（b）所示，对持续的负荷段进行拍卖竞价，各负荷段的市场出清价格为该负荷段的边际投标价格，机组中标容量都按所在负荷段的市场出清价进行结算。从理论上分析分段竞价的市场购电费用小于分时竞价，具有更高的市场效率，并能体现市场的公平性。分段竞价易于解决机组启停等问题，便于发电商投标和市场出清。下面主要介绍分段竞价电力市场运营的一个初步框架，包括分段竞价的市场运营方式、市场规则以及竞价模型和算法。

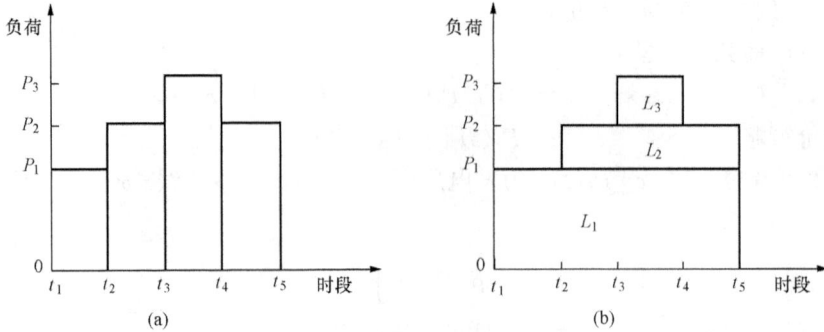

图 3-12　分时竞价和分段竞价的负荷拍卖方式
(a) 分时竞价；(b) 分段竞价

1. 分段竞价及其市场运作方式

分段竞价电力市场的运营可采用单轮的拍卖竞标方式：市场确定和公布了各持续的负荷段后，各独立发电商（IPP）提交报价，市场管理员（MO）负责市场出清并公布出清结果和发电计划。具体步骤详述如下。

(1) 负荷分段：在分段竞价中，MO 负责将负荷需求分成若干持续的负荷段。对一条具体的负荷曲线，负荷的分段方法可有不同的方式。一种简单的分段方法是将负荷曲线分为基荷、腰荷、峰荷三个负荷段，这种方法与传统的调度概念接近，但比较粗略，较为精确的方法是将腰荷、峰荷再细分成若干负荷段更为精确的分段。方法是按照各时段不同的负荷水平，确定该负荷水平下的持续时间，形成各负荷段。MO 完成负荷分段后，将这些负荷段的信息发布给所有 IPP。

(2) IPP 投标：根据 MO 公布的负荷段，IPP 确定机组的运行方式，核算生产成本，提出报价。在分段竞价中机组若在某一负荷段中标，则可在该负荷段的持续时间中连续运行。因此，根据该负荷段起止时段和持续时间，结合机组当前的运行状态和技术约束，IPP 可以直接确定出机组的运行方式。若运行方式可行，则 IPP 核算煤耗和机组启停等生产成本，提出报价；若运行方式不可行，则对该负荷段不提出报价。按照负荷段，IPP 可以逐段提出各负荷段的投标曲线。这等价于机组报出了所有可行的运行方式。IPP 对各负荷段的投标，对应着不同运行方式下可接受的价格。在市场出清过程中，若 IPP 在某一负荷段没有中标，则可在其他负荷段以相应的投标继续参与竞价。需要说明的是，IPP 提出的这些投标曲线是互斥的，一旦某个投标曲线中标，其他投标曲线失效。例如，若某机组在 L_1 段 ［如图 3-12 (b) 所示］中标，则该机组在 $t_1 \sim t_5$ 时段里持续运行。在该时段区间内机组不会再度开停机，即机组不会在 L_2、L_3 负荷段再度开停机，因此，对 L_2、L_3 负荷段的投标曲线失效。

(3) 市场出清：MO 根据 IPP 的报价，并结合市场规则确定出合理的发电计划，来满足各负荷段的需求，并把各负荷段的边际投标价格作为该负荷段的市场统一出清价，在该负荷段中机组的中标容量都按此出清价进行结算。在出清过程中，MO 应在机组的最小技术出力到最大技术出力的范围内安排其运行容量。对某一负荷段，为保证负荷平衡，当边际机组有可能其最小技术出力不能满足时，减少非边际机组的运行容量，来满足边际机组的最小技术出力。这种调整称为"约束下调"。受约束而调整的容量，作为"剩余容量"安排到后续负荷段中参与竞价。当机组在某负荷段中标，而中标容量未达到机组最大技术出力时，未中标的这部分容量称为"剩余容量"。MO 把这些容量按照当前的报价调整到后续负荷段中参与竞价。这种调整符合发电商的利益，因为会给发电商提供更多的中标机会，并且后续负荷段的价格比当前负荷段的价格要高，发电厂商的利益能够得到保证。同时，剩余容量的调整也给市场出清提供了更大的灵活性。

在市场环境下，MO 应当根据 IPP 的报价采购电力，安排发电计划。但是，单纯地依据报价决定整个系统的运行，有可能得不到合理的发电计划。例如，有可能导致某些低报价机组在基荷满负荷发电，而其他机组不能在基荷开机。基荷运行机组数量不足，峰荷不得不通过火电机组启停来调峰，造成了系统的非经济运行，严重时可能得不到可行的发电计划。因此，必须制定相应的市场规则，使足够数量的火电机组能够在基荷持续开机运行。一方面可以保证发电计划的可行性；另一方面减少火电机组启停调峰，促使系统经济运行。为此，可以限定机组在基荷的最大中标容量，以提供其他机组在基荷的中标机会。基荷受限的容量作为剩余容量安排到后续负荷段参与竞价。同理，如果峰荷、腰荷机组不能及时启动，则限制相应负荷段其他机组的中标容量，确保这些机组的运行。值得指出的是，基荷机组的运行方式对整个系统发电计划的影响是巨大的，市场出清时应充分考虑基荷机组的运行方式。

MO 市场出清后，把市场出清价公布给所有厂商，将各机组的中标容量作为发电计划通知给相应的厂商。

2. 分段竞价的市场规则

(1) 负荷分段和市场信息公布。MO 负责将原始负荷曲线划分成持续的负荷段，分段的方法和标准应根据系统实际情况会同 IPP 的意见事前确定下来。MO 负责将每一交易日负荷段的信息公布给所有厂商，包括负荷段的数量、各负荷段的容量和起止时段。

(2) IPP 报价规则。

1) IPP 逐个机组向 MO 提交报价。

2) IPP 应按照负荷段的顺序，对每一运行方式可行的负荷段提交一条投标曲线；对运行方式不可行的负荷段，不提交报价。

3) 投标曲线包括投标容量和投标价格。投标容量应满足其最小、最大技术出力约束；投标价格应随投标容量递增，对各负荷段的报价应随负荷水平的增加而递增。

4) 机组启停费用分配到报价中。

(3) MO 出清规则。

1) MO 根据 IPP 的投标，按照从低到高的价格顺序，先从基荷段开始，逐段采购电力，直至所有负荷段的负荷需求得到满足。

2) 对每一负荷段，将该负荷段的边际机组的报价作为统一的市场出清价，该负荷段的机组中标容量都按此价格结算。

3) 在出清过程中，若机组的某一投标曲线中标，其他各投标曲线失效。

4) 若机组在某一负荷段的中标容量未达到其最大技术出力，则未中标的容量作为"剩余容量"按当前报价调整到后续负荷段中参与竞价。

5) 在出清过程中，若边际机组不满足最小技术出力则进行"约束下调"，保证边际机组的最小技术出力和负荷平衡。

6) 若单纯按照报价采购电力，导致基荷运行机组过少或无法得到可行的发电计划时，则限定相应负荷段的机组中标容量，以保证基荷机组的运行和发电计划的可行性。

7）在出清过程中，受约束调整的容量都按照"剩余容量"处理。

3. 分段竞价模式的一般模型

(1) IPP 投标模型。由图 3-12 (b) 给出的在分段竞价的负荷拍卖方式可以看出，在分段竞价方式下，IPP 投标大为简化，交易开始后，机组按照各负荷段的顺序，逐段对所有可行的负荷段进行报价，其报价过程如图 3-13 所示。对任一负荷段 l，报价过程分成两步。

步骤 1：判断运行方式的可行性。根据负荷段 l 的起始时段 $T_s(l)$ 和终止时段 $T_e(l)$ 机组判断是否可以在该负荷段运行，机组若要在该负荷段运行必须满足最小持续运行时间和最小持续停运时间的要求。设机组 i 在负荷段 l 的初始持续运行时间为 $x_i(l)$，分两种情况讨论。

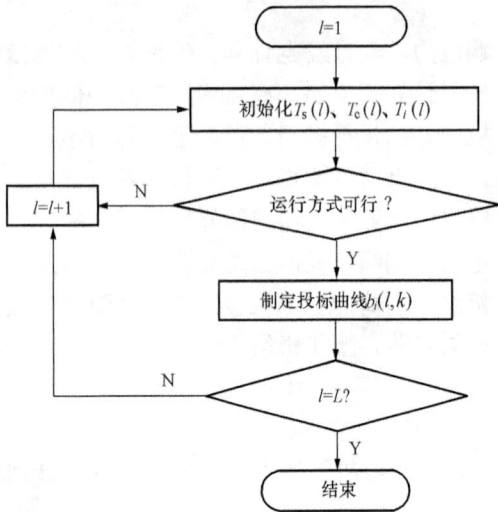

图 3-13　IPP 报价流程

1）$x_i(l) > 0$ 时机组已经运行，最小持续运行时间约束为

$$T(l) + x_i(l) \geqslant \bar{\tau}_i \tag{3-13}$$

最小持续停运时间的约束不起作用。

2）$x_i(l) < 0$ 时机组已经停机，最小持续运行时间约束为

$$T(l) \geqslant \bar{\tau}_i \tag{3-14}$$

最小持续停运时间约束为

$$x_i(l) \geqslant -\bar{\tau}_i \tag{3-15}$$

式中：$-\bar{\tau}_i$，$\bar{\tau}_i$ 分别为机组 i 最小持续停运时间和最小持续运行时间；$T(l)$ 为负荷段 l 的持续时间，有

$$T(l) = T_e(l) - T_s(l) + 1 \tag{3-16}$$

如果机组 i 满足上述约束式（3-13）或满足式（3-14）及式（3-15），则转入步骤 2，生成报价曲线；否则，l 段不报价，进行 $l+1$ 段的报价。

步骤 2：制定报价曲线。如果机组 i 在负荷段 l 的运行方式可行，则提出报价曲线，机组开停机费用分配到报价中。为叙述方便，给出 IPP 的边际成本报价，图 3-14 给出了机组原始的边际成本曲线，一个分段递增的阶梯形曲线。开机费用的分配，机组可以选择不同的容量段承担，一个简单而无风险的方法是将开机费用分配于第一个容量段，即

$$b_i(l,k) = c_i(k) + S_i[x_i(l)]/[T(l)P_{i,\min}] \quad k=1 \tag{3-17}$$

$$b_i(l,k) = c_i(k) \quad k \neq 1 \tag{3-18}$$

式中：$b_i(l,k)$ 表示机组 i 在负荷段 l 对第 k 段发电容量投标价格；$c_i(k)$ 为机组 i 的第 k 段发电容量的边际成本；$S_i[x_i(l)]$ 表示机组 i 在负荷段 l 的开停机费用；$P_{i,\min}$ 为机组 i 的最小技术出力。

图 3-14 (a) 中阴影部分表示了开机费用的分配。按照市场规则，报价曲线需要一条递增的曲线，如果开机费用的分配导致报价曲线下降，则式（3-18）可调整为

$$b_i(l,k) = c_i(k) \qquad k \neq 1; c_i(k) \geqslant b_i(l,1) \tag{3-19}$$

$$b_i(l,k) = b_i(l,1) \qquad k \neq 1; c_i(k) < b_i(l,1) \tag{3-20}$$

式（3-19）和式（3-20）表示当考虑开机费用导致报价曲线非递增时，调整为递增报价曲线，如图 3-14（b）所示。

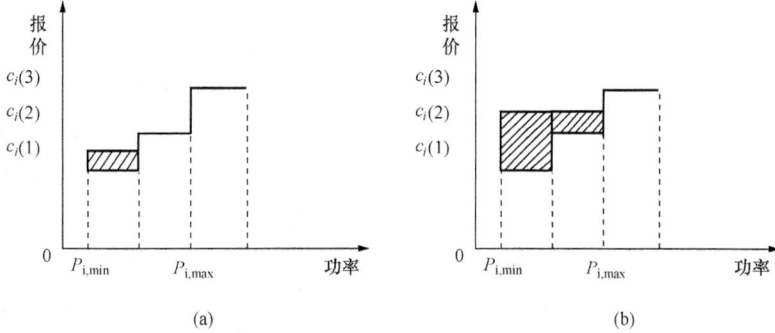

图 3-14　第 1 段负荷报价曲线

(a) 开机费用的分配；(b) 递增报价曲线的调整

（2）MO 出清模型。在分段竞价方式下，市场出清简单易行，分段报价已经包含了机组启停方式，因此 MO 不需要进行机组启停优化。MO 只需根据 IPP 的报价，结合适当的市场规则，确定出合理可行的发电计划，以最小的购电费用采购电力来满足各负荷段的负荷需求，数学模型如下。目标函数为

$$\min c = \sum_{l=1}^{L} \sum_{i=1}^{I} \sum_{k=1}^{K} p(l) p_i(l,k) U_i(l,k) \tag{3-21}$$

负荷平衡约束为

$$\sum_{i=1}^{I} \sum_{k=1}^{K} p_i(l,k) U_i(l,k) = P_d(l) \tag{3-22}$$

运行功率约束为

$$P_{i,\min} \leqslant p_i(l) \leqslant P_{i,\max} \tag{3-23}$$

分段互斥约束为

$$p_i(l) \geqslant \sum_{l=1}^{L-1} \sum_{k=1}^{K} p_i(l,k) U_i(l,k) \tag{3-24}$$

剩余容量调整为

$$p_i(l+1,k) = b_i(l,k) \quad p_i(l) < P_{i,\max} \tag{3-25}$$

容量限定为

$$p_i(l) \leqslant (1-r(l)) P_{i,\max} \tag{3-26}$$

式（3-21）～式（3-26）中：i 为机组序号；I 为竞价机组总数；l 为负荷段序号；L 为负荷段总数；k 为机组容量段序号；K 为机组容量段总数；$p(l)$ 为负荷段 l 的市场出清价；$U_i(l,k)$ 表示对机组 i 投标容量 $P_i(l,k)$ 的购电状态，$U_i(l,k) = 1$ 表示购买该段容量，$U_i(l,k) = 0$ 表示不购买该段容量；$P_d(l)$ 为负荷段 l 的负荷容量；$p_i(l)$ 表示机组 i 在负荷段 l 的运行点；$P_{i,\min}$，$P_{i,\max}$ 分别为机组 i 的最小、最大技术出力；$r(l)$ 表示机组在负荷段 l 中标容量限定的比率。式（3-24）表示，在分段竞价中，已经采购的机组容量，在其他负荷段不能再

度采购。式（3-25）表示，当机组在某负荷段中标，而中标容量未达到机组最大技术出力时，MO把该机组的剩余容量安排到下一负荷段参与竞价。

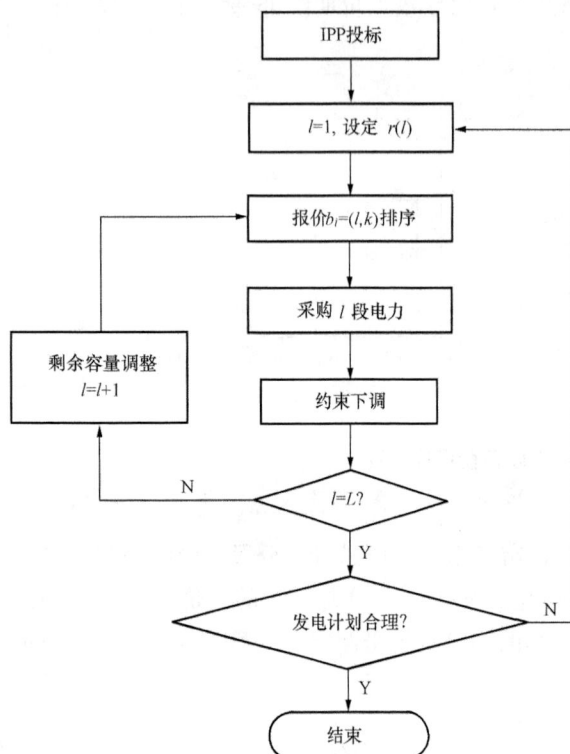

```
            IPP投标
              │
              ▼
        l=1, 设定 r(l)  ◄─────────┐
              │                    │
              ▼                    │
       报价b_i=(l,k)排序 ◄───────┐ │
              │                  │ │
              ▼                  │ │
         采购 l 段电力           │ │
              │                  │ │
              ▼          剩余容量调整
          约束下调         l=l+1
              │                  │
              ▼                  │
            l=L? ──── N ─────────┘
              │ Y
              ▼
      发电计划合理? ──── N ──────────┐
              │ Y                    │
              ▼                      │
            结束 ◄───────────────────┘
```

图3-15　市场出清的算法流程

MO出清可采用启发式的排队法。首先，不考虑约束条件即式（3-26），按照机组的报价顺序进行调度；然后，根据得到的发电计划确定合理的$r(l)$，重新调度，直到得到合理的发电计划，市场出清。其流程如图3-15所示。发电商投标后，MO逐段出清，初始设$r(l)=0$。

对每一负荷段，MO将投标价格从小到大排序，按照报价顺序采购电力，对机组容量的采购应满足投标互斥约束，即式（3-24）。如果该段边际机组不能满足最小技术出力，进行约束下调，保证负荷平衡。对中标机组的剩余容量，MO将其调整到下一负荷段参与竞价。按照负荷段，MO逐段采购电力，直到完成所有的负荷段，得到一个初步的发电计划。

对该发电计划，MO确定其是否合理。首先，MO确定当前的发电计划是否可行，如果在某负荷段，投标容量不能满足负荷需求，市场无法出清。说明单纯按照报价进行调度，某机组受技术约束不能运行，发电计划不可行。此时，应用式（3-26），限定其他机组在相应负荷段的中标容量，使该机组运行起来，保证发电计划的可行性。

对可行的发电计划，MO进一步校验基荷机组运行方式的合理性，选择不同的基荷机组中标容量限定比例，对基荷机组的运行方式加以分析。对所有可行的发电计划，$p(l)$定为各负荷段的边际投标价格，统计市场购电费用，选择市场购电费用最小的运行方式作为最终的发电计划，市场出清。

$r(l)$的选择可由MO根据当前的发电计划通过启发式的试探法来确定，还可以以传统的机组组合所确定的机组运行方式为基础加以调整。

综上所述，分段竞价可对持续的负荷竞价，避免了分时竞价中发电商逐时段竞价的不确定因素，分段竞价的电力市场便于发电商确定机组运行方式和制定投标决策。相对于分时竞价，在分段竞价的市场出清过程中系统不负责安排发电商机组的启停方式，仅根据市场规则和发电商的报价，确定各机组的中标容量和系统的发电计划，市场更加透明公平。同时，分段竞价按照持续的负荷段定价，避免了电能的搭配销售，可以降低市场购电费用，提高市场效率。

第四节　发电企业的竞价策略

竞价策略是指发电企业利用电力市场的不完美性，不按边际成本报价而增加自身利润的报价行为。竞价策略的主要目的是在考虑电力系统运行的各种规则和限制的基础上，通过合法地操纵市场力，合理选择报价曲线来谋求自身利益的最大化。为了做到这一点，准确的成本分析是进行策略竞价的基础，对竞争对手的估计是竞价的关键，优化、合理的报价是最终目的。

分时竞价模式下发电企业的竞价策略，目前国内外相关文献提出的方法大致可以分成以下四类。

（1）基于机组的预测边际电价的竞价方法。该方法利用机组的预测边际电价的报价作为初始报价，求出使一天内机组利润最大化时，该机组各时段的最佳报价。这种竞价方式是根据自身的利益决定报价，缺乏对竞争对手的了解，难以做到利用市场力使其获得超额利润。但因其简单易掌握也不失为一类实用的方法。

（2）寻找博弈对策和市场均衡点方法。这类方法是通过估计其他发电商可能的投标行为，采用博弈论的思想，寻找市场均衡点和己方最优竞价策略，常用方法有两种。一种是计算不同策略组合下的损益矩阵；另一种是通过分析 Cournot Stackelberg 等寡头博弈模型，寻找市场均衡点，从而得到最优竞价策略。由于两种方法均采用简化假设的博弈模型，用模型正确、完整地描述电力市场中各博弈方还有一定差距；且问题也演化为完全信息博弈问题，即在博弈过程中假定发电机组的成本曲线和报价策略都是公共信息，这在多数市场中是不允许的。所以，由此得到的均衡点更适合于理论研究，对于指导机组构造具体的投标策略，还需要更加深入、细致地研究信息不完全时的博弈模型。

（3）概率论数理统计及随机模拟方法。这类方法可以模拟竞争结果或预知价格风险。例如，蒙特卡罗（Monte-Carlo）法就是利用历史采样数据构造概率密度函数，通过随机模拟产生近似结果。这类方法难以系统地得到投标策略，而且对提取历史采样数据的要求较高。

（4）基于企业经营决策竞价方法。该方法从研究市场的微观经济学入手，从企业经营决策出发，研究在电力市场环境下的发电机组成本曲线、机组面对的需求曲线、市场价格控制区和利润，并给出了发电商的最优竞价准则及最优报价方法。

第四章 发电企业大用户直供

第一节 直供电基本问题

一、直供电相关政策及规定

大用户直购电是指大用户与独立发电企业经协商，直接签订双边购售电合同进行电力购销交易的一种行为。它意味着独立发电企业要直接受用户的选择，但同时也获得了选择用户的权利，电网经营企业不再对电力购销活动实行垄断专营。根据电监会电监输电〔2004〕17号文（《电力用户向发电企业直接购电试点暂行办法》），大用户直供电即在具备条件的地区，开展发电企业向较高电压等级或较大用电量用户和配电网直接供电的试点工作，直供电量的价格由发电企业和用户协商确定。

参与双方分别是：符合国家产业政策、用电负荷相对稳定、单位产值能耗低、污染排放小的大用户。直购电大用户作为电力市场主体之一，第一应具备合法性、独立性和盈利性；第二所在地区的电力供应形势必须相对宽松；第三所在电网结构合理、供电畅通、容量配套，辅助服务提供能力要强；第四大用户界定标准的具体数值应因地因网制宜，标准相对统一且需有一定的灵活性。

符合国家产业政策、并网运行的发电企业，装机容量 60 万 kW 及以上且单机容量 30 万 kW 及以上的火力发电企业（含核电），装机容量 20 万 kW 及以上或单机容量 10 万 kW 及以上的水力发电企业，原则上可申请参加试点。

鼓励与限制标准：优先开放水电企业参与直购电，鼓励煤耗低、排放少、节水型火电机组参与直购电，限制能耗高、污染大的机组参与直购电；对限制类和淘汰类企业一律不开放，从而促进产业结构的进一步优化。

大用户直购电的具体规定见本章附录《电力用户与发电企业直接交易试点基本规则（试行）》。

二、我国大用户直购电的现状

我国第一批已经正式批准了两家大用户直购电试点，分别是吉林与广东。吉林与广东的试点改变了我国原有的电力交易机制，出台了较为规范的实施方案与交易规则，对于进一步深化电力市场的改革意义重大。试点的具体情况如下。

（1）采用规则先定，再逐步开展试点的方式，实现了稳妥起步、逐步推进。

（2）在初步实现用户与发电企业直接见面交易的基础上，从吉林试点的"一点对一点"方式拓展到台山试点的"一点到多点"方式，为探索多主体参与的市场格局、形成大用户直接交易的市场机制奠定了基础。

（3）两个试点都按照 17 号文件的规定综合计算输配电服务费，简化了辅助服务问题，突出了可操作性，为促进合理的输配电价的出台进行了探索性的尝试。

（4）直购电试点促进了当地经济的发展。吉林炭素公司通过参与直购电降低了生产成本，获得了一定的效益。广东台山市 6 家试点企业通过参与直购电降低了生产成本，提升了企业经济效益，同时还促进了地方的招商引资活动。

（5）促进了企业节能。两个试点均按照国家产业政策和环保政策的要求，广东台山试点中选择了科技含量较高的用户参与试点，使试点用户的范围从高耗能企业向能效高的科技型企业扩展，为科学合理地确定直购电用户的范围起到了较好的引领作用。台山试点企业运用直购电带来的效益进行了技术改造和加装节能设备，为企业节能起到了良好的示范作用。

自试点以来，我国很多省级政府与企业向国家有关主管部门咨询电力直接交易试点的政策，并有多个省级政府正式向国家电监会提出了开展大用户直购电的申请。各地、各方面渴望完善电力交易机制、直接参与电力交易的愿望十分迫切。尤其是四川遭受特大地震灾害之后，为了实现灾后快速恢复重建，在 2008 年 7 月 18 日，四川省政府正式下发了《四川省电力用户向发电企业直接购电试点办法》。2009 年正式批复了辽宁（抚铝）、安徽（铜陵）两省的大用户直接交易试点方案。其中辽宁抚顺铝厂与华能伊敏电厂直接交易试点是国家批复的第一个试点项目，2009 年直接交易电量为 5.16 亿 kW·h。2010 年 5 月，国家电监会与内蒙古自治区政府共同启动了内蒙古电力多边交易市场，探索大用户直接交易新机制。所谓电力多边交易，即多个电厂和多个用电企业同时在一个交易中心进行交易，电厂和用户各自报价，由交易中心对报价进行处理后，达成交易。在原来"一对一"拉郎配的基础上，电力多边交易中的电厂和用电企业有了更多的自主选择权。2010 年全国已有辽宁、甘肃、福建、安徽、山西、湖北、山东、贵州、江苏、浙江、四川、江西等 12 个省份正式上报了方案。

三、大用户直供电的两种模式

（1）专线直供。大用户直接与发电企业连接供电（短距离），发电厂与用电企业距离比较近，发电厂与附近用电大户签订供用电合同，从发电厂就近向用电企业架设较高电压等级输电线路，把发电厂作为变电站，通过电网的调度直接向大用户供电，不需要供电公司转供，这样就减少了发供电过程中的输、配电环节和线路损耗。

发电企业向用电大户进行直供电，用电大户与发电厂之间距离较近（不超过 18 km），从发电厂向用电企业架设输电线路投资不大，配电可以在发电厂内完成，发电厂成为用电企业的配电站。在直接供电的过程中可以减少输、配电环节和线路损耗，具有节约能源、减少投资和避免电力重复建设的效果。

对于电力大用户来说，这种方案存在一定的限制，受限于单一发电企业的发电能力和发电成本，一旦专线建成后，容易受到单个发电企业的生产、经营等方面的影响。

而对于发电企业而言，一旦签订了直购售电合同后，将考虑到如何对该线路进行维护，保障该线路的安全运行，从这方面说，发电企业更应加强考虑企业对线路安全及机组安全方面的问题。

（2）通过电网直供。发电厂与用电企业距离比较远，但又在一个区域性的电网内，发电企业通过电网向大用户供电（长距离），用电企业与发电厂、配电网签订供用电合同，供用电量通过配电网来完成。从国外经验来看，这种模式应该是直供电的主流模式。在该种交易方式下，发电企业和大用户需考虑共同分摊电网的过网费成本。

四、传统售电模式及大用户直供电模式比较

传统售电模式及大用户直供电模式如图 4-1 所示，从图中可见它们之间存在一定区别。

五、实施大用户直供电的优点

1. 减少企业的精力消耗，简化交易手续

大用户直购电是在用户、电网经营企业、电厂三者之间实现的。购售电价的形成基础在

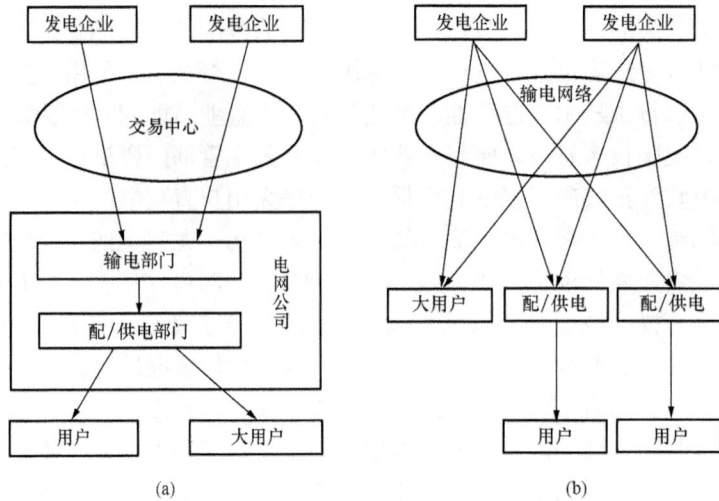

图 4-1　传统售电模式及大用户直供电模式

（a）传统售电模式；（b）直供电模式下的售电模式

电厂与用户间，电网经营企业只附加一定的输电费；电网经营企业不必花费过多精力和繁锁手续，而且与用户间的交易简单明了。电厂与用户之间发生不可测事故，只要不是电网的原因，在社会、经济等方面的责任、纠纷与电网经营企业无关。

2. 盈利概率增大

由于电厂与用户直接洽谈形成买卖关系，电厂有可能在售电总量上增大盈利，而用户在总体电价上可能下降。原因是电厂要保证直购大用户电能供应，原在电网中承担调频、调压及动态调整出力的任务减小了，原隐含的社会政治责任淡化，能较为轻松地实现经济买卖关系，而形成的利润体现到电厂、用户上。作为电网经营企业在不亏本的前提下收取稳定的输电费，可略有盈利，因此三方从经济角度上讲盈利的概率增大。

3. 电厂、直供用户降低了对电网的过高要求

若因电厂原因不能完成向大用户的供电量（如燃煤不够、发电设备故障、不正常运行等）或直供电用户因自身原因不能接纳电能（如设备故障或异常等、造成电厂发电量减少），电厂、直购用户均不会与电网经营企业发生矛盾，即原来集中体现在电网经营企业上的矛盾，分解出一部分给电厂与直供用户身上，故电网经营企业负担减轻了。

4. 改善对电力企业经营的偏见

原电厂与用户之间的买卖是通过电网来实现的，电网经营企业在保证安全、可靠、优质供电基础上，其任一方因自身原因影响电能交易时，责任均由电网经营企业承担，因而各方对电网存在不同程度上的偏见。电网经营企业为实现以上责任在人力、物力、财力上的投入则被视而不见，由此形成的电价中隐含的上述成分又无法量化。加之国家为了维持整个社会国民经济正常运行，统一由物价部门核定固定价格，就造成了一部分企业低电价，一部分企业高电价以相互弥补。由此形成了发电企业认为上网电价低，用电企业认为用电价高的矛盾是电网经营企业所为，甚至发、用电企业认为他们的部分利润被电网经营企业吞食了。一旦电厂与大用户直购电关系形成，电网企业仅加收输电费，电价形成简单、透明度高，这样对

电网经营企业的偏见则自然消除。

5. 形成有效竞争机制，降低三方成本

相对不同时期社会总体物价来说，电厂、直购用户是多家的，各自有更多的选择，在电价形成上有竞争，电价就会下降。电厂为了生存，在节约成本、加强管理、节能降耗方面会变为主动。作为电网经营企业则会在减少输电损耗等方面下功夫，因而用电电价可能会降低。直购电用户可在何时段购电组织生产、降低购电成本上作文章，由此而带动相关的产业链，加大科技投入，提高生产力水平，降低生产成本，整个社会形成良性效应。

6. 有利于电力调度和电力监管体制的改革

开展大用户直购电模式，有利于促进电力调度和监管体系的改革。大用户与发电企业的双边合同交易将增加电力市场交易的复杂性和结算程序，这将对电力调度和监管提出更高的要求。

六、大用户直供电实施的外部条件

1. 大用户直购电方式应在一个电网经营企业范围内实现

大用户直购电若在多个电网经营企业范围实施，则在输电费上难以达成统一共识。不同电网经营企业的电网结构不同、电压等级不同、运行方式不同、网损也不尽相同，因而输送电费无法准确分摊，势必造成电厂、多家电网经营企业、用户之间多方协商。这样反而将购电问题复杂化，可操作性不强。另外随着电力体制改革深入，输配分开、配售分开，电网经营企业进一步细化，大用户直购电最好在一个电压等级内实现。由于电厂接入电网的电压等级相对较高，因此直购电大用户宜采用高电压等级吸纳电能，电压等级低、用电量小的用户不宜采用直购电方式。

2. 赋予电网经营企业一定的调节职能

购电用户预购电能必须是电量、电力按时段交易，尽可能准确。不能按预购量进行电力、电量交换时，偏差部分交由电网经营企业调节，这部分电能交易电价由电网经营企业按照电网当时运行情况而定，否则电网经营企业难以保证电网安全运行。如果被积蓄在对象池中，当客户再次调用相同对象时，效率得到了极大的提高。另一方面由于客户事故时（无论电网、电厂、用户）电能交易权归电网经营企业，其电价由电网经营企业确定，以便于及时调节，确保电网安全运行。

3. 直购电实现方式要动态调整

在电力充足时直购电才有实现的可能，而电力紧缺时，电力供应按计划分配，则是政府行为。当政府要结合考虑整体效益，有计划分配电力、电量时直购电就不能实现。另外，在遇电网设施检修、不可抗拒的自然灾害、电网事故及季节性缺电期时均不能实施直购电。

4. 直购电用户要界定

对于国家优惠电价的用电企业（如化肥），不能实行直购。因为这部分企业或行业用电，国家为了考虑国计民生，核定的用电电价很低，其用电电价与实际电价的差价是用其他方式来弥补的，若它们实行直购，则给别的直购电企业造成不公平竞争，扰乱供电秩序，形成恶性循环。

5. 直购电力总量在电网发电总容量中的比例要适当

直购电力总量占电网发电总容量比例不宜过大，否则电网抵御事故、异常的调节能力受到限制。电网不能安全稳定运行，有可能导致大面积停电，带来社会不稳定因素。

6. 直供电的电厂、大用户设备健康状况要良好

大用户直购电力、电量大，若电厂经常发生故障、出现异常，达不到应发的出力，若这部分电能由电网来调节。其原因：一是电网频繁调节能力有限；二是由电网调节，经济利益不好协商；三是将电厂与直供电用户的矛盾转化到电网经营企业，将矛盾扩大化。若直供电用户设备故障、异常，电网不能消耗的电能势必转向其他电网消耗。由此，两个电网经营企业间及电厂、直供电用户以及电网与直供电厂、用户间多重经济利益难以调和。当另一电网不愿吸纳时，电网调度必然采取极端措施，而对涉及单位将产生新的矛盾，一旦损坏设备，便在经济问题上纠缠不清。

服从统一调度是电网安全稳定运行的保证，不能丢失，否则因直供电方式而产生的美加大停电事故将在我国重演，维护正常供电秩序至关重要。应明确电厂与用户因故不能实现直供方式时的电能调节及电价确定权，因为这些方式出现是突然的，必须迅速调节电网发、用电平衡，调节其他电厂、用户或别的电网吸收电能是被迫行为，在时间上不允许并且也无法与这些单位讨价还价，否则电网安全运行将受到影响。

第二节　大用户直供输电价格

一、大用户直供输电价格中固定成本的分摊

1. 邮票法

对于各个省内的电厂向本省的大用户直供，即输电距离较小的输电业务，直供初期可以采用邮票法分摊固定成本。

（1）邮票法的基本思想。邮票法是最早被用于输电价格计算的，其基本思想是计算出整个输电网络的容量成本，然后在整个输电网内按各项输电业务实际输电功率的大小进行平均分摊，再加上运行成本即为输电费用。

（2）邮票法的优缺点分析。优点：简单直观、容易实现，能回收系统现有成本。

缺点：过于简单，不考虑交易的实际潮流、输电距离的远近和输电交易的注入和流出节点的位置，使用该方法往往使得使用网络负荷较轻的用户对其他用户提供补贴，无法利用输电电价和节点电价的杠杆作用，不能给用户提供正确的经济、技术信号。

2. 合同路径法

对于非本地发电企业向大用户直供，即跨大区联络线的大用户直供的输电价格，可考虑采用合同路径法分摊固定成本。

（1）合同路径法的基本思想。合同路径法在邮票法的基础上，考虑输电业务交易路径的影响，以一条连续的合同路径代替网络潮流的实际路径。输电业务的交易双方在合同中从功率注入点到功率流出点人为确定一条合同路径，假定此时该路径有一足够的可用容量，当输电业务实际发生时，其潮流只能通过合同路径流动，网络其他部分则认为没有影响。适用于规模较小、系统结构比较简单的电网。

（2）合同路径法的优缺点分析。

优点：实施简单，易于计算。

缺点：本法也不考虑全网潮流分布，忽略了实际潮流的物理分布规律，忽略了潮流对电网其他部分的影响，特别是对合同路径相邻部分的影响，在实际应用中往往受到限制，而且

电网的容量成本不能确保完全回收，不利于电网的良性发展。

3. MW—Mile 法

对于输电距离较长的区域电力市场中的大用户直供，可以采用 MW—Mile 法分摊固定成本。

（1）MW—Mile 法的基本思想。这种方法是基于用户对电网的使用程度进行固定成本分摊的，考虑到对输电设备的使用程度不仅与流经线路的潮流有关，而且与线路长度相联系。所以 MW—Mile 法首先计算电网所有线路和设备的每 MW—Mile 的成本，并根据输电业务的实际注入节点和流出节点确定电网潮流，以潮流与长度的乘积作为衡量设备使用程度的指标，分摊容量成本，再加上运行成本，从而计算该项输电业务在全网基础上的平均成本。

（2）MW—Mile 法的优缺点分析。

优点：考虑网络中实际潮流和输电距离的情况，根据电网使用者对线路的实际使用情况收取费用，是一种基于交易的方法，有利于促进最大限度地利用现有系统。

缺点：此时使用的仍然是假想的潮流路径，不能给用户提供正确的经济信号，不能反映系统未来资源的价值。此方法不能很好地考虑额外的输电损失成本以及交易导致的输电阻塞成本，仍存在收支不平衡问题。没有考虑设备备用容量费用，而备用容量对电网的安全性、可靠性有着重要作用，应该考虑其回收。

4. 边界潮流法

（1）边界潮流法的基本思想。边界潮流法一般用于系统间转送交易的费用分配。其基本思想是计算由输电业务而引起的输电公司边界潮流的变化，得出各联络线上潮流变化的数据，依据该数据计算转运费。

（2）边界潮流法的优缺点分析

优点：实施简单。

缺点：未考虑堵塞和扩建费用。

二、大用户直供输电价格中变动成本的分摊

1. 网损分摊方法

（1）平均网损分摊法。平均网损分摊法也叫"邮票法"，在所有输电业务中，按照功率大小，平均分摊整个电网的网损，这种方法与输送功率的注入和流出节点以及距离无关。该方法原理简单易行，是一种最为粗糙的算法，是很多电力系统最初考虑的办法，它的优点很明显，就是非常易于实现；但是缺点更加明显，就是它在市场环境下无法保证公平性，因为会引起网损小的用户对其他用户提供补贴。

（2）边际网损系数法。目前边际网损系数法在电力市场中的应用很多，边际网损系数法是种灵敏度方法，即根据节点注入功率的单位变化引起全网网损变化量的大小，对各节点上负荷或发电机进行网损的分摊。这种分摊方法能反映各节点造成全网网损的微增成本信息，从而能够提供很好的经济信号，通过市场的手段促使潮流向网损减少的方向流动，达到优化潮流，提高经济效益以及指导用户投资决策的目的，而且同时考虑到了有功和无功对网络损耗的影响。但是，这种方法也存在着一些缺点，例如分摊网损时可能存在的剧烈波动使得用户的风险大大提高；网损费用存在着过度回收等问题。

（3）按电流比例分摊法。该方法是最传统和直观的方法，但存在明显的交叉补贴现象。

（4）边际微增混合分摊法。只计算了单个交易单独作用时的网损和除此交易外所有交易都作用时的网损两种情况，而未考虑其他可能的交易组合作用时的网损，没有全面反映单个交易对总网损的贡献程度，也可能会造成收支不平衡，需要利用修正系数对各个交易应该承担的网损进行修正。

（5）MW—Mile法。无法解决影响网损公平分摊的交叉项问题，仅仅按照单独交易对电网的实际使用程度大小来分摊网损显然缺乏说服力。

（6）基于潮流跟踪的网损分摊法。通过潮流跟踪的方法先决定每个母线的注入功率对每一支路电流的贡献，然后按比例分摊网损至各个母线。同样只考虑了各交易引起的支路潮流对网损的影响，而对交易之间相互作用产生的网损交叉项问题未考虑。

2. 阻塞成本分摊方法

阻塞是由于输电网络的热容量、系统稳定性、网络输送容量的限制，使得输电网络的传输能力不足以同时传输所有的市场交易的一种状态。阻塞使得部分大用户直供交易不能正常履行而引起的成本增加就是阻塞成本，合理化解输电阻塞成为大用户直供中输电电网安全管理的核心内容。

目前对于输电阻塞成本的分摊方法有平均分摊法、节点电价法和费用分摊法。

（1）平均分摊法：即邮票法，采用按功率大小分摊给各市场成员，不考虑市场成员对网络约束的影响。该方法的主要优点是简单，而最大的缺点则是不能公平、合理地分摊阻塞费用。

（2）节点电价法：反映出下一时刻单位节点负荷所需的总费用，即节点边际成本。在阻塞情况下，节点电价可以完整体现网络约束对节点边际成本的影响，能够提供经济激励信号，但往往产生交易盈余。

（3）费用分摊法：单独计算出阻塞费用，通过将阻塞费用分摊给市场成员体现网络约束对市场成员的影响。将阻塞成本仅在负荷侧分摊是不公平不合理的，会导致一些节点买电价格偏高，各节点间的电价差别过大。显然，应该把阻塞成本分摊到这些引起阻塞的交易。由于发生传输阻塞，交易成本将增加，这样对发电企业和负荷侧都提供了明显的经济信号。

三、大用户输电辅助服务的补偿问题

1. 大用户直供对辅助服务的要求

辅助服务是指为完成输电的主要功能，即将电能从发电厂输送到用户，保护安全和质量需要采取的所有的辅助措施。电力系统的即时平衡性和整体互动性决定了辅助服务的普遍性。随着大用户直供的开展，一方面，大用户用电稳定、定向，可以减少供电负荷备用量和调峰、调频；另一方面，却增加了电网运行和控制的复杂性，因而会产生一些新的引起电网功能不稳定、电压失稳、过负荷、低频振荡、系统崩溃等问题。利用一些辅助措施对频率和电压进行调整和控制，防止上述问题的发生，保证大用户直供电的顺利进行就显得非常必要。

2. 大用户直供辅助服务的分类

（1）备用。备用即电力系统除满足最大负荷需求外，为保证电能质量和系统安全稳定运行而保持的有功功率储备。按备用的作用可分为负荷备用、事故备用和检修备用。大用户直接与发电企业签订供电合同，由发电企业直接供电后，可以大大减少负荷备用，但大用户面临着签订供电合同的发电企业因各种原因不能供电的风险，一旦发电企业不能供电，用户就

要遭受巨大的经济风险，为此用户要考虑购买备用的问题，保证自己获得可靠的电能供应，所以要考虑事故备用。

（2）调频。发电机组提供足够的上、下调整容量，以一定的调节速率在允许的调节偏差下实时处理较小的负荷和发电功率之间的不匹配，以满足系统频率的要求。

（3）无功支持。发电机或电网中的其他无功源向系统注入或吸收无功功率，以维持电网中的节点电压在允许范围内，以及在电力系统故障后提供足够的无功支持，以防止系统电压崩溃。在大用户直供的初始阶段，电网所提供的无功服务，可计入输电辅助服务中。

（4）黑启动。整个系统因故障停运后，不依赖别的网络帮助，通过启动系统中具有自启动能力机组来带动无自启动能力的机组，逐步扩大系统的恢复范围，最终实现整个系统的恢复。电网的黑启动以电厂的黑启动为前提。黑启动电厂应具备在没有外援厂用电的情况下启动发电机的能力，一般为水电机组。

四、大用户直供辅助服务的经济补偿

从各国电力市场运行的经验看，对于辅助服务的经济补偿方法一般有三种，即统一型、投标型和双边合同型。大用户直供中，由于发电企业的供电质量差别很大，电网公司对其服务的程度也不相同，要详细列出辅助服务的种类及收费标准是十分困难的。所以大用户获取辅助服务可以通过和电网公司签订双边合同，用谈判方式确定某项辅助服务的价格。

大用户直供辅助服务的经济补偿。

（1）备用费用：大用户按其有功最大需求分摊负荷备用费用，发电企业则按其可靠性水平分摊事故备用。

（2）调频费用：按影响频率调整的责任大小和负荷波动的标准差在大用户与非大用户间分摊。

（3）调相费用：基于大用户与非大用户的无功最大负荷需求与年无功需求量进行分摊。

（4）黑启动服务：基于受益分摊原则在所有用户中平均分摊。此基于责任与受益大小分摊的方法，有利于公平的分摊各项费用，社会总剩余也将达到最大化。

第三节　我国大用户直购电面临的困难和挑战

大用户直购电作为一种新的重要的交易模式，由于涉及各方利益，面临一系列困难和挑战。

1. 开展大用户直购电与现行法律相悖

电力法律法规建设滞后，已经成为我国电力体制改革的一个重要障碍。大用户直购电不是电力改革中的一个简单事件，而是触及整个电力行业运行机制重大改变的市场建设内容，因此必须尽快构建规范大用户直购电行为和机制的法律法规。

现行的法律法规对大用户直购电有一些限制性、禁止性的规定，例如，《电力法》第25条规定："供电企业在批准的供电营业区内向用户供电，一个供电营业区内只设立一个供电营业机构，供电营业机构持《供电营业许可证》向工商行政管理部门申请领取营业执照方可营业。"《电力供应与使用条例》第10条规定："上网运行的电力生产企业按照上网协议运行后，送入电网的电力、电量由供电营业机构统一经销。"《电力法》、《电力供应与使用条例》及《供用电监督管理办法》中规定的供电专营制度对大用户直购电的限制及违反规定的惩罚条款，形成了大用户直接购电面临的最大障碍。大用户直购电改变了传统管理体制和运行机制，在交易规则、电价机制、调度管理以及监管等方面，都需要新的法律法规来规范，而在这一方面目前还基本上处于空白状态。

2. 现有大用户直购电试点违背市场公平竞争原则

按照现有大用户直购电试点模式，简单地以点对点方式确定发电企业和大用户开展直购电试点，参与试点的发电企业客观上挤占了其他发电企业的市场空间和利用小时数；参与试点的大用户消费的电量不参与销售电价的交叉补贴，对广大的中小电力用户不公平，同时比同行业的其他企业在行业市场竞争中具有竞争优势，其实质就是对大用户实行变相的优惠电价。因此，简单地推行点对点大用户直购电，将导致发电企业和用电企业产生同行业和不同行业的行业歧视，违背市场经济的公平竞争原则。

3. 市场机制不完善

国外大用户直购电一般具有较好的市场基础和较为完善的市场机制。而我国电力行业长期处于计划经济体制，虽然经过几年的市场化改革的探索，但电力行业的管理体制与运行机制仍是以计划为主，发电企业的发电量和上网电价、用户的销售电价都是由政府审批制定。区域电力市场又长期处于试点甚至暂停状态，大用户直购电的市场基础薄弱，初步形成的市场机制失去电力市场环境的衬托，存在很多不适应和不完善的地方，有待不断改进和修正。

4. 交叉补贴现象严重

在传统的电力产业结构下，政府和监管机构出于社会稳定、公平的考虑，通过电价在不同用户之间进行交叉补贴，最为常见的是大工业用户补贴农业和居民用户。

开展大用户直购电后，大用户以较低的价格向发电企业直接购电，避免了承担交叉补贴，这部分补贴转嫁到电网企业或其他用户身上，造成了新的不公平。

长久以来，我国电价体系中存在严重的交叉补贴等现象。例如，京津唐地区的现行居民用电价格是大工业电价的84%，四川地区这一比例达到75%。我国销售电价的交叉补贴主要体现在以下五方面。

（1）低谷时段电价补贴高峰时段电价。一般情况下，电力高峰时段的电力供应成本远大于低谷时段的成本。在我国，峰谷电价和分时电价仍未得到广泛实行，很多地区在所有时段实施单一的电价体系，这就造成了低谷时段的电价对高峰时段的电价进行补贴。

（2）高电压等级用户补贴低电压等级用户。对于相同供电网络，电压等级较高用户的供电成本较低，电压等级较低用户的供电成本较高。目前，我国不同电压等级用户的销售电价，不是按照相应的供电成本确定的，高供电成本的低电压等级用户的电价较低，而低供电成本的高电压等级用户的电价却较高，造成了总体上高电压等级用户补贴低电压等级用户的现实。

（3）电力企业补贴用户。我国实施电力体制改革以来，销售电价改革取得了巨大成绩，从最初的单一制电量电价逐步发展成为具有多种价格分类和电价制度的销售电价体系。目前，我国的销售电价仍然采用政府定价的形式，销售电价按照用电行业和用途分类。根据政府要求，居民生活用电和农业用电等实行优待电价。2005年亚洲开发银行资助国家电力监管委员会的研究报告表明，东北地区销售电价水平较合理的电价水平低将近10%，这表明，电力企业对用户进行了补贴。

（4）不同地区用户之间存在交叉补贴。我国不同地区平均销售电价差别较大，广东、上海等经济发达地区的平均销售电价较高，例如，2005 年，广东的平均销售电价为 677.15 元/（MW·h），上海的平均销售电价为 593.34 元/（MW·h），均比 484.98 元/MWh 的全国平均销售电价高出不少。而西部欠发达地区的平均销售电价较低，例如，宁夏的平均销售电价为 335.21 元/（MW·h），青海的平均销售电价为 306.96 元/（MW·h）。即使考虑不同地区的发电、供电成本的差异，也能从上面的数据明显看出，西部地区的平均销售电价低于合理的电价水平，经济发达地区对其进行了一定程度的补贴。

（5）同一地区的不同用户之间存在交叉补贴。由于电压等级较高、用电量较大，大工业用户的供电成本往往远低于居民用电。基于此，很多国家的工业电价低于居民电价，尤其是西方发达国家，甚至有比较大的差异。然而，长久以来，我国的工业电价都高于居民电价，在西部地区，大工业电价与居民电价之间的差异更加明显。2005 年，我国平均居民生活电价与大用户用电电价的比例是 0.93:1。大工业用户较低供电成本与较高电价的"倒挂"现象，说明其对居民用户等提供了补贴。

5. 电价机制不健全

（1）输配电价机制不健全。在国外，许多国家电价构成中输配电价一般占到 40%～50%，而目前我国输配电价的比重只占到 22% 左右，远没有到位。《输配电价管理暂行办法》中制定的共用网络输配电价机制不足以保证电网的简单再生产和扩大再生产，因此必须制定一种新的输配电价机制以保障电网自我发展的能力。但是目前由于输配电价机制还没有形成，零售电价与购电价之间的差价就构成了电网公司的收入。在这种情况下，一旦电网开放允许大用户直购电而独立的输变电电价又未及时出台的话，电网公司的收入将受到影响。

（2）辅助服务市场机制不完善。大用户对电能的需求量通常都很大，同时对供电的可靠性也有较高的要求，当供电中断时，大用户将要承受经济损失。因此大用户和发电公司签订直供合同后，为了保证获得充足和稳定的电能供应，必须依靠供电公司提供辅助服务。但由于在过去我国电价确定与调整机制中很少考虑辅助服务的市场价值，因此还没有辅助服务定价机制。

（3）搁浅成本仍然存在。我国目前仍有一些电厂还处于还本付息阶段，存在着搁浅成本。在厂网分开后有很大一部分搁浅成本留给了电网公司。根据实际经验，厂网分开后留给电网公司的搁浅成本一是由国家财政补偿，一是由用户分摊。如果在这个时期推行大用户直购电，大用户必然选择没有搁浅成本的发电商，不再分摊留在电网公司的搁浅成本，这同样会加大电网公司的经营风险，进而加大销售电价的上涨压力。

6. 电网企业的阻力

目前我国电价的形成机制由于历史原因，具有多样性的特点，但是社会总体电价机制的形成基础是所有发电商上网电价平均水平。实行大用户直购电以后，大用户必然会选择发电成本较低的发电商签订双边合同，而将发电成本较高的发电商留给电网公司，这样一来，整个电网的平均购电电价势必会上涨，而销售电价却要受到国家管制的影响，不能上升。因此电网公司会损失一部分利益，而这部分利益就转嫁给了大用户和发电商，这会遇到电网的剧烈反抗。长期以来，我国电网的投资一直不到位，开展大用户直购电以后，电网公司的整体收益将进一步下降，这就削弱了电网的再投资能力。

7. 造成技术上和安全上的隐患

在现有条件下实施大用户直购电存在着技术和安全上的隐患。进行直供的发电厂的供电连续性和稳定性无法与电网统一供电的连续性和稳定性相比。对于大用户直购电而言，由于电源点和薄弱的网架结构，易造成供电事故和埋下一系列安全隐患，影响电厂和用户的安全稳定运行。

第四节　解决大用户直购电问题的建议

1. 出台相关的规则、细则

（1）大用户条件。目前在许多省份，大用户多是指具有高耗能特点的大工业用户，但其界定还没有统一的标准。在电监会发布的暂行办法中也未对大用户的资格做出明确的界定。建议拟定的大用户标准为：符合国家产业政策、用电负荷相对稳定、产值能耗低、污染排放小、用电电压等级在110kV以上、年用电量在3亿kW·h以上的电力用户（对于年用电量的规定不同省份可以根据实际情况制订不同的标准）。

（2）交易电量。建议将直购电力的对象限定为原有用户新增加的用电量和新增加用户的用电量，对原有用户的原有用电量不应列入直购电对象；对于与大用户签订直供合同的发电企业来说应按照原有的上网协议或购电协议，优先满足电网经营企业提出的上网电量计划，满足计划电量之外的富余发电能力才能与大用户谈判协商购销电量。结算电价时，计划电量仍然按原批准价格执行，计划电量以外的直购电量按直购电价执行。

（3）交易规则。大用户直购放开以后，大用户和电网公司之间要签订输电合同和辅助服务合同，电网公司有义务向大用户提供输电服务。但是，电网公司在履行输电合同义务的同时，还承担着保证电网安全的责任。因此，一旦电网出现阻塞等情况，电网公司必须削减负荷，其中包括大用户的电力需求。但按什么原则削减过负荷，必须先由电网公司和大用户间确定交易规则。

（4）合同范本。直购电方式下，直购用户要签订两个最基本的合同，即用户与发电商之间签订的输电合同、用户与供电商之间签订的供用电合同。由于目前没有统一的合同文本，因此要加强对合同格式及条款的研究，绘制试行"电力购销合同"的合同范本，其中应重点研究合同执行过程中不确定性引起争议的处理条款。例如关于欠费问题，需规定如果直供双方拖欠电网公司的过网服务费，该承担什么样的违约责任，电网经营企业应如何处理；关于电能质量问题，需要明确各方的电能质量责任范围和各方的权利、义务，当出现电能质量不合格引起的责任纠纷时，首先要查清导致用户受电端电能质量不合格的原因，按规定划分责任，依据合同中相应条款处理。此外在合同中还要规定合同双方当事人的权利义务，作为解决纠纷的依据。

2. 制订合理的电价机制

（1）制订合理的输配电价。输配电价的制订要能够正确反映出不同电压等级的供电成本，因此不应该简单地由电网平均销售电价扣除平均购电电价和输配电损耗后确定，建议使用边际成本法来计算输配电电价。

（2）加紧执行备容费的收费政策。国家发改委、电监会《关于进一步落实差别电价及自备电厂收费政策有关的问题通知》发布后，国内一些省市根据自己的实际情况也相继出台了有关政策，但到目前为止仍有部分省市没有贯彻执行国家的政策。对这部分省市，国家有关部门一方面要积极开展动员工作；另一方面可以制订配套的法规制度对其施行适当的惩罚。

（3）解决交叉补贴问题。低电价电量被大用户买走，打破了现有的电价平衡体系。由于大用户与发电商签订购买合同的直购电价高于上网电价低于销售电价，因此，在直购电交易中，大用户减少了电费支出，同时发电商增加了售电收入。毫无疑问，社会电价的抬高是发电商和大用户共同赢利的结果造成的，因此交叉补贴费用应该由这两者按照一定的比例进行分摊。

（4）解决搁浅成本问题。对于搁浅成本的国际经验是在改革初期设定一个过渡期（如5年左右），允许发电公司通过电价回收一定费用来补偿搁浅成本损失。由此可见，要解决搁浅成本这一问题，最简便的办法是将放开大用户选择权延迟到过渡期限之后。在此之前，不妨做些个别试点，在供电有大量富余的地区开展直购电，取得经验，而不要大而广地铺开。

第五章　供电企业营销基本业务

供电营销的基本业务可分为业务扩充、变更用电、营业电费管理、电能计量、供用电合同管理、用电检查与营销稽查。

第一节　业　务　扩　充

业务扩充是电力企业进行电力供应和销售的受理环节，包括新装和增容，是电力的售前服务行为。新装是指用电客户首次申请用电。增容是指客户在正式用电后，由于生产经营情况变化，原有用电容量不能满足用电要求，提出增加供用电合同约定的用电容量的一种用电业务。

10～220kV 以上扩充报装流程如图 5-1～图 5-4 所示。

10kV 业扩报装流程					
市公司营销部(客户服务中心)/县公司客户服务中心	市公司基建部/县公司发展建设部	市公司经研所	市公司发展部/县公司发展建设部	市/县公司调控中心	市公司运维检修部/县公司检修工区

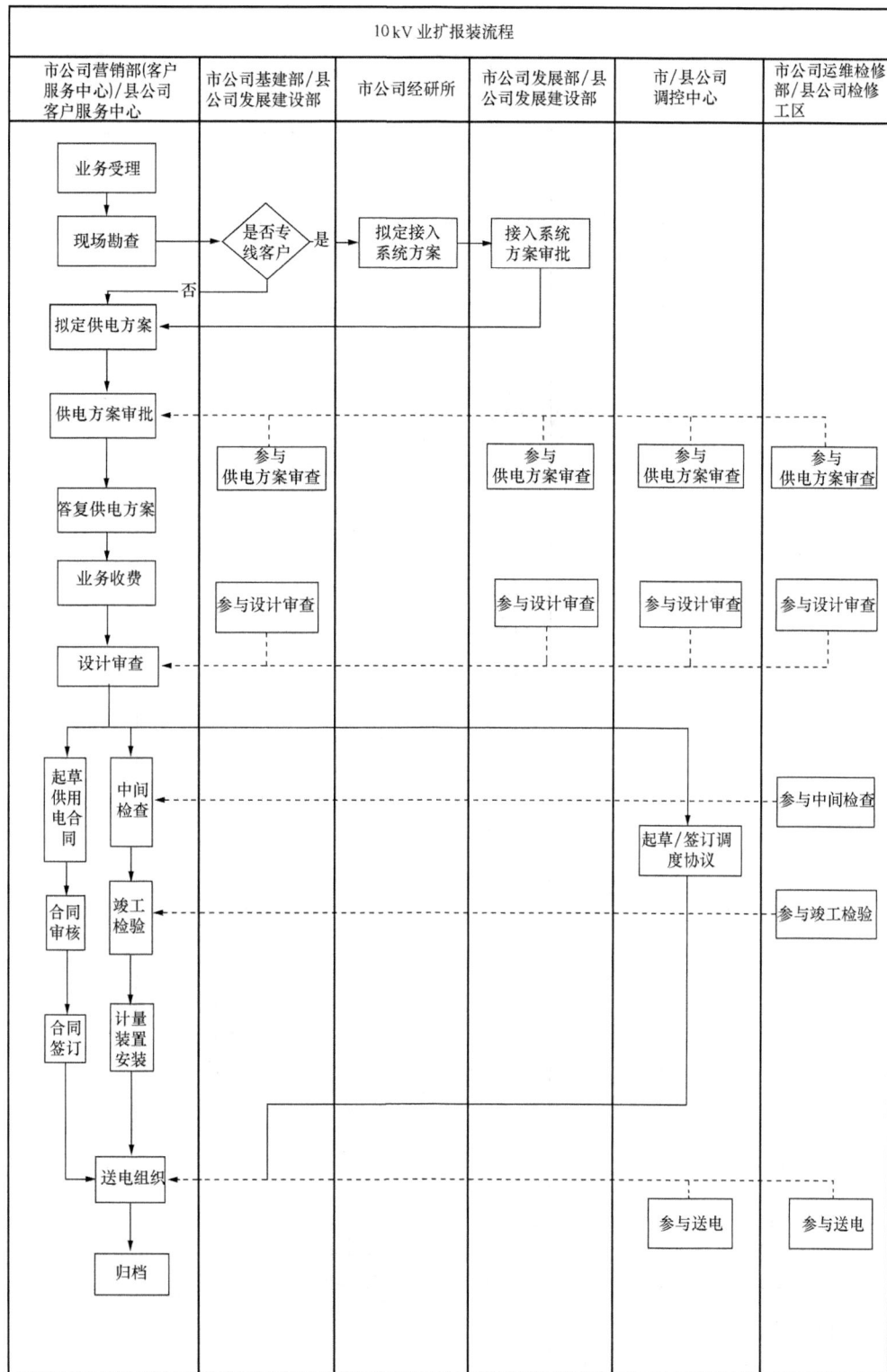

图 5-1　供电企业 10kV 扩充报装流程

35kV业扩报装流程(省公司)					
地市公司营销部(客户服务中心)/县公司客户服务中心	市公司经研所	市公司发展部/基建部/县公司建设工区	市公司运维检修部/县公司检修工区	市/县公司调控中心	经济法律部
业务受理 → 现场勘查	拟订接入系统方案 → 接入系统方案审批		参与拟定供电方案	参与拟定供电方案	
供电方案审批 ← 拟订供电方案		参与拟定供电方案			
答复供电方案 → 业务收费		参与接入、受电工程设计审查	参与接入、受电工程设计审查	参与接入、受电工程设计审查	
接入、受电工程设计审查					
			起草调度协议并参与供用电合同起草		
起草供用电合同	受电工程中间检查	接入工程中间检查			
		参与接入、受电工程竣工检验	参与接入、受电工程竣工检验	参与接入、受电工程竣工检验	
接入、受电工程竣工检验					
合同审核	计量装置安装				参与合同审核
签订合同	参与送电方案审查	参与送电方案审查	参与送电方案审查	编制送电方案 → 送电方案审查	
送电组织					
归档		参与送电	参与送电	参与送电	

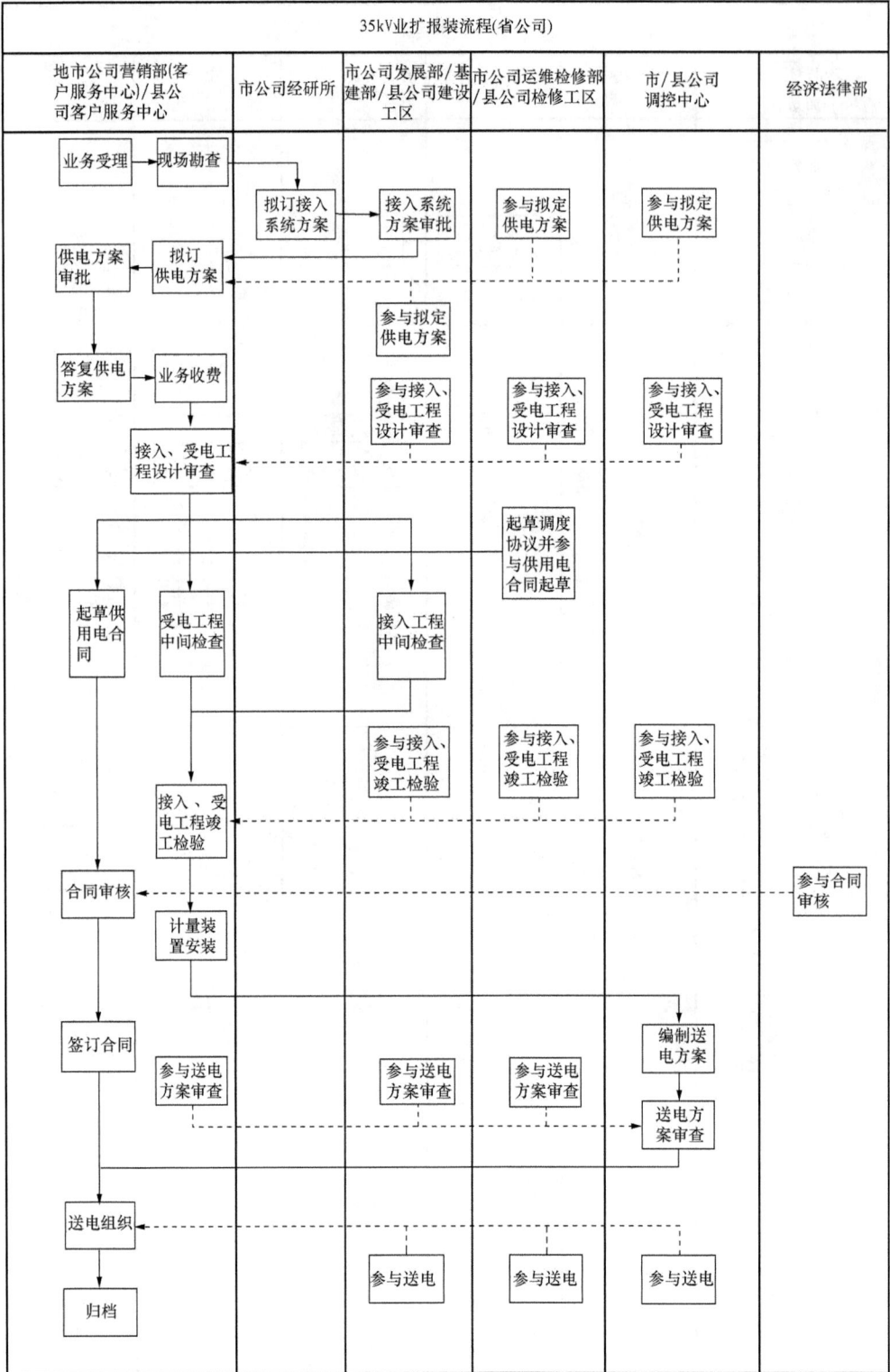

图 5-2 供电企业 35kV 扩充报装流程

110 kV 业扩报装流程（省公司）

省公司营销部	地市公司营销部（客户服务中心）	省公司发展部	市公司经研所	地市公司发展部/基建部	地市公司运维检修部	地市公司调控中心	经济法律部
	业务受理 → 现场勘查	接入系统方案审批	拟定接入系统方案	参与拟定供电方案	参与拟定供电方案	参与拟定供电方案	
	拟订供电方案						
供电方案审批		参与供电方案审查		参与接入、受电工程设计审查	参与接入、受电工程设计审查	参与接入、受电工程设计审查	
	答复供电方案 → 业务收费						
	接入、受电工程设计审					起草调度协议并参与供用电合同起草	
起草供用电合同	受电工程中间检查		接入工程中间检查				
				参与接入、受电工程竣工检验	参与接入、受电工程竣工检验	参与接入、受电工程竣工检验	
	接入、受电工程竣工检验						
合同审核							参与合同审核
	计量装置安装						
签订合同	参与送电方案审查			参与送电方案审查	参与送电方案审查	编制送电方案	
						送电方案审查	
送电组织							
归档				参与送电	参与送电	参与送电	

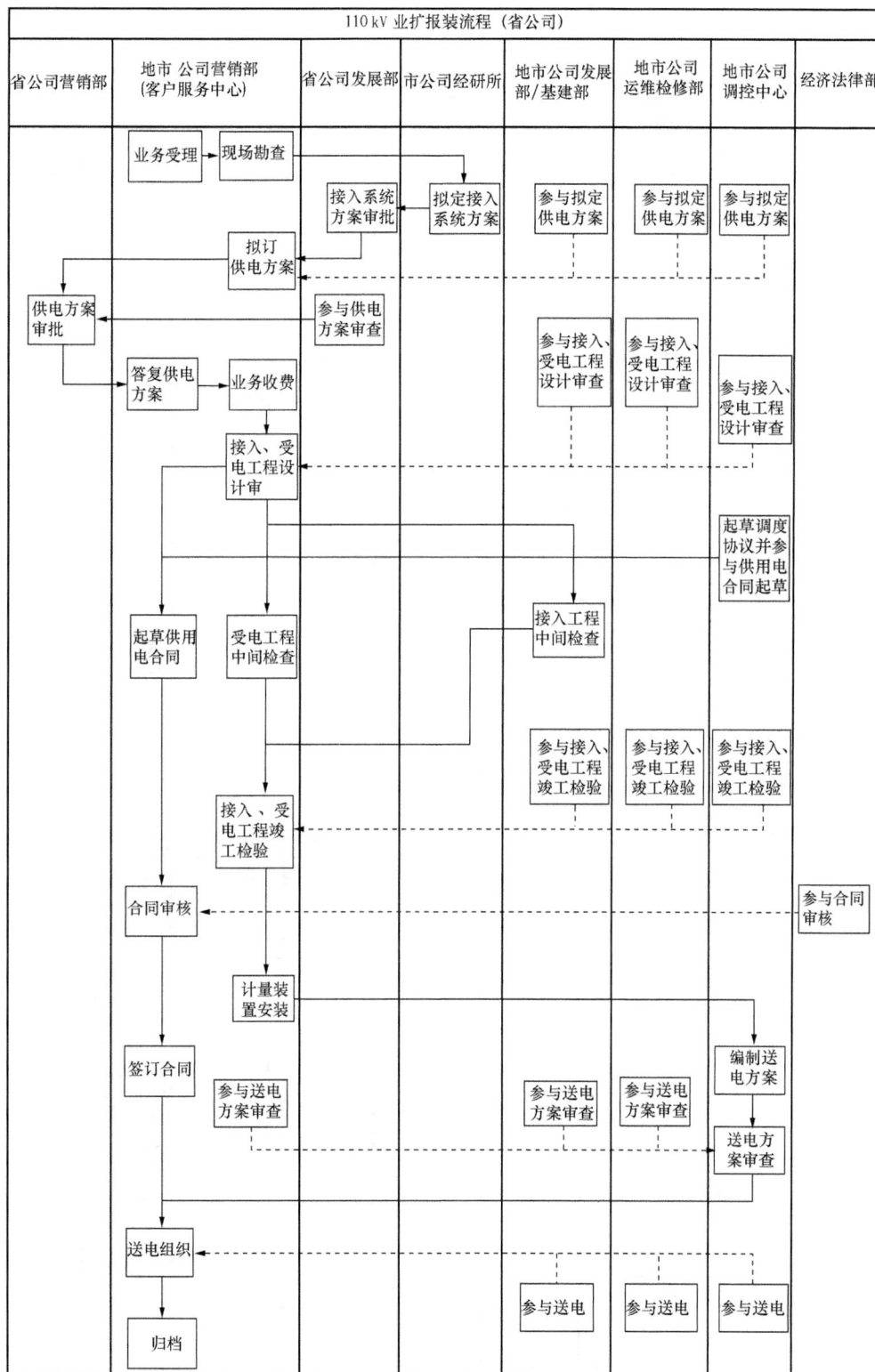

图 5-3 供电企业 110kW 扩充报装流程

220kV及以上业扩报装流程（省公司）							
省公司营销部	地市 公司营销部（客户服务中心）	省公司发展部	省公司经研院	省公司基建部	省公司运维检修部	省公司调控中心	经济法律部

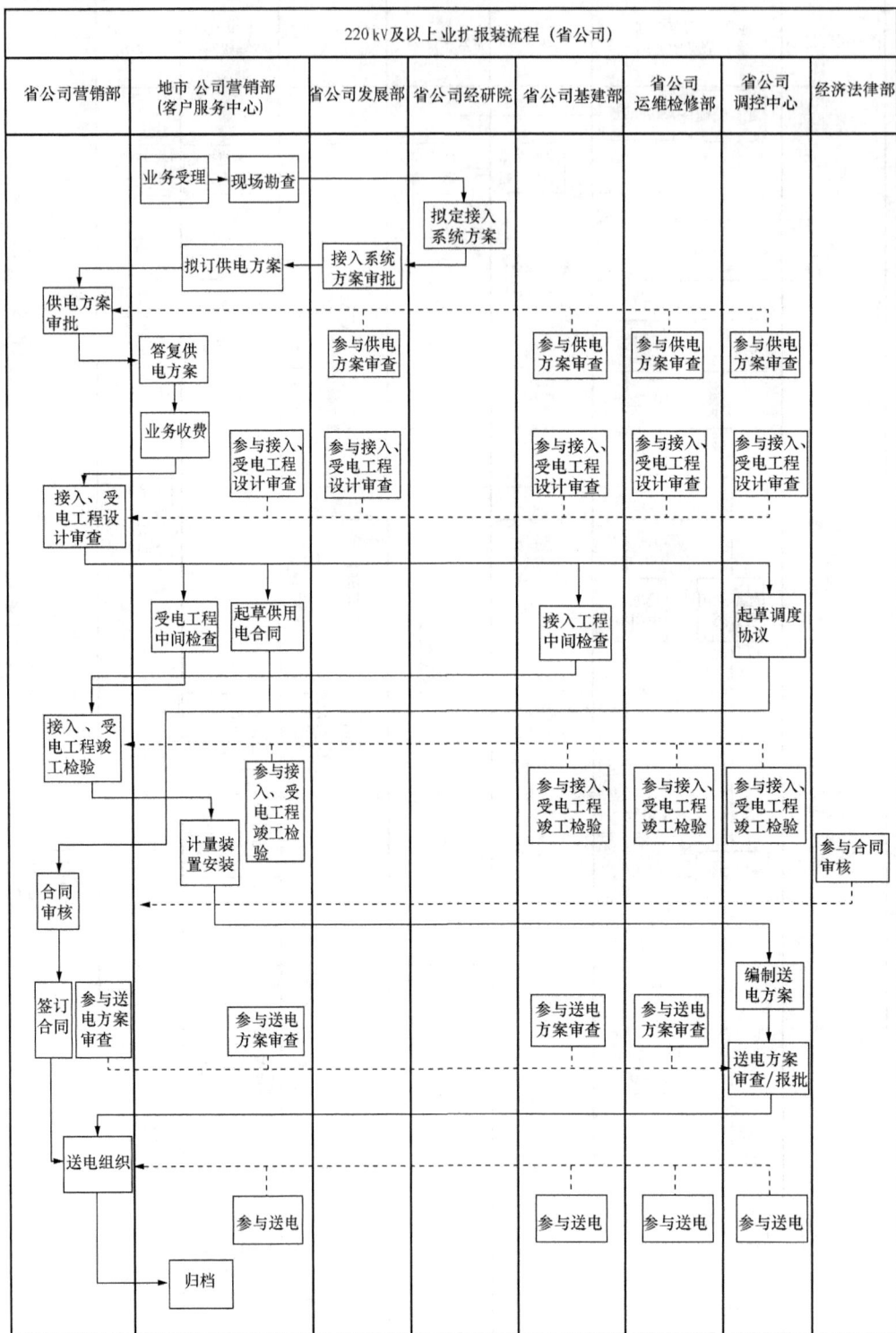

图 5-4　供电企业 220kV 及以上扩充报装流程

第二节　变更用电业务

变更用电只改变由双方签订的《供用电合同》中约定的有关事宜的行为，属于电力营销工作中的"日常营业"。所谓日常营业是供电企业日常受理运行中电力客户各种用电业务工作的通称。它与业务扩充、电费抄、收、核管理三位一体，构成整个电力营销管理工作的全过程。在电力营销工作中，是一个承前启后的环节。

变更用电业务是指客户在不增加用电容量和供电回路的前提下，由于自身经营、生产、建设的变化，而向供电企业申请，要求改变原《供用电合同》中约定的用电事宜的业务。变更用电包括下列情况。

（1）减少合同约定的用电容量（简称减容）。

（2）暂时停止全部或部分受电设备的用电（简称暂停）。

（3）临时更换大容量变压器（简称暂换）。

（4）迁移受电装置用电地址（简称迁址）。

（5）移动用电计量装置安装位置（简称移表）。

（6）暂时停止用电并拆表（简称暂拆）。

（7）改变用户的名称（简称更名或过户）。

（8）一户分列为两户及以上的用户（简称分户）。

（9）两户及以上用户合并为一户（简称并户）。

（10）合同到期终止用电（简称销户）。

（11）改变供电电压等级（简称改压）。

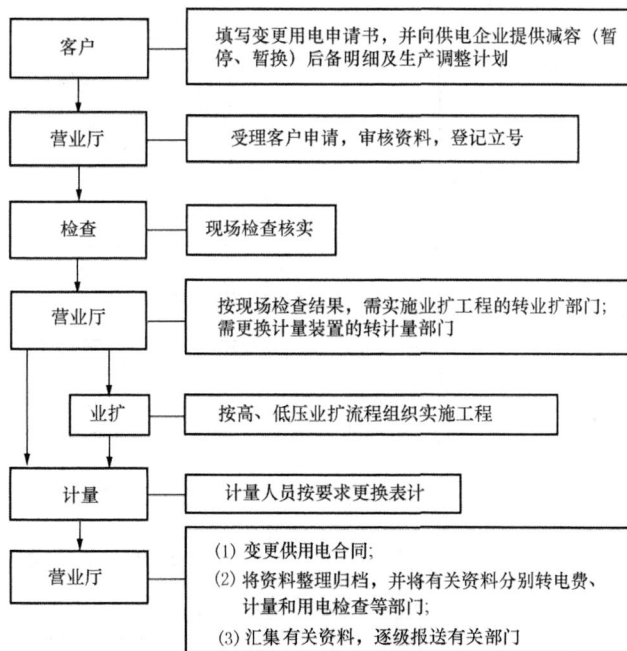

图 5-5　减容（暂停、暂换）流程

客户	填写变更用电申请书，并向供电企业提供相关资料
营业厅	受理客户申请，审核资料，登记立号
检查	现场检查核实
计量	按要求更换、移动表计
营业厅	(1) 变更供用电合同； (2) 将资料整理归档，并将有关资料分别转电费、 　　计量和用电检查等部门； (3) 汇集有关资料，逐级报送有关部门

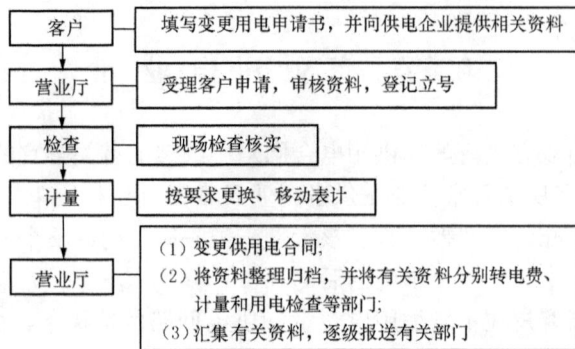

图 5-6　移表、改类流程

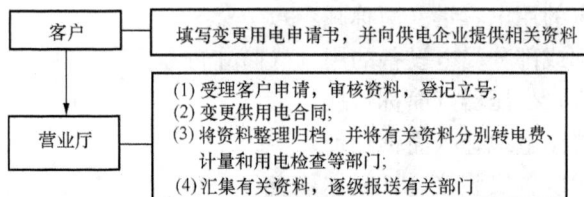

| 客户 | 填写变更用电申请书，并向供电企业提供相关资料 |
| 营业厅 | (1) 受理客户申请，审核资料，登记立号；
(2) 变更供用电合同；
(3) 将资料整理归档，并将有关资料分别转电费、
　　计量和用电检查等部门；
(4) 汇集有关资料，逐级报送有关部门 |

图 5-7　更名（过户）流程

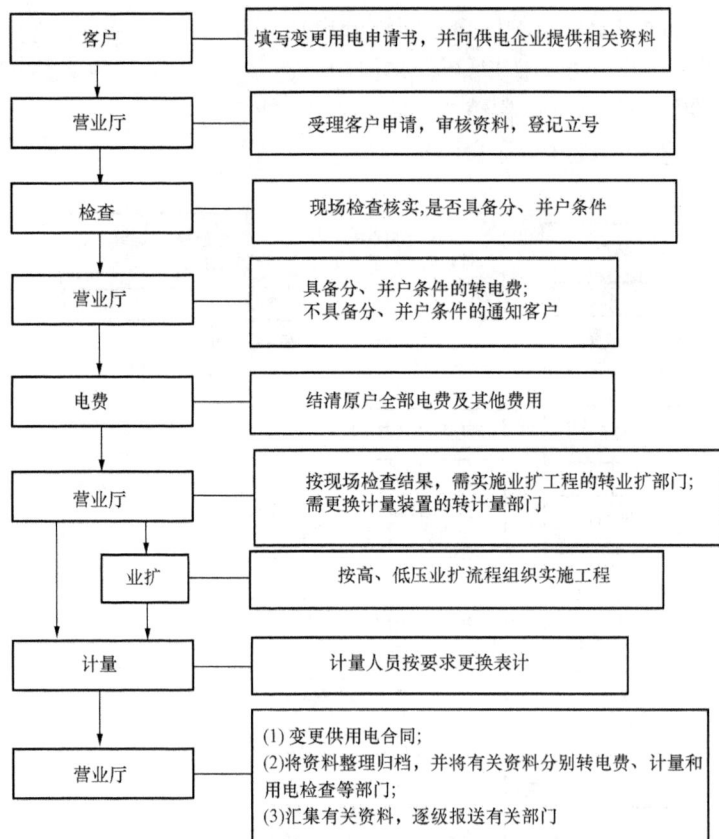

客户	填写变更用电申请书，并向供电企业提供相关资料
营业厅	受理客户申请，审核资料，登记立号
检查	现场检查核实，是否具备分、并户条件
营业厅	具备分、并户条件的转电费； 不具备分、并户条件的通知客户
电费	结清原户全部电费及其他费用
营业厅	按现场检查结果，需实施业扩工程的转业扩部门； 需更换计量装置的转计量部门
业扩	按高、低压业扩流程组织实施工程
计量	计量人员按要求更换表计
营业厅	(1) 变更供用电合同； (2) 将资料整理归档，并将有关资料分别转电费、计量和 用电检查等部门； (3) 汇集有关资料，逐级报送有关部门

图 5-8　分户、并户流程

（12）改变用电类别（简称改类）。

用户需变更用电时，应事先提出申请，并携带有关证明文件，到供电企业用电营业场所，按流程办理变更供用电合同。

减容（暂停、暂换）流程（如图5-5所示）

移表、改类流程（如图5-6所示）

更名（过户）流程（如图5-7所示）

分户、并户流程（如图5-8所示）

销户（暂拆）流程（如图5-9所示）

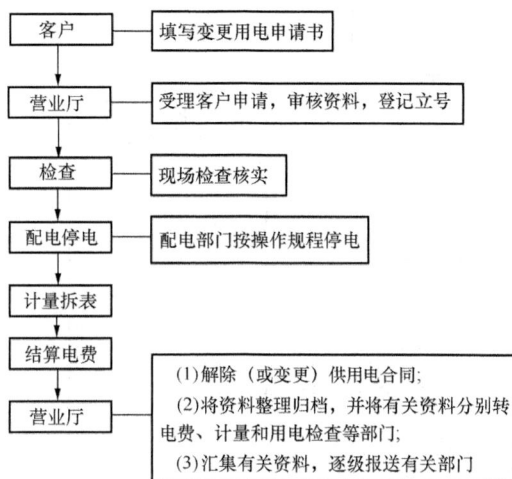

图5-9　销户（暂拆）流程

第三节　营 业 电 费 管 理

这一环节的好坏直接影响企业的经济效益、上缴税收、再生产资金等。为使电费管理工作做到准确、及时和高效，一方面要采用先进的技术装备，尽量做到规范化、程序化和自动化；另一方面还要建立严密的组织机构和合理的工作流程，电费抄核收流程如图5-10所示。

电费管理主要包括以下工作。

（1）抄表计划安排。

（2）电费核算。

（3）电费收取。

（4）电费回收监控。

（5）催收电费。

（6）电费差错处理。

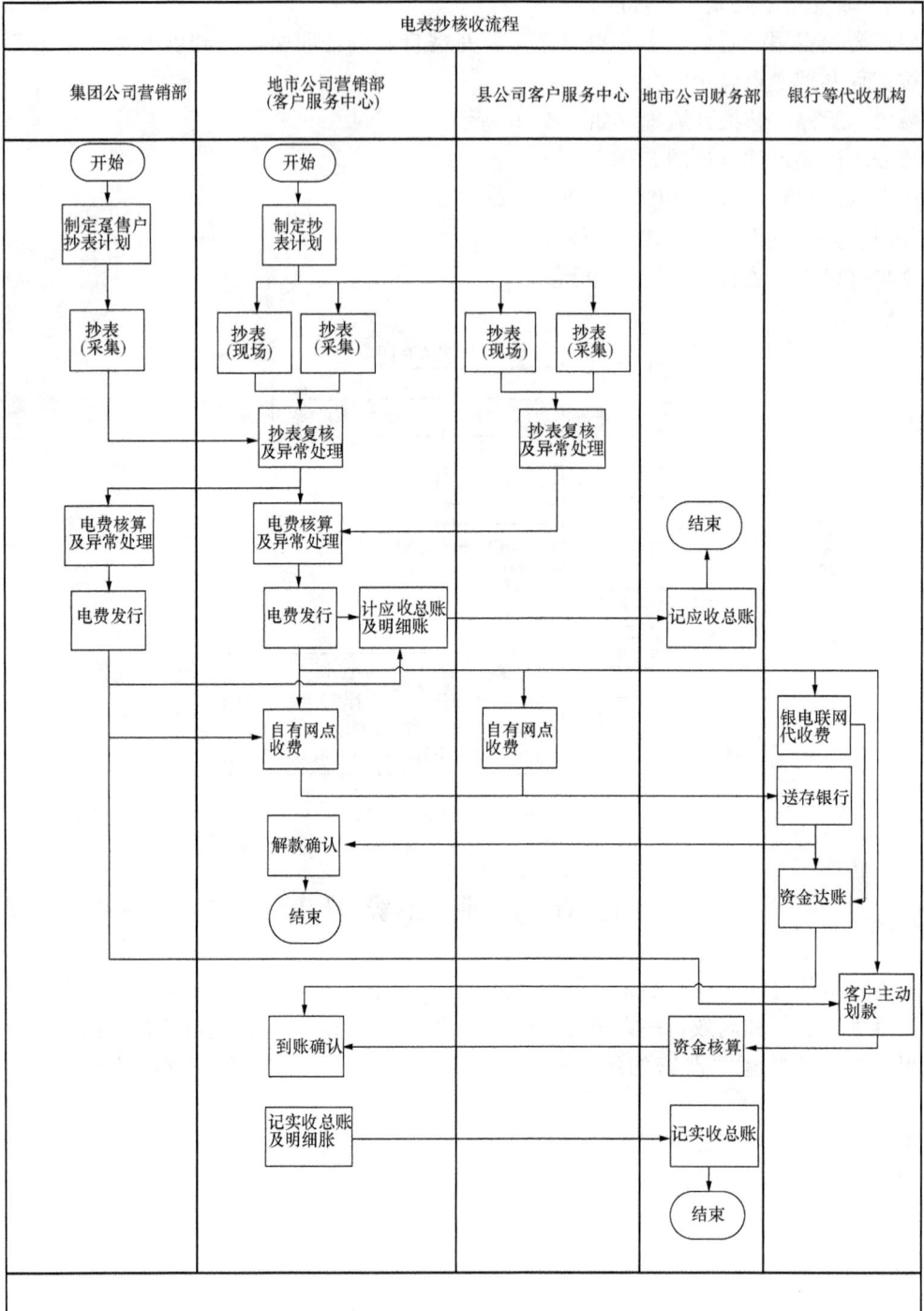

图 5-10　电费抄核收流程

第四节　电能计量与供用电合同

一、电能计量的含义

电能计量是电力生产、营销以及电网安全运行的重要环节，发、输、配电和销售、使用电能都不能离开电能计量。电能计量的技术水平和管理水平不仅影响电能结算的准确性和公正性，而且事关电力工业的发展，涉及国家、电力企业和广大电力客户的合法权利。

电能计量包括两层含义。

（1）由电能计量装置来确定电能量值的一组操作。

（2）为实现电能单位的统一及其量值准确、可靠的一系列活动。

二、电能计量工作内容

电能计量工作内容主要有：

（1）制定并实施辖区电能电网计量工作规划，以及电能计量标准和电能计量装置的配置、更新与发展规划，建立电能计量保证体系。

（2）确定电能计量点和电能计量方式。其中包括：各类关口、大客户电能计量点、计量方案的选定；参与电源、电网建设工程和用电业扩工程方案中有关电能计量方式的确定；电能计量装置的设计审查等。

（3）选型、购置和安置电能计量装置。

（4）运行、维护和检测电能计量装置。

（5）建立电能计量标准，完善电能量值传递系统。制定电能计量标准建设规划，完善电能计量器具检定的工作计划，按计划实施电能计量标准的建标配置与鉴定、考核、复查工作。

（6）开展电能计量装置的各类检查工作。其中包括：电能计量装置的现场检查，电能计量器具的验收检定、臭氧检定、修调前检定、周期检定和临时检定；电能计量器具和电能计量标准设备的封存、报废与淘汰。

三、供用电合同

供用电合同是供电人向用电人供电，用电人支付电费的合同。供用电合同的内容包括供电方式与供电质量、供电时间、用电容量和用电地址、用电性质、计量方式和电价、电费结算方式、合同的有效期限、违约责任、供用电设施的维护责任、双方共同认定应当约定的其他条款等。根据客户用电类别的不同，供用电合同分为高压供用电合同、低压供用电合同、临时供用电合同、趸售电合同、委托转供电协议、居民用电须知。供用电合同管理流程如图5-11所示。

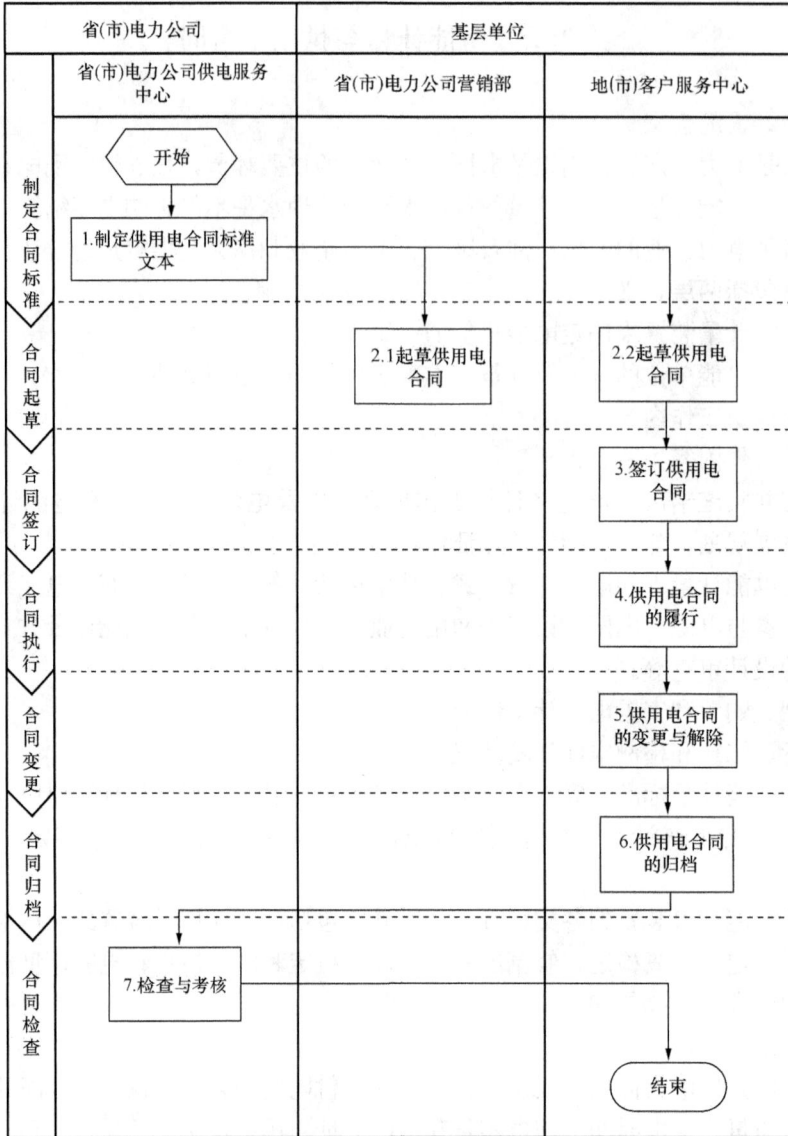

图 5 - 11　供用电合同管理流程

第五节　用电检查与营销稽查

一、用电检查职责

用电检查在电力体制改革前称为用电监查，行使政府职能。电力体制改革后，电力管理部门的职责移交了经贸委等部门，电力部门保留了行使企业行为的用电检查职责。

在电力市场营销中，不能将用电检查工作理解为卖方市场对买方市场的单方面的检查，这将使工作步入误区，应该认为用电检查工作是供电企业服务工作的一部分，不是检查用电，而是服务用电。

用电检查工作的开展有以下作用。

（1）保证和维护供电企业和电力用户的合法权利。

（2）保证电网和电力用户的安全用电。

（3）通过用电检查人员对用户的上门服务，树立供电企业的形象，增强在市场中的竞争实力，开拓电力市场。

用电检查工作的主要职责有：

（1）负责用户受（送）电装置工程电气图纸和有关资料的审查。

（2）负责节约用电措施的推广。

（3）负责安全用电知识宣传和普及教育工作。

（4）参与用户重大安全电气事故的调查。

（5）组织并网电源的并网安全检查和并网许可工作。

二、用电检查工作类型

用电检查按检查类型划分为定期检查、专项安全检查和特殊巡查。根据需要可以将定期检查与专项安全检查结合开展工作，以提高工作效率。

1. 定期检查

定期检查是指按照规定的检查周期，对用户实施例行用电检查工作。定期检查周期分以下几种。

（1）高压专线供电用户，每3个月至少检查一次，对重要用户，可以根据实际情况增加安全检查次数。

（2）高压非专线供电用户，每6个月至少检查一次。

（3）低压非居民供电用户，每12个月至少抽查一次。

（4）低压供电居民用户，每年按不低于1%的户数比例抽查。

2. 专项安全检查

专项安全检查是指根据需要对某一事项进行专项用电检查，专项检查分为春季和秋季用户安全用电检查。

安全用电检查是指用电检查人员按照国家或电力行业的有关标准和规定，对用户管电人员、运行制度和设备安全状况进行全面检查，帮助用户发现问题、消除安全隐患、确保用户和系统安全运行。

（1）春季用户安全用电检查：每年春季（1月15日～4月30日），以防雷专项检查为重点，检查用户用电设备的防雷安全完好性。检查的主要内容有接地系统、避雷针、避雷器等设备的定期预防性试验检查。

（2）秋季用户安全用电检查：每年秋季（9月15日～10月30日），以检查用户的设备预防性试验为重点，检查的主要内容有变压器、开关、继电保护装置等一、二次设备的定期预防性试验。

3. 特殊巡查

特殊巡查是指对大型政治活动、大型集会、庆祝娱乐活动等涉及的场所用电进行特殊性用电检查，确保用户供电。

特殊巡查的重点主要有巡查清理曾经发生过越级跳闸事故的用户，重要工商用户、政治中心、重要场所和易燃易爆用户用电。

三、用电检查工作内容

用电检查工作贯穿于电力用户服务的全过程，可以说从某一用户申请用电开始就有其职责，直到用户销户——终止供电为止，既有对用户的服务工作，同时，也担负着维护供电企业合法权益的任务。

用电检查主要内容如下。

（1）检查用户变电站（所）各种规章制度及管理运行制度执行情况。检查用户有无"两票三制"（工作票、操作票；交接班制、设备巡回检查制、设备定期试验和轮换制度）运行管理制度，是否严格执行。

（2）用户设备信息变化情况检查。按照台账核对用户基本情况，主要包括用户户名、受电电源、用户受电设备装接容量，一次设备主接线，计量 TA、TV 变比等，电容器的安装和运行情况，生产主要产品及单耗，用电负荷构成和负荷变化情况。

（3）用户设备缺陷检查。检查客户设备运行有无异常和缺陷，检查用户设备缺陷的处理情况。

（4）检查用户的一、二次设备（包括线路、变电站的设备）和防雷设备，主要对用户现场的变压器、开关、继电保护装置等一、二次设备和避雷器、避雷针、引下线及接地装置等防雷设施进行检查，是否按照规定的试验周期进行预防性试验和检定，试验项目是否齐全，试验（检定）报告是否合格和完整，试验单位是否有资质。

（5）设备外绝缘检查。设备外绝缘是否定期清扫，电缆沟内是否有积水或潮湿，接地圆条、扁铁是否锈蚀，地网接地电阻是否定期进行测试。

（6）继电保护装置定期校验记录和保护定值检查。检查用户电源进线的继电保护装置，是否有供电局（或电力调度部门）提供的定值通知单；客户侧的继电保护配置与系统侧的继电保护配置是否合理、是否需要重新进行计算，根据用户设备实际变化情况，要求用户到供电局进行定值核定，防止用户设备事故引起系统越级跳闸。

（7）用户双电源检查。必须加强煤矿及高危企业等用户双电源、自备应急电源（或发电机）管理，严格审核重新启用和安装自备发电机的用户，检查用户发电机联锁装置的可靠性和防止反送电的安全措施和组织措施，防止用户事故影响电力系统安全运行的情况发生，危及人身安全。

（8）计量装置检查。主要检查用户计量配置是否满足当前运行要求，计量装置接线是否正常，铅封、封印是否齐全、完好。

（9）检查用户变配电室安全防护措施。检查防小动物、防雨雪、防火、防触电等措施。检查客户安全工器具［高压验电器（笔）、绝缘手套、绝缘靴、接地线、绝缘操作棒（杆）、绝缘电阻表、万用表等］、安全标示牌是否齐备。

（10）检查用户受电端电能质量。主要检查用户的冲击负荷、波动负荷、非对称负荷对供电质量的影响或对系统安全运行构成的干扰，用电现场是否增加谐波源设备、有无谐波治理措施，供用双方共同加强电能质量管理。

（11）检查重要用户是否制定停电后的应急预案。掌握涉及重要用户的供用电安全状况，用电检查人员应检查煤矿及高危企业等重要用户是否制订应急预案，并经过应急演练，防范事故风险，及时向地方政府汇报备案，协调解决供电安全问题。

（12）检查建立与重要用户的联系机制。核定煤矿及高危企业等重要用户联系人和联系电话是否及时更新，核定结果报运行管理部门，内转外不转，按照供电单位内部对专线和公用线路停送电管理的职责分工，在调度、配网运行管理等相关部门备案，调度、配网运行管理等部门将用户电话纳入停电电话通知的管理范围。

（13）加强用户进网作业电工的管理。检查电工的资格、进网作业安全状况及作业安全保障措施，检查用户变电站是否有值班人员，值班人员是否经过培训，是否持证上岗，调度员或变电值班人员是否有资格接受调度命令（人员名单报供电局）。

（14）指导用户搞好需求侧用电管理。检查用户现场管理装置运行情况，检查该装置是否严格按规定和相关要求接入跳闸回路，确保管理系统的安全性和可靠性，保证缺电形势下发挥应有的调控负荷功能。

督促用户开展节约用电工作。引导和督促用户对高耗能设备进行淘汰更新改造工作，推广节约用电新技术和新产品。

（15）检查用户有无违章用电和窃电行为。按照《反窃电管理要求》有关规定开展反窃电工作。

（16）消防设备检查。变电站（配电房）内消防器材配备是否合理，位置摆放是否正确、规范，消防器材是否定期检验。

（17）调度通信检查。检查调度通信装置运行状况，通信设备是否带录音电话，站内运行设备是否按规定进行双重编号，双重编号是否与调度下达的编号一致，设备名称和调度编号是否正确印刷在设备的适当位置。

（18）用户受（送）电装置检查与验收。对新装增容用户受（送）电工程进行中间检查和竣工检验。供电局收到用户竣工报告和验收（通电）申请后，应积极组织验收投运。

（19）供用电合同履行情况检查。对供用电合同的签订和执行情况开展检查，确认是否需要补充和完善相关条款。

（20）根据需要进行的其他检查。

四、用电检查流程

用电检查流程如图 5-12 所示。

五、营销稽查

营销稽查的目的：营销稽查工作也是电力营销工作的重要内容之一，不仅关系到供电企业的自身利益和形象，同时，也关系到用户的切身利益。由于用电业务办理的环节多、管理部门多，用户类型多，业务多，为了维护供电企业和用户的利益就必须对各环节进行检查，这样可以减少各种差错。

营销稽查的主要工作有：

（1）对业扩各环节全过程的检查。

（2）对用户所执行的电价正确与否、向用户收费合理与否进行检查。

（3）对抄表见面率、差错率进行检查与抽查。

（4）对电费差错率进行检查。

（5）对电费回收率的完成情况进行检查。

（6）负责退补电量、电费的审查工作。

（7）对违约用电与窃电的处理情况进行检查。

（8）完成各种报表的统计上报和对相关部门的经济责任制的考核统计工作。

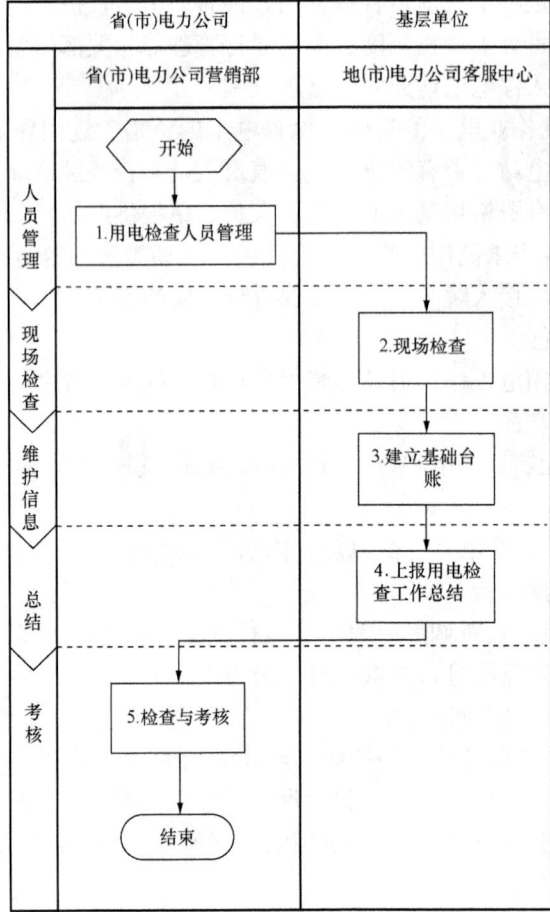

图 5-12　用电检查流程

营销稽查监控流程如图 5-13 所示。

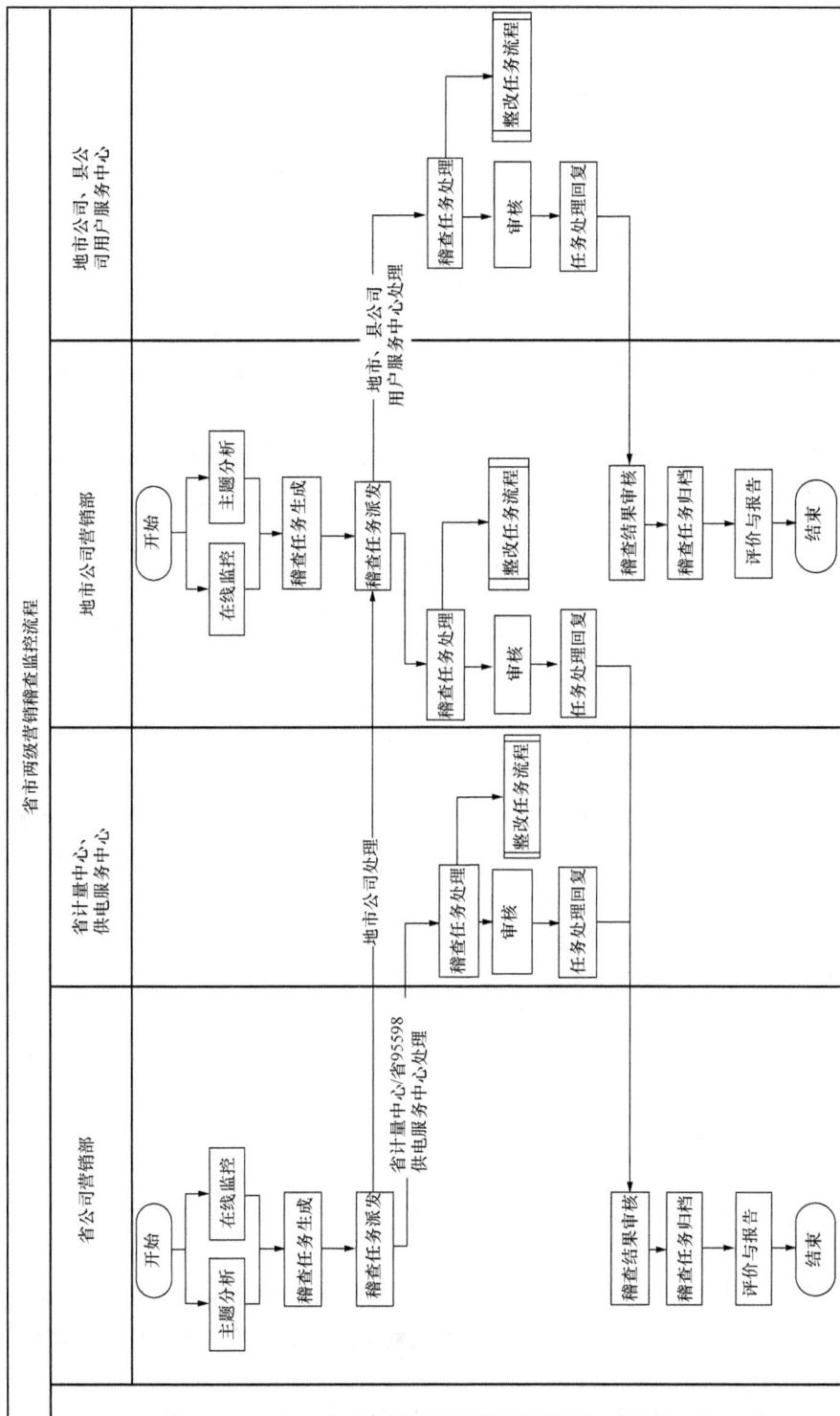

图5-13 营销稽查监控流程

第六章　供电企业营销体系与策略

第一节　供电企业"大营销"体系

一、"三集五大"

"三集五大"是在国家电网公司战略中提出的，实施两个转变：转变公司发展方式，转变电网发展方式。按照集团化运作、集约化发展、精益化管理、标准化建设要求，实施人力资源、财务、物资集约化管理，构建大规划、大建设、大运行、大检修、大营销体系，实现公司发展方式转变。

人力资源集约化管理。建设以公司总部为决策调控中心，网省公司、直属单位为管理责任主体的人力资源组织体系，统一规划计划管理，统一机构编制管理，统一劳动用工管理，统一人才培养与开发，健全完善激励与约束机制，提升管控能力和效率。总部负责人力资源战略研究、规划编制、政策制定、标准建设、资源配置和绩效考核等工作，并统一管理公司高级管理人才、高层次专业人才、高水平技能人才；各单位按照公司统一部署，落实人力资源管理各项工作。

财务集约化管理。构建以公司总部为决策调控中心，网省公司为管理责任主体的集约高效的财务组织体系，推行会计集中核算、资金集中管理、资本集中运作、预算集约调控、风险在线监控，切实提高财务管控能力。

物资集约化管理。建立总部和网省公司两级物资管理组织体系及相应的物资服务机构，推行物资统一管理，加强物资管理基础建设，推进物资标准化工作，深化招标采购管理，强化物资应急体系建设。

大规划。重点是理顺公司规划管理主体，实施规划集中管理，按照统一规划、分级管理的要求，明确各级职责分工，建立覆盖公司所有电压等级和各专项、各层级的统一规划体系。强化规划与计划的有机衔接、电网规划与经济社会发展规划的有机衔接。

大建设。重点是优化完善现有电网建设组织管理模式，建立公司总部为决策主体、网省公司为项目法人主体、网省公司以下为项目执行主体的电网建设管理体系，实施统一的建设标准、管理流程和技术规范，强化安全、质量、进度和造价控制。

大运行。重点是在确保安全的基础上，对现有电网调度和设备运行集控功能实施集约融合、统一管理，促进各级调度一体化运作，完善相应的工作制度、业务流程、标准体系和技术手段。

大检修。重点是加强业务整合，优化配置公司检修、运行维护资源，按照专业化方向，推进设备巡检、维护、操作等一体化管理，积极探索利用社会资源、提高检修维护效率的新模式。

大营销。重点是优化现有营销组织模式，拓展面向智能化、互动化的服务能力，加快用电信息采集系统建设，科学配置计量、收费和服务资源，实现计量检定配送、95598服务等业务向省级集中，构建营销稽查监控体系，推行统一的业务模式、服务标准和工作流程。

二、建设"三集五大"体系的意义

（1）建设"三集五大"体系是转变公司发展方式的核心任务，是强化管理的必然要求。这项工作极具创新性和挑战性，对队伍素质提出了更高要求。全面推进"三集五大"体系建设总的思路是：坚持总体设计、效率优先、安全稳定、与时俱进的原则，以集约化、扁平化、专业化为方向，以统一信息平台、统一管理标准、统一支撑服务为保障，做强公司总部、做实省公司、做优地（市）公司，实现全公司资源、业务、管理向总部和省级集中，压缩管理层级、优化业务流程、创新管理模式，建立科学的电网管理体制和运营机制，提高公司和电网发展质量。

（2）优化整合规划、建设、运行、检修、营销等电网核心业务，建立集约化、扁平化、专业化的管理运行模式，形成以"五大"为特征的新体制新机制，是国网公司深入贯彻落实科学发展观，推进改革创新，服务经济发展方式转变的具体实践；是适应电网发展方式转变，加快建设坚强智能电网的迫切需要；是深化国网公司发展方式转变，建设国际一流企业的重要举措。

（3）"三集五大"虽然是针对主要业务领域进行的管理创新，但对反腐倡廉建设同样具有重要意义。

从组织架构入手，以"集约化"防范"权力寻租"廉政风险。通过"三集五大"，管理方式由粗放向精益、组织结构由松散型向集团型、资源利用由分散向集约转变，可以实现人财物三种要素决策权、执行权、监督权的三权分离，规划、生产、建设、运行、营销"五大"体系既相互协作配合又相互制约。

从管控模式入手，以"信息化"落实权力监督。推进"三集五大"，建立全方位、全流程、全覆盖的"事事凭制度、事事留信息"的制度体系，利用刚性的信息技术，可以较好地实现制度设计科学性和执行严肃性的有机统一，真正形成一整套用制度管权、按制度办事、靠制度管人的有效机制，实现反腐倡廉制度建设的目标。

从业务流程入手，以"标准化"促进廉洁从业。以标准化的要求，按每一道程序、每一个岗位、每一名人员的顺序，进行责任分解，建立人人有责任的机制和责任追究的"实名制"。与此相应，进一步落实权力与监督相制约、廉政与行风相关联的党风廉政建设责任追究"实名制"，使各级干部在本单位的惩防体系中实名有责。

三、"大营销"管理模式（以直辖市来说明）

1. 推进"四强化"

一是强化营销政策技术研究功能。在"大营销"体系建设中，市公司在供电服务中心增设专门的岗位，集中专业人才开展营销政策、市场策略等研究；二是强化全过程稽查监控功能。在"大营销"体系建设中，建立市公司、供电局二级稽查监控体系，设立市公司、供电局稽查机构，依托营销信息系统、用电信息采集系统，全过程、实时化集中监控营销关键业务、服务质量和客户用电异常信息；三是强化市场拓展及大客户服务功能。供电局设立专门的市场机构，集中开展市场拓展等工作，市公司供电服务中心设立市场及大客户服务机构，推行客户经理制，集约开展 35kV 及以上客户业扩报装业务；四是强化营销新型业务运营管理功能。明晰市公司、供电局营销组织对于电动汽车智能充换电、合同能源管理、分布式电源接入、光纤到户、智能小区等新型业务的管理职责，市公司在供电服务中心和计量中心增设专门的智能用电应用研究、能效管理技术研究、新型业务策略研究等岗位，强化市公司、供电局组织支撑，建立健全新型业务运作机制。

2. 实施"四集中"

一是集中计量表计检定配送。将供电局承担的计量器具检定、配送及资产管理业务向市级集中，实行计量器具集中检定、配送，资产统一管理；二是集中95598电话服务。将供电局承担的95598电话服务业务向市级集中，实行坐席人员集中管理、业务集中受理、服务质量集中管控；三是集中电费账务处理。将供电局承担的电费账务处理业务向市级集中，实行电费实收统一记账、对账；四是集中营销自动化系统建设及业务应用管理。市级统一建设、推广营销自动化软件系统，按照标准化设计统一维护、升级业务应用软件，集中维护所有营销数据。

3. 推行"三运作"

一是推行"大中心"运作。在供电局层面，全面整合城区及供电营业所营销业务，成立"大中心"集中运作；二是推行城乡一体运作。将营销各专业管理要求、营销自动化系统全面延伸到控股公司，实行城乡营销工作同计划、同部署、同检查、同考核；三是推行内部协同运作。涉及客户的业扩报装、设备检修、事故抢修等业务，实行内部服务考核评价，建立营销牵头，规划、建设、生产、调度分工协作，"一口对外"的协同服务机制。

四、大营销组织架构

（一）功能定位

按照上下协同、指挥通畅、运作高效的原则，确立公司总部为管理决策主体，省、直辖市公司（地市公司）为管理执行主体，地市、县（区）公司为业务执行单元。分级营销组织职能管理及业务管理关系如图6-1所示。

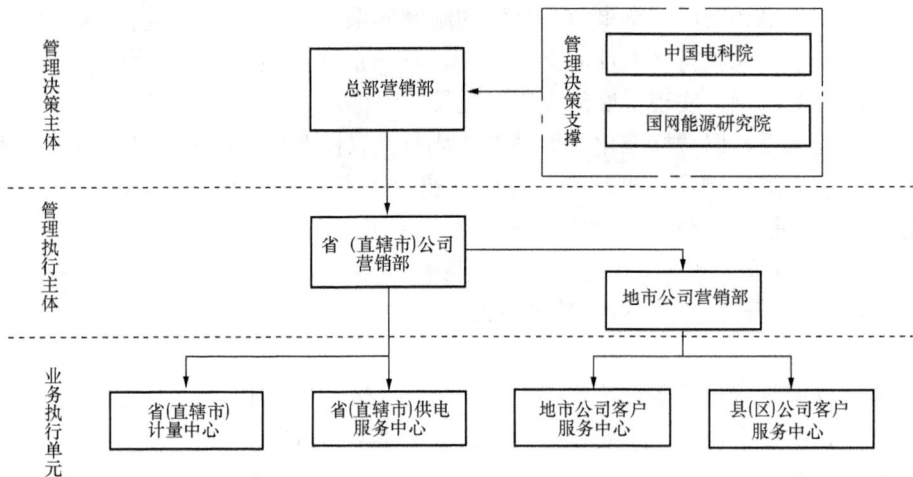

图6-1　大营销体系分级营销组织关联关系图

（二）组织架构

依据分层功能定位，建成公司总部"一部"，省（直辖市）公司"一部二中心"，地市公司"一部一中心"、县（区）公司"一中心"的营销组织架构。

1. 公司总部组织架构

设立营销部，并在中国电科院增设营销技术研究、能效测评机构；在国网能源研究院增设营销发展研究机构。

（1）总部营销部。负责营销业务归口管理，营销工作关键指标、核心业务、重要环节监控、分析和评价；负责中国电科院、国网能源研究院相关业务的统筹。具体业务划分如下。

综合业务：编制营销工作计划、投入项目计划，营销专业培训、部门综合事务等。

市场业务：短期电力市场分析与预测、市场拓展与电力需求侧管理示范项目推广、有序用电管理、节能服务体系建设与能效管理、光纤到户和智能小区建设、电力用户与发电企业直接交易（简称"大用户直接交易"）、企业自备电厂管理与政策研究等。

营业业务：电费电价、业扩报装、用电检查管理、供用电合同、供电营业区管理、反窃电、营销同业对标，营销自动化系统规划、建设和推广等。

计量业务：计量体系建设、计量标准管理、计量检定授权申请、计量监督、电力行业实验室认证认可评审管理、计量装置和用电信息采集系统建设与管理等。

客户服务业务：供电服务品质管理、供电服务品牌建设、供电营业窗口规范化建设、95598 客户服务、优质服务活动策划、高危及重要客户安全管理、重大活动电力保障等。

智能用电管理业务：电动汽车智能充换电服务网络规划、技术研究、标准编制、建设与运营管理，客户侧分布式电源管理、电动汽车及客户侧分布式电源等新能源项目推广等。

（2）中国电科院。负责建立公司电能计量、电测计量、高压计量最高标准，电能计量、电测计量、高压计量量值传递及计量专业技术管理、技术监督和业务指导等；负责营销前沿技术、关键设备研究，营销自动化系统业务应用、稽查监控业务分析挖掘及技术支持；负责能效管理相关业务开展及技术支持、节能服务与能效管理技术标准规范研究、节能量测评服务等。

（3）国网能源研究院。负责营销战略、业务发展、市场拓展、优质服务策略以及营销政策、法规研究等。

2. 省公司组织架构

设立营销部及省供电服务中心、计量中心。

（1）营销部。负责营销业务职能管理及组织实施；负责省供电服务中心、计量中心的业务管理。具体业务划分如下。

市场业务：短期电力市场分析与预测、市场开拓与电力需求侧管理示范项目推广、有序用电管理、能效管理、大用户直接交易、智能小区及光纤到户建设与运营管理、自备电厂管理等。

营业业务：业扩报装、供电营业区管理、用电检查管理、反窃电、供用电合同、营业档案、营业收费管理；销售电价执行，电费抄表、核算、收费、账务管理以及缴费渠道建设；220kV 及以上业扩报装供电方案审批、设计审查、竣工验收、供用电合同审核与签订、送电组织以及 110（66）kV 业扩报装供电方案审批；营销同业对标等。

计量业务：计量体系建设、计量标准管理、计量技术管理、计量检定授权申请、计量监督、计量故障差错调查和处理、计量装置和用电信息采集系统建设与管理等。

客户服务业务：供电服务品质管理、客户关系管理、供电营业窗口服务、95598 客户服务、高危及重要客户安全管理、供电服务突发事件应急响应、重大活动电力保障、供电服务品牌推广、优质服务活动策划等。

智能用电业务：电动汽车充换电设施建设与运营管理、客户侧分布式电源管理、电动汽车及客户侧分布式电源等新能源项目推广等。

稽查及信息业务：营销整体运营状况和业务全过程监控和稽查，营销自动化系统建设推广及业务应用管理等。

综合计划、投入项目计划编制，营销安全管理，人员培训，营销综合分析，部门绩效考核及综合事务等职责，各省公司可结合各自实际，分解到上述六大业务中。

（2）省供电服务中心。负责95598电话及网络服务、营销自动化系统业务应用及稽查监控业务分析与挖掘、有序用电相关业务支撑、220kV及以上业扩报装以及110（66）kV供电方案审查等省级集中业务执行。具体业务划分如下。

95598运营管理业务：95598电话及网络服务品质管理、人员培训、知识库管理，95598互动服务网站运营管理等。

95598客户服务业务：95598电话及网络服务需求受理、跟踪、督办和回访等。

大客户服务业务：协助营销部开展220kV及以上业扩报装供电方案审查、设计审查、竣工验收、供用电合同审核、送电组织以及110（66）kV供电方案审查，短期电力市场分析与预测业务支撑，有序用电基础管理、方案编制及执行情况监控等。

营销技术支持业务：协助营销部开展营销自动化系统业务应用及稽查监控业务分析与挖掘等。

营销发展研究业务：营销政策、策略研究等。

（3）省计量中心。负责计量器具检定配送等省级集中业务执行。具体业务划分如下。

运营管理业务：生产计划管理，计量资产全寿命周期管理，计量印证统一定制和管理，电能表、低压互感器和用电信息采集设备的配送等。

技术管理业务：计量技术监督管理，质量体系管理，计量装置质量分析，贸易结算计量器具仲裁检定，计量新技术应用和研究等。

标准量传业务：电能计量、电测计量、高压计量标准量值传递等。

室内检定业务：电能表、低压互感器和用电信息采集设备的检定检测、质量抽检等。

现场检验业务：重要关口电能计量装置投运前管理及现场检测、周期检定（轮换）、故障分析与处理，地市、县公司电能计量装置监督抽检等。

3. 直辖市公司组织架构

设立营销部及市供电服务中心、计量中心。

（1）营销部。负责营销业务职能管理及组织实施；负责市供电服务中心、计量中心的业务管理，负责35kV及以上业扩报装供电方案审批。具体业务划分与省公司营销部相同。

（2）市供电服务中心。负责95598电话及网络服务、营销自动化系统业务应用及稽查监控业务分析与挖掘、有序用电相关业务支撑、电费账务处理、35kV及以上业扩报装等市级集中业务执行。具体业务划分如下。

95598客户服务业务：95598电话及网络服务需求受理、跟踪、督办和回访，95598互动服务网站运营管理，95598电话及网络服务品质管理、人员培训、知识库管理等。

电费管理业务：电费实收统一记账、对账，大用户直接交易电费结算、跨供电单位电费清算、集团客户缴费以及各类缴费渠道运行管理等。

市场及大客户服务业务：35kV及以上客户业扩报装服务，建立大客户能效服务网络，实施大客户关系管理，短期电力市场分析与预测业务支撑，有序用电基础管理、方案编制及执行情况监控，营销政策、策略研究等。

营销技术支持业务：协助营销部开展营销自动化系统业务应用及稽查监控业务分析与挖掘等。

（3）市计量中心。负责计量器具检定配送等市级集中业务执行。具体业务划分如下。

运营管理业务：生产计划管理，计量资产全寿命周期管理，计量印证统一定制和管理，电能表、低压互感器和用电信息采集设备的配送等。

技术管理业务：计量技术监督管理，质量体系管理，计量装置质量分析，贸易结算计量器具仲裁检定，计量新技术应用和研究等。

标准量传业务：电能计量、电测计量、高压计量标准量值传递等。

室内检定业务：电能表、低压互感器和用电信息采集设备的检定检测、质量抽检等。

现场检验业务：重要关口及大客户电能计量装置投运前管理、装拆及现场检测、周期检定（轮换）、故障分析与处理，区（县）公司电能计量装置监督抽检等。

4. 省公司所属地市公司组织架构

设立营销部、客户服务中心。实际运营中，营销部与客户服务中心合署。考虑95598电话服务省级集中，在地市检修公司应配套设立抢修类工单接受、派发、督办、反馈机构。

营销部（客户服务中心）负责直供区以及所辖县公司营销职能管理；负责35kV供电方案审批；负责地市城（郊）区客户、所辖直供直管县公司35kV以上客户营销业务执行；负责城郊农村供电所业务管理。对地市划县并区和偏远区域，可根据实际情况设置客户服务分中心。具体业务划分如下。

综合管理业务：营销项目、营销分析与综合计划、安全与培训、优质服务、营销稽查信息、营业业务、用电检查、电费电价、电能计量、市场拓展及能效、智能用电、有序用电及自备电厂、综合事务管理等。

稽查信息业务：城（郊）区以及所辖县公司营销业务监控和稽查，营销自动化系统业务应用，接受、派发、督办、反馈95598下发的非抢修类工单等。

市场及大客户服务业务：城（郊）区供电营业区及自备电厂管理、电力需求侧管理示范项目推广与市场开拓、市场调研分析、有序用电方案编制与执行检查、能效管理、光纤到户与智能小区建设运营管理；电动汽车充换电设施建设运营管理、客户侧分布式电源接入；城（郊）区10kV及以上、直供直管县公司35kV以上客户业扩报装等。

营业及电费业务：城区营业网点管理、业务受理、营业档案管理；城区低压客户业扩报装；城区客户、城郊10kV及以上客户及直供直管县公司35kV以上客户的抄表收费、用电检查、反窃电、合同管理、高危及重要客户安全用电服务、优质服务；地市公司所辖全部客户电费核算、发行、账务处理，电价政策执行。

电能计量业务：城区客户、城郊10kV及以上客户、直供直管县公司35kV以上客户、辖区内关口（含非统调电厂、趸售供电、地市供电及内部考核关口）电能计量装置和用电信息采集设备的投运前管理及装拆、周期轮换、故障处理、设备现场检验（检测）；故障、异常或客户申诉计量器具的检测比对、技术分析；二级表库管理；通过技术支持系统执行有序用电方案等。

农村供电所业务：辖区内业务受理，低压客户业扩报装、用电检查、反窃电、抄表收费、计量装拆、优质服务等。

　　如设有客户服务分中心，则负责辖区内业务受理、10kV及以下客户业扩报装、用电检查、反窃电、有序用电、抄表收费、计量装拆、优质服务等。

　　5. 直辖市公司所属区（县）公司组织机构

　　设立客户服务中心。考虑其不承担县公司营销管理职能，不设立营销部。考虑95598电话服务省级集中，在区（县）检修工区应配套设立抢修类工单接受、派发、督办、反馈机构。

　　客户服务中心负责城（郊）区客户营销业务执行（不含电费账务处理、35kV及以上业扩报装等市级集约业务），负责农村供电所业务管理。具体业务划分如下。

　　综合管理业务：营销项目、营销分析与综合计划、安全与培训、综合事务管理等。

　　稽查信息业务：城（郊）区营销业务监控和稽查，营销自动化系统业务应用，接受、派发、督办、反馈95598下发的非抢修类工单等。

　　市场及大客户服务业务：城（郊）区供电营业区及自备电厂管理、电力需求侧管理示范项目推广与市场开拓、市场调研分析、有序用电方案编制与执行检查、能效管理、光纤到户与智能小区建设运营管理；电动汽车充换电设施建设运营管理、客户侧分布式电源接入；城（郊）区10kV客户业扩报装等。

　　营业及电费业务：城区营业网点管理、业务受理、营业档案管理；城区低压客户业扩报装；城区客户、城郊10kV及以上客户的抄表收费、用电检查、反窃电、合同管理、高危及重要客户安全用电服务、优质服务；城（郊）区客户电费核算、发行，电价政策执行。

　　电能计量业务：城区客户、城郊10kV及以上客户、辖区内关口（含非统调电厂、趸售供电、地市供电及内部考核关口）电能计量装置和用电信息采集设备的投运前管理及装拆、周期轮换、故障处理、现场检验（检测）；故障、异常或客户申诉计量器具的检测比对、技术分析；二级表库管理；通过技术支持系统执行有序用电方案等。

　　城郊农村供电所业务：辖区内业务受理，低压客户业扩报装、用电检查、反窃电、抄表收费、计量装拆、优质服务等。

　　6. 省公司所属直供直管县公司组织架构

　　设立客户服务中心，负责辖区内35kV及以下客户营销业务执行；负责10kV及以下客户供电方案审批；负责农村供电所业务管理。对于年售电量大于30亿kW·h、客户数大于20万户的县公司，可参照地市公司模式设置营销组织机构。考虑95598电话服务省级集中，在县公司检修工区应配套设立抢修类工单接受、派发、督办、反馈机构。具体业务划分如下。

　　综合管理业务：营销项目、营销分析与综合计划、安全与培训、营业与优质服务、营销稽查信息、用电检查、反窃电、电费电价、电能计量、市场与智能用电、综合事务管理等。

　　市场业务：辖区内需求侧管理、市场分析预测、市场开拓、有序用电方案编制与执行检查、能效管理、智能小区建设与运营；电动汽车充换电设施建设与运营、客户侧分布式电源接入等。

　　营业业务：城区营业网点管理，业务受理；接受并反馈95598下发的非抢修类工单；辖区内10～35kV客户、城区低压客户的业扩报装、合同管理等。

　　电费业务：辖区内电价政策执行，10～35kV客户、城区低压客户抄表、收费等。

　　电能计量业务：辖区内10～35kV客户、城区低压客户、非统调电厂、内部考核电能计量装置和用电信息采集设备的投运前管理及装拆、周期轮换、故障处理、现场检验，故障、异常或客户申诉计量器具的检测比对、技术分析，二级表库管理，通过技术支持系统执行有序用电方案等。

用电检查及反窃电业务：辖区内 10～35kV 客户、城区低压客户用电检查、反窃电等。

农村供电所业务：辖区内业务受理，低压客户业扩报装、用电检查、反窃电、抄表收费、计量装拆、优质服务等。

第二节　市场细分与目标市场策略

一、电力市场细分

（一）电力市场细分的定义

市场细分实际上是一种本着"求大同存小异"的原则，对整体市场进行分类的方法。电力市场细分是指电力企业按照电力客户的一定特性，把整体电力市场分解为两个或两个以上小的电力市场的过程，细分以后的小的市场成为细分市场或子市场。例如：依据电力客户性质可将电力市场划分为居民用户、大工业用户、普通工业用户、商业用户、农业用户等细分市场。

通过电力市场细分，电力企业可以有效地分析和了解不同电力客户的用电需求满足程度，从而寻求新的电力市场机会、开拓电力新市场。

通过电力市场细分，可针对不同的子市场，采取不同的营销策略，进行差异化营销。比如，分时电价即对不同时段的用户确定不同的价位；对可靠性有不同要求的用户采用不同的价位；目前电力部门提出的城乡同价问题，实际上是为了降低农村电价，开拓农村市场，我们知道，从网损的角度来看，城乡供电的成本是有区别的，但对于不同的用电市场采取相同的价位也是一种差异市场营销。

通过电力市场细分，有利于确定目标市场。对用电客户进行研究时，市场细分化是一种很有用的手段，尽管各行各业的生存和发展均离不开电能，但是作为一个庞大的电力消费市场，如何去分析市场的容量和潜力以便更好地开拓，必须将市场细分化，针对每个子市场再详尽地分析，然后重点集中于某个细分市场，将其作为目标市场进行开发，从而有利于电力企业集中使用资源，满足电力市场不同电力客户的千差万别的需求。

（二）电力市场细分的依据

电力市场由于其电能产品的特殊性，可以根据电网因素、电力客户因素、电力用途因素及用电规模因素进行市场细分。

1. 电网因素

随着电力企业的不断发展，通过电力网异地进行电能的交易成为可能。但电力公司所在的电力网位置仍然是电力市场细分的主要因素。

2. 电力客户因素

不同的电力客户对电能的要求是不同的。不同的电力客户对电能的电压要求、对电能质量要求会有所不同。可根据实际情况按电力客户性质、重要程度、所在产业及行业、资信状况等方面进行市场细分。

3. 电力用途因素

电能既可以用于居民生活，也可以用于各行各业。对用于不同用途的电能的要求也是不同的。因此可以将电力用途作为电力细分的主要因素。依据电能的用途可将电能分为照明用电市场、动力用电市场、灌溉用电市场等。

4. 用电规模因素

用电规模可以根据客户用电量的多少进行市场细分，可以帮助供电企业有效地分析电力市场需求情况。按用电量的大小可将电力市场细分为大客户、中客户、小客户。供电企业应该对大客户实行特殊的营销策略。

（三）电力市场细分的步骤

1. 确定电力市场细分的目标

主要是明确进行电力市场细分的目的是什么，解决为什么要细分市场。细分的目的不同，进行细分的方式就会有所不同。

2. 确定市场细分应考虑的因素

在明确了电力市场细分的目标后，列出为达到目标应考虑的影响细分因素。剔除那些特点不突出的一般性电力市场细分因素，同时合并一些特点类似的电力市场细分因素，寻找主要的细分因素。

3. 分析用电客户的不同需求

针对不同用电客户，分析其电力需求表现，把具有相同需求的用电客户归为一类。

4. 初步确定细分市场

根据客户相同或相似需求进行电力市场的细分，初步确定细分市场。

5. 分析、评估各细分市场的规模与性质

通过初步细分，各个细分市场的范围已经清晰，此时要仔细审查、估计各细分市场的大小、特点等，并寻找电力企业主攻方向，确定出目标电力市场。

6. 为细分市场定名

可以用直接明了的方式命名，以表明这个市场的性质。

（四）细分市场类型

1. 按生产环节细分市场

电力市场细分必须考虑到电力生产、销售连续性的特点，可按发电、输电、配（售）电的环节细分。

2. 按用电结构细分市场

以用电结构来细分市场，有第一、第二、第三产业用户、居民用户。

（1）第一产业用电市场。第一产业是指农业，包括林业、牧业、渔业等。农村电力市场一直是一个很有潜力的用电市场，由于过去农村电价过高、供电条件差、供电体制混乱的因素，严重制约了农村电力市场的发展。随着农村用电条件的改善，使农村电力市场的潜力逐渐显露出来。由于第一产业用电季节性强，电力企业可以采取相应措施保证第一产业的用电。

（2）第二产业用电市场。第二产业是指工业和建筑业等行业。在我国电力市场中，工业用电一直居于各细分市场之首，约占社会用电量的四分之三左右。改革开放以来，政府扩大内需，对基础产业增加投资，成为新的用电增长点。可见工业用电仍是电力企业的一个重要

市场。

（3）第三产业用电市场。除了第一、第二产业以外的其他行业，都属于第三产业。近年来，随着商业、饮食业的稳步发展，第三产业的用电市场也在稳步发展。

（4）居民生活用电市场。居民生活用电是指家庭照明、娱乐等生活用电。随着人民生活水平的提高，更多的家用电器进入家庭势必会带来用电的高消费。

3. 按交易方式细分市场

以交易方式细分电力市场可分为代理市场、竞售市场和直销市场。

4. 按电力用户重要等级细分市场

按重要程度可分为特级用电客户、一级用电客户、二级用电客户、普通用电客户。

5. 按电力用户的用电资信评级细分市场

按电力用户的用电资信评级，一般可分为四个等级，如 AAA 级、AA 级、A 级和无等级四个类别。

6. 按国民经济行业细分市场

可按由国家统计局起草，国家质量监督检验检疫总局、国家标准化管理委员会批准发布，并于 2011 年 11 月 1 日实施的国民经济行业分类标准（GB/T 4754—2011）执行，该标准与国际通用分类标准基本统一，这种用电分类有利于与其他行业和宏观经济管理保持一致。

7. 按客户的性质细分

按客户的性质可分为工业、农业、机关、学校、普通居民等。

8. 按用途细分市场

按电力用途可分为生活型用户与生产型用户。生活型用户是指为满足生活需要而购买电能的居民家庭。生产型用户是指为维持生产经营或履行组织职能而购买电能的工商企业等。

9. 生产型用户市场细分

按装机容量或用电量细分：可将生产型用户分为大用户、中等用户、小用户。

按电能质量要求细分：可将生产型用户分为一般要求用户和高要求用户。

按耗能程度的行业细分：根据耗能情况将生产型用户所属的各种行业分为高耗能行业、一般耗能行业和低耗能行业。

按电压等级细分：可以分为高电压用户和低电压用户。

二、目标市场营销策略

目标市场是企业准备进入的市场，对电力企业而言，不能简单地谈目标市场问题，应分两种情况考虑。

一是电力和其他能源竞争时，可以选择目标市场，在目标市场确定后可以视具体情况采用无差异市场策略、差异市场策略、集中市场策略，理论上这与一般产品的目标市场营销策略是相同的。但实际上，在此种情况下，多数应属于差异市场营销策略，因为不同用途的电价是不同的。

二是在经营区域内电网企业没有同业竞争，根据《电力法》对电网企业经营的规定，区域内的用电客户均是电网企业的客户，因此不存在目标市场选择问题，只存在不同细分市场区别进行营销的问题，即差异化营销问题。

三、电力市场定位

（一）电力市场定位概念

电力市场定位是指在电力市场细分、目标电力市场选择的基础上，根据细分市场特点或目标电力市场上竞争者的地位，结合电力企业自身的条件，从各方面为电力企业和电力产品创造一定的特色，树立一定的市场形象，以求在电力客户心目中形成一种特殊的偏好。

（二）电力市场定位的依据

由于电力产品的特殊性，通常对电力产品有六种定位依据。

1. 根据属性和利益定位

以电力产品本身的属性以及电力客户由此获得的利益进行定位。比如以"为客户提供经济、合理、安全可靠的电能"作为电力市场的定位依据。

2. 根据价格和质量定位

电力产品的价格，即电价是一个非常重要的因素，以电价为依据进行市场定位，能帮助电力企业在客户心目中树立良好的形象。同样。电能的质量也是电力客户非常关心的一个因素。以电能的质量进行定位同样会起到很好的效果。

3. 根据电能的用途定位

电能的用途很广，可以用于生活的各个方面和国民经济的各个领域。因此以电能的用途进行定位是一个重要的依据。

4. 根据使用者定位

不同的使用者对电能的要求是不同的，可以根据使用者不同的用途进行电力市场的定位。

5. 根据竞争地位定位

根据竞争地位进行定位是指选择与竞争对手完全不同的利益或属性来为本企业进行定位。比如，某电力企业为其电力产品定位为电压、频率合格、供电可靠。另一电力企业就可以不同的利益和属性，例如选择电力售后服务好作为定位的依据，可以充分体现不同的竞争地位。

6. 以上几种方法结合使用

将上述多种方法结合起来为电力市场进行定位。

总之，电力企业进行市场定位时，一般可以根据具体情况选择不同的定位依据。

（三）电力市场定位的步骤

（1）分析目标电力市场的现状，确认本企业潜在的竞争优势。通过对已选择的目标电力市场进行调查，了解目标电力市场上竞争者提供的电力产品的特性，了解电力客户对电能需求特性的要求等，确认潜在的电力竞争优势。

（2）准确地选择相对竞争优势，对目标电力市场初步定位。竞争优势的选择有两种基本类型：一是在同样条件下，竞争者对电力产品价格的定位更低；二是以更好的电力服务或更好的电力产品质量为优势。前者电力企业应努力降低电能产品成本，以更低的电价进行定位。或者电力企业应努力提高电能质量，加强电力服务等，以更好的服务进行定位。如果电力企业面对多种竞争优势并存，则要选择一定的方法。如评分法，将企业同竞争者在技术、成本、质量、服务等项目进行评分，以选出适合本企业的优势项目，初步确定电力企业再造目标在电力市场上所处的位置。

（3）有效的传播定位观念，展现独特的竞争优势。在电力市场定位的基础上，还应展开大力宣传，把电力企业的定位观念准确地传播给目标电力市场，包括潜在的电力购买者。

第三节　电力市场营销组合策略

一、电力市场营销组合

影响电力企业市场营销活动的因素非常复杂，而电力企业进行营销的手段也比较多。电力企业应以满足用电客户需求为中心，采用合适的营销手段，包括电价、促销、电力产品、公关、政治关系、优质服务和其他营销手段，努力满足用电客户的需求，为用电客户服务。各种营销手段发挥不同的作用，所产生的效果之间具有一定的相关性，当不同的营销手段同时发挥作用时，整体效果不是每个手段所产生的效果之和。因此要合理安排营销手段，进行营销手段的最佳组合，使它们互相匹配起来，综合地发挥作用，从而产生良好的营销整体效果，即做好电力市场营销组合决策。

电力市场营销组合是指电力企业为满足用电客户的需求，有计划地综合运用电力企业可以控制的各种市场营销手段，以达到销售电力产品并取得良好经济效益的策略组合。

电力产品的营销组合因素可概括为七个基本变量或策略子系统：电力产品、电价、分销渠道、促销、公共关系、权利、服务。因产品、价格、渠道、促销、公关、权利的英文字头都为"P"，服务的英文字头为"S"，电力市场营销组合是 6P＋S 的组合。

二、电力整体产品

电力产品可以理解为一种能源，也可以理解为一种动力，还可以理解为通过其他载体（如空调机、电视机）给人们提供的某种便利和效用。一些人把电力理解为一些参数，而对营销人员来讲，它更是一种服务或能够满足人们某种需求的效用。电既是电力（体现在力上），又是电能（体现在能上），更是电力产品的总称。它似乎是无形的，但又是可以通过具体参数表示的某种存在，因此应从现代营销学的观点出发，从产品整体概念角度去理解电力产品。

我们认为电力产品整体概念也包含了三个层次：电力核心产品、电力形式产品、电力附加产品。

（1）电力核心产品。这是满足用户需要的核心内容，即用户所要购买的实质性的东西——动力或一种清洁能源。

（2）电力形式产品。这是产品整体概念的第二层次。电力企业通过生产、输配、供电等几个环节，提供满足用电客户需求的各种具体形式的电力。包括：以不同参数表示的电力（220V、10A 或 380V、10A，高压、低压等），反映质量水平、安全性和可靠性指标等。

（3）电力附加产品。这是电力整体产品的第三层次，指用电客户在购买电力时所得到的附加服务及利益，如快速受理、服务上门、帮助用户一起探讨并设计供用电方案、在购买电力过程中获得的精神上、心理上的服务满足（或不满）、咨询服务、售电后的服务、表计服务、收费服务、紧急状态下的服务等。也就是说用户买的不仅仅是电，而且包括"电"这个产品服务系统。

总之，电力整体产品概念是一个全新的概念，不要仅从一个方面去理解，把电力当作一个简单的物质产品，而忽略了它是商品的营销特性，亦即要从营销的角度去审视、去考虑、去分析。不但要给以用户物质需求上的满足，而且要给以心理上、精神上的满足，要给予安全、可靠的满足。

三、电价策略

电价是电力市场的杠杆，是电力市场营销中的核心问题，它直接关系到电能这一产品能否为用电客户广为接受，关系到市场占有率的高低、需求量的变化和利润的多少。

电价可分为上网电价、输配电价、销售电价。上网电价是指发电企业与购电方进行上网电能结算时的价格。输配电价指电网经营企业接入系统、电能输送、销售服务的价格总称。销售电价是电网企业对最终用电客户销售电能的价格。针对这三种电价，国家分别出台了《上网电价管理暂行办法》、《输配电价管理暂行办法》、《销售电价管理暂行办法》，实行政府定价、统一政策，分级管理。

此处所谈的电价策略是指销售电价策略。电价属于国家定价的范畴，电网企业应了解电力需求状况、市场结构、市场范围、电能成本等影响因素的状况，加强电价管理，降低电网购电成本，使电价不背离电能的价值，又能反映市场的变化。

1.峰谷分时电价策略

电力是一种特殊商品，难以储存或储存的成本高，属于一种即时生产、即时消费的商品。为了应付一天中的高峰需求，供电厂必须按高峰时间的需求来设计生产规模或供电能力，而其中一部分设备在非高峰时间内是停转闲置的。因而，高峰时间供电的边际成本较高，因为所有设备都投入满负荷的运行；而非高峰时间的边际成本较低，因为只有最高效的发电机组在运转。因而可以对电力在一天或一个固定周期内按不同时段的消费数量收取不同的价格。

根据电力系统负荷曲线的变化将一天分成多个时间段，对不同时间段的负荷或电量，实行不同电价。调高高峰电价，调低低谷用电价，使得供需均衡。通过设置一种激励措施，鼓励消费者在非高峰时段增加使用电力，在高峰时间节约使用。分时段价格歧视策略提供一种在高峰时段消费支付高价格，非高峰时段消费电力支付低价格，利用价格杠杆调节电力消费不均状况，从而有利于电力公司降低企业生产成本，均衡供应电力，并避免部分发电机组每日经常关闭和重新启动而造成发电机组巨大损耗等问题。

电价政策不允许对电价有太大的调整，即不能够完全依靠峰谷电价调整，将供电与用电调整到完全均衡的状态，实现供需平衡。

2.丰枯季节电价策略

由于地区的电源结构中，水力发电占了很大比重。而水力发电受季节性影响较大，丰水期期间，水电发电能力大幅提升，同时在枯水期期间，水电发电能力大幅下降。为了促进节能资源，鼓励有条件的用电客户在丰水期多用电，在枯水期少用电，可采用丰枯季节电价策略。丰枯电价是根据水力发电在丰水期和枯水期发电不同所采取的不同的收费模式，一般来说，丰水期电价在标准电价的基础上下浮若干百分点，枯水期电价在标准电价的基础上上浮若干百分点，全年持平。

计算丰枯电价的基准销售电价为国家规定当地目录电价中的电度电价。实行丰枯电价总的原则是：在电价总水平不变、总体上不增加电网及用户负担的基础上，确定各季节的价格；通过合理确定丰枯季节、浮动幅度，促进用户合理用电。

我国少数地区实施丰枯电价，以贵州省为例看丰枯电价的实施情况。贵州省在 2012 年实施丰枯电价策略依据的是 2009 年 7 月 1 日试行的《贵州省电网丰枯电价实施办法（试行）》。其中规定丰枯电价实施范围为贵州省电网供电区域内受电变压器容量为315kVA及以上的用户。在一年中，丰水期为6～10月份，枯水期为1～4月份、12月份，平水期为5月份和11月份。丰水期电价在基准电价基础上下浮10％，枯水期电价在基准电价基础上上浮15％，平水期电价按基准价格执行。且规定总电费＝按规定计算的电度电费＋基本电费＋功率因数调整电费。两部制电价用户以实行丰枯浮动后的电度电价加上国家规定的基本电费为基础，按国家规定功率因数调整电费办法，计算功率因数调整电费。

3. 功率因数调整电价策略

该策略是根据用电客户功率因数的水平高低减收或增收电费。鉴于电力生产的特点，用户用电功率因数的高低，对发、供、用电设备的充分利用，节约电能和改善电压质量有着重要影响，为了提高用户的功率因数并保持其均衡，以提高供用电双方和社会的经济效益，故采用该策略。

功率因数的标准值及其适用范围：①功率因数标准0.90，适用于160kVA及以上的高压供电工业用户（包括社队工业用户）、装有带负荷调整电压装置的高压供电电力用户和3200kVA及以上的高压供电电力排灌站；②功率因数标准0.85，适用于100kVA（kW）及以上的其他工业用户（包括社队工业用户）、100kVA（kW）及以上的非工业用户和100kVA（kW）及以上的电力排涝站；③功率因数标准0.80，适用于100kVA（kW）及以上的农业用户和趸售用户。

功率因数计算：①凡实行功率因数调整电费的用户，应装设带有防倒装置的无功电度表，按用户每月实用有功电量和无功电量，计算月平均功率因数；②凡装有无功补偿设备且有可能向电网倒送无功电量的用户，应随其负荷和电压变动及时投入或切除部分无功补偿设备，电力部门应在计费计量点加装带有防倒装置的反向无功电度表，按倒送的无功电量与实用无功电量两者的绝对值之和，计算月平均功率因数；③根据电网需要，对大用户实行高峰功率因数考核，加装记录高峰时段内有功、无功电量的电度表，据以计算月平均高峰功率因数；对部分用户还可试行高峰、低谷两个时段分别计算功率因数，由试行的省、市、自治区电力局或电网管理局拟订办法。

表6-1列出了以0.90为标准的功率因数调整电费表。

4. 高可靠性电价策略

高可靠性电价是一种考虑可靠性因素而制定的电价，为了提高供电可靠性，必须增加系统的备用容量和备用线路，导致供电成本升高，用户应该承担较高的电价。供电可靠性是衡量电能质量的指标之一，系统要提高可靠性，减少停电损失，必须增加系统的备用容量和备用线路。系统的可靠性越高，供电成本就会越高，用户承担的成本费用也越多，电价也就会相应高一些，但这样可以减少用户所遭受的停电损失；反之，系统的可靠性越低，供电成本就会越低，用户承担的成本费用也越少，电价也相应低一些，但用户可能受到的停电损失会增加。

高可靠性电价的确定方式主要有两种。

（1）按备用回路的数量确定。这是被一些国家和地区采用的方法，我国有部分省（市）采用了该方法。在有备用回路供电时加收高可靠性电价，以用户变压器容量为单位。备用回路为公用线路供电者，备用电力由不同的二次变电站的另一回路供电者，增加一回路按正常供电基本电费的一定比例征收高可靠性电价。再增加一回路即第三条回路按正常供电基本电费的一定比例征收高可靠性电价。第二回路为专有线路供电者，且备用回路为热备用，按正常供电基本电费计算；再增加一回路即第三条回路按正常供电基本电费的一定比例征收高可靠性电价。备用线路使用的电度电费，并入正常电度数内，按正常用电的电价计算电度电费。

表6-1　　　　　　　　　　　以0.90为标准的功率因数调整电费表

减收电费	实际功率因数	0.90	0.91	0.92	0.93	0.94	0.95~1.00									
	月电费减少（%）	0.0	0.15	0.30	0.45	0.60	0.75									
增收电费	实际功率因数	0.89	0.88	0.87	0.86	0.85	0.84	0.83	0.82	0.81	0.80	0.79	0.78	0.77	0.76	0.75
	月电费增加（%）	0.5	1.0	1.5	2.0	2.5	3.0	3.5	4.0	4.5	5.0	5.5	6.0	6.5	7.0	7.5

减收电费	实际功率因数	0.95~1.00										
	月电费减少（%）	0.75										
增收电费	实际功率因数	0.74	0.73	0.72	0.71	0.70	0.69	0.68	0.67	0.66	0.65	功率因数自0.64及以下
	月电费增加（%）	8.0	8.5	9.0	9.5	10.0	11.0	12.0	13.0	14.0	15.0	每降低0.01电费增加2

　　安徽电网2004年起对申请新装及增加用电容量的两路及以上多回路供电（含备用电源、保安电源）用电户，除供电容量最大的供电回路外的其余供电回路，供电企业可收取高可靠性供电费用。收取标准：0.38/0.22kV收取260元/kV；10kV收取210元/kV；35kV收取160元/kV；63kV收取110元/kV；110kV收取80元/kV；地下电缆线路的高可靠性供电费用标准按以上标准的1.5倍收取。

　　华北电网2005年5月起对于申请新装及增加用电容量的两路及以上多回路供电（含备用电源、保安电源）用电户，除供电容量最大的一路供电回路外，对其余供电回路征收高可靠性供电费用。高可靠性供电费用根据用户受电电压等级、供电方式（架空线、电缆）、供电容量及单位容量收费标准确定。计算公式为：高可靠性供电费用＝符合收费标准的供电回路总容量×单位容量收费标准。对架空线路部分，0.38/0.22kV收取135元/kV；10kV收取110元/kV；35kV收取85元/kV；110kV收取45元/kV；220kV收取35元/kV。电缆线路按照上述标准的1.5倍收取。

　　上海地区则规定对申请新装或增加用电容量的两路及以上多回路供电（含备用电源、保安电源）的客户，除供电容量最大的供电回路外，对其余供电回路按供电容量或增容部分收取多回路供电容量费。收取标准：0.38/0.22kV收取360元/kV；10kV收取290元/kV；35kV收取220元/kV；110kV收取110元/kV。

　　（2）按供电可靠性评价指标值确定。高可靠性电价应该根据供电系统用户供电可靠性评价指标，测算出各级供电可靠性相应增加的成本费用，并测算出相应的电价加价部分。测算过程很复杂，需要事先确定一定的供电可靠性评价指标和测算方法。

5. 分档递增或递减电价策略

分档递增或递减电价是指将用电客户的用电量按一定的标准分成几个档次（有些分档标准除用电量外，还采用负荷率等其他指标），随着用电量的增加，各档次电价逐渐增加或减少的电价制度。分档递增电价的直接目标是为了限制用电量，保持电力市场供求平衡。分档递减电价和分档递增电价虽然表现形式根本不同，但是，在通过价格杠杆促进市场供求平衡这一点上，却是相同的，这就是分档电价制度的基本原理。分档电价制度具体调节的主要是电量的平衡。由于这个原因，分档电价制度适用于电量不平衡的地区，而不适用于电力不平衡的地区。

在一般商品消费中，商品数量与价格之间存在一定的反比关系，这已经成为生活常识。电力作为一种商品，自然也应该服从这种关系。随着用户用电量的增加，单位电量成本有降低的趋势。用电量越大，电价应该越低。当电力生产相对过剩时，在电力买方市场条件下，电力企业普遍会开展增供促销工作，采用工商业用户根据负荷率从低到高分档递减电价制度，在居民生活用电中实施随着用电量增加电价相应降低的分档电价。

目前，由于环境的变化及节能减排的考虑，分档递增电价逐渐成为各国采用的分档电价制度，我国居民用电中的阶梯电价是典型的分档递增电价。分档电价的标准以用电量为主，还可以考虑其他因素，这些因素如季节变换往往会引起电量平衡状况的改变。用电量档次标准和不同档次电价水平在不同国家、地区可以有一定的差异，甚至同一地区不同年份也不一样。

四、促销策略

供电企业的市场属于垄断的市场，就电力的经营销售来说属于行业壁垒，不存在市场竞争。所以，有人认为供电企业没有必要费大力气搞促销。但是，能源具有多样性，电力行业之外，存在电力的可替代品（如煤、油、气等）。而选择的主动权在客户。需求诱因来自于市场，来自于产品的品质、产品间的价格比较、投资成本和服务质量的优劣等，于是，市场竞争成为必然，掌握市场的发展动态，主动及时地调整和制定适应市场变化的促销战略，对供电企业来说非常重要。

促销策略主要指供电企业利用多种信息传播手段刺激用电客户的用电欲望，以促进电能销售。促销的手段应该是多途径的，例如：可以通过营业咨询促销，营销人员与用户面对面地介绍、答问，这种方法灵活、针对性强。信息反馈快，是一种量体裁衣式的信息传递方式，很多电力企业都经常使用这种方法。当然，如果通过新闻媒体促销，信息传播广，用户接受快，而通过广告促销，可以持续地将促销信息传递给客户，同时节约大量人力。除以上措施之外，通过营业抄表系统，将用电促销宣传品分发到千家万户，也可以使促销内容被迅速接受。

众所周知，煤炭、煤气、油等是电能的替代品，为了与替代品争夺市场，就需要销售人员在争取用户的过程中，以技术经济的观点来给用户进行详细的技术经济分析，使得用户清楚使用电能（电炊具、电锅炉、电车）所能带来的好处，条件成熟的时候可以通过广告来争夺替代品市场。

总的来说，促销办法应因地、因用户制宜，概括地讲有以下做法。

1. 使用比较优势法促销策略

主要从安全、洁净、便利、经济等方面与竞争产品进行比较，以电力的优点吸引客户用电，使众多用户自觉地把电能作为首选能源。

2. 利用有利政策促销策略

这种措施见效快，促销成本低。例如，近几年来，我国加大环保工作力度，实施国家治理大气污染和可持续发展战略，积极推进用能结构调整，从中央到地方陆续出台了一些"蓝天碧水"、"家电下乡"等政策，电力企业应抓住机遇。

3. 居民用户促销策略

应针对不同用户的需求，采取有针对性与差异性的促销手段，才能收到良好效果。对于居民生活用电市场，可与家电公司联合推出"购家电、换表线、送电量"的优惠手段，供电企业推出超电量打折优惠、厂价直销等。通过广告媒体着重介绍厨房电气化的新概念宣传其简单的优点。在居民中通过举办讲座比赛、开辟专栏、开展公关活动等推广电饭锅、电磁炉和微波炉、电气两用炉具等。为鼓励居民客户购买电热水器及电力空调、大功率家电，更可以将高效率的电热水器和电力空调器、大功率家电成批购进不赚批零差价并提供补贴低价转售给客户，从而促进了用电量的增加。

4. 非居民用户促销策略

对于非居民照明市场，可以动员政府有关部门推出城市夜间"光亮工程"，蓄热制冷技术，促销低谷电。对于大工业、非普通工业用电市场，可与环保部门联系推行节能式电锅炉，并以方便、优惠的条件吸引用户完成以电代煤、以电代油、以电代气的用能结构的调整。对高耗能企业，帮助其推广节能技术，实行批量节能电价，推动企业合理用电、多用电。动员公共及商业机构采用蓄冷蓄热技术等。

通过系列促销法，让客户看到，使用电能与其他可替代能源相比具有明显的质量优势、独特的环境保护优势、服务优势、低谷使用的价格优势。

五、电力交易渠道

电力商品的交易渠道从物流过程来看一般都是相同的，这种过程也就是一般电力生产的四个连续性环节。但是，交易渠道主要不是从物流过程来分析，而是根据交易主体的结构和交易关系分析的，或者从商品的所有权转移关系分析的。如果输电网对第三方开放，只承担转运任务，在市场交易渠道中，这个主体就不存在。因此，电力市场交易渠道实际上与电力工业市场竞争模式选择和引入市场竞争的程度密切相关，

如果用"G"、"T"、"D"、"R"和"C"分别代表发电企业、输电企业、配电企业、零售商和用户，用括号表示括号内的各环节合并成一个独立的环节，则几种典型的电力市场交易渠道可以表示如下。

1. （G→T→D→R）→C渠道

这种渠道是垂直一体化结构下的电力商品交易渠道，用户没有选择地面对一个垄断经营的电力企业。在这种交易渠道中，用户实际上处于不对称的弱势地位，政府更多地代表用户，而不是社会利益对垄断经营的电力企业进行规制。这种交易渠道是电力工业产生以来电力商品的基本交易渠道，其根本的缺陷是忽视用户选择权，由于消费者主权作为一项基本权利，具有除利益保证以外的其他作用，因此，许多国家的电力工业市场化改革的目标并不像人们所期待的那样是效率或效益目标，而是消费者主权回归的目标；在实际电力工业改革过

程中，电力生产过程被分解成四个相互联系的作业，消费者主权目标又被分解为不同层次消费者主权的回归。

2. G→（T→D）→C 渠道

这种渠道是买电型模式下的电力商品交易渠道。与垂直一体化结构下的交易渠道比较，虽然在这种交易渠道中终端用户仍然没有消费选择权，但是，作为中间商的电网经营企业却可以行使消费选择权，电网企业对发电企业的消费选择权能够迫使发电企业降低成本，在一定规制条件下，这种低成本电力商品将通过电网经营企业输送到电力终端用户，使用户获得与享有部分选择权等价的效益。

3. G→D→C 渠道

这种渠道是批发型模式下的电力商品交易渠道，在买电型模式下的交易渠道中，输、配电网是作为一个整体而存在的，但是，在批发型模式下的交易渠道中，输电网作为一个技术过程从交易主体中消失了，配电商通过输电网从发电商批发购买电力，然后卖给终端用户。在这种渠道中，配电商有了消费选择权，在输电网开放的前提下，配电商能够在更大的范围内选择发电商，从而给发电商施加更大的竞争压力。但是，在这种交易渠道中，用户仍然不能独立行使消费选择权。

4. G→D→R→C 渠道

这种渠道是零售型模式下的电力商品交易渠道，在这种渠道中，传统的配电商职能被分解成线路和非线路两项业务，输电网和配电商的线路业务仅仅作为一种电力商品转移的手段而存在。零售商从虽然拥有配电网络但并不享有特别权力的配电商处购买电力，然后销售给终端用户。由于零售商的数量较多，用户可以选择零售商，因此，在这种交易渠道中，不仅配电商、零售商有消费选择权，而且用户也有了消费选择权。

5. G→R→C 渠道

这种渠道也是零售型模式下的电力商品交易渠道，与上面的交易渠道在本质上没有区别。但是，在这种渠道中，零售商直接从发电商购买电力商品后销售给电力终端用户，从交易渠道角度分析减少了一个交易环节，因此，也是有意义的。

6. G→C 渠道

这种渠道也是零售型结构模式下的交易渠道。但是，这种渠道的特点是生产者和用户直接交易（一般称为直供）。由于交易环节少，因而有利于减少交易费用。对用电大的用户，这种交易渠道与一般大型单作商品（如发电设备）的交易方式相同。

六、优质服务策略

优质服务是供电企业整个发展战略构想中的重要组成部分。电力商品是社会经济发展的基本经济保障，出现供电故障会引起社会生产、生活的不稳定，供电企业要承担起社会责任，努力保障全社会用电需求得以满足。同时，用户是供电企业营销工作的重点，企业应该不断创新服务，满足用户对电力产品不断变化的需求，让广大客户真正用上安全电、明白电、满意电。可见优质服务是实现企业利益与社会利益协调统一的需要，供电企业必须建立优质服务长效机制。

优质服务是企业品牌的表现，必须把优质服务和不断提高优质服务水平作为促进电力企业市场营销的自觉行动。在建成以市场需求为导向的新型的用电服务体系后，要积极开展电力优质服务，立足于快速化、保障化、简便化、多样化的优质服务以赢得市场。

优质服务策略体现在以下四个方面。

（1）提高服务水平，提供高效方便的服务。视客户为生命，体现在服务水平上，就是要向客户提供高效率、不间断、十分方便的服务。要不断创新拓展为客户服务的功能，只需简单程序和操作就能快速响应并满足客户的用电要求。主动向客户推出多种用电方式和付费方式，让客户自由选择。尽可能做到，您只需打一个电话，其余的事情由我们来做。

（2）注重服务时效，提供快捷的服务。要实施全员、全天候、全过程的快捷服务策略，每一位员工都有义务及时解答客户提出的用电业务及相关问题。实行首问负责制，对客户要"主动接待、主动带路、主动解释、主动为客户排除困难、主动将处理情况快速反馈给客户"，最大限度地减少客户办事时间。

（3）创新服务内容、业务流程。提供主动、优惠服务。以优质服务为核心，主动增加承诺服务的项目，在行动上首先要改变以往"人求于我"、"坐等上门"的工作作风；其次要变客户找电为电找客户，千方百计让客户早用电、用好电，在积极主动服务的基础上，尽可能地推出对供电企业和客户双方都受益的服务项目。

（4）拓宽服务领域，提供信息和社会服务。建立与客户沟通的机制，向客户提供用电安全知识、用电技术、用电政策与合理用电等方面的咨询。通过媒体、营业厅宣传，展示电能的洁净、高效与方便的特点及对保护环境的好处，还可通过举办新型用电技术、安全使用电力、电气设备维修的讲座，帮助客户合理节约使用电力，降低用电费用。

供电企业在建立优质服务长效机制的同时，严格监督考核，确保优质服务常态机制建立。电网企业应定期开展客户满意度调查和行业作风测评，了解客户的内在需求，深化和延伸优质服务工作。认真对待客户的合理投诉，积极查找、解决存在的问题，及时进行信息反馈。同时加强对客户投诉问题的总结分析，不断改进工作，努力从事后监督向事前控制转变。通过优质服务，树立供电企业良好的企业形象，而且与客户建立一种共同发展的新型供用电关系。

七、公共关系

所处社会环境的变化使得电力企业出现危机的可能性在不断增大。电力企业发生危机时，轻则使企业正常运转受到影响，名誉度下降，重则会危及电力企业的发展甚至生存，并给相关公众带来极大的损失。同时，电力服务关系到千家万户，服务质量直接影响到广大用户对电力企业的评价。随着客户消费观念的变化和维权意识的增强，在日常营销工作中，电力施工现场纠纷、95598热线问题、各种法律纠纷等可能出现，社会形象因此受到影响，公关工作不可或缺。

电力公共关系是指电力企业以改善与社会公众的关系，促进公众对电力服务及电力企业的认识、理解及支持，树立良好企业形象，促进电力销售，为提升电价创造良好舆论环境为目的的一系列活动。其本意是电力企业必须与其周围的各种内部、外部公众建立良好的关系。它是一种状态，任何一个电力企业或员工都处于某种公共关系状态中。公共关系的内涵包括评估社会公众的态度，确认与公众利益相符合的个人或组织的政策与程序，拟定并执行各种行动方案，争取社会公众的理解与接受。

1. 日常公关策略

（1）电力企业与公众的关系不仅仅体现在95598与客户的被动联系上，而应该主动让公众从各种渠道看到我们的电力工人辛苦地架线、抢修电路，以及站在公众的立场开展各种公关活动，从而赢得公众的心，有效提升企业的社会形象。

（2）电力企业公关不仅仅反映在推动经济发展、为消费者提供便捷诚信的服务等方面，还体现在关心社会、关注民生，积极参与扶贫济困和抗灾赈灾等方面的社会公关。企业要建立良好的公众关系，就要特别注重公众利益，贯彻向公众和社会负责的原则。这一原则既要求企业通过自身的努力完成基本任务，服务于社会、服务于公众；还要求企业关心社会、关注民生，运用企业技术力量为社会公众服务。

（3）企业策划以各种社会性、文化性、公益性、赞助性活动为主的社会公关，把实现组织目标同履行社会责任有机结合起来，对宣传企业形象、提高企业的社会知名度和美誉度具有十分重要的作用。电力企业要塑造品牌形象，必须要有公关意识，主动策划社会性公关活动，体现电力企业对社会和公众负责的责任意识。

（4）电力企业还要根据自身性质确定主要目标媒体。通过发送新闻通稿、接受媒体询问、组织媒体记者采访、约请企业管理层撰写文章、举办新闻发布会、与商业记者保持密切联系、对媒体报道企业的情况进行监测和分析等多种手段组织新闻公关。

2. 危机公关策略

（1）快速设立危机控制和管理机构。危机发生时，要以最快的速度设立危机控制和管理机构，以便制定与实施危机控制和管理计划。该机构应由训练有素的专业人员组成，同时还要确保在抽调人员进入危机控制和管理机构后，不会影响各部门的日常工作。

（2）电力企业应主动对危机做出适当的解释。在企业发生危机时，如果媒体的报道是在资讯不充分的情况下进行的，就会加剧危机，因此要主动与媒体联系，主动提供信息，让媒体了解企业的立场。

（3）电力企业高层领导要高度重视并出面处理。出现危机事件后，企业的最高领导人必须到达现场，这本身也标志着电力企业对事态的重视和关注，对事件相关人员的关注。

（4）召开新闻媒介恳谈会。新闻媒介是危机处理中最敏感、最重要的公众，危机来临时，要分析各方面的形势，与新闻媒介及时交流情况。对媒体的报道，不承认或是提出不同看法都是错误的，因为这时候任何的辩解都会认为是企业为了自身利益在进行狡辩。

（5）危机公关处理中动作越快，获得公众的同情越高，越能赢得公众的信任。当企业面临危机时，电力企业不能对外界保持沉默，而应在第一时间，主动和媒体进行沟通，对危机做出适当的解释。否则外界不知真相，一夜之间可能谣言四起。

第七章 用电服务接触管理

第一节 情感服务与"真实瞬间"管理

情感服务是提升客户满意度与忠诚度的重要工具，没有情感的沟通与交流，就没有客户服务的确切发生。在情感消费时代，客户接受服务所看重的已不只是数量多少、质量好坏以及价钱的高低，而是为了一种感情上的满足，一种心理上的认同。情感营销从客户的情感需要出发，唤起和激发客户的情感需求，诱导客户心灵上的共鸣，寓情感于营销之中，让有情的营销赢得无情的竞争。

一、营销过程中的情感服务

所谓情感营销，是指通过心理的沟通和情感的交流，赢得用电客户的信赖和偏爱，进而扩大市场领域，取得竞争优势的一种营销方式，情感营销来自于员工的情绪劳动。

情感和服务是人们最熟悉不过的两个词汇，"情感服务"不仅是个新组合词，而且也代表着一种新的营销思想，以情感为基础的用电服务，更重视承诺、履诺、体验和责任。现代心理学研究认为，情感因素是人们接受服务的"阀门"，在缺乏必要的"丰富激情"的情况下，理智处于一种休眠状态，不能进行正常的工作，甚至产生严重的心理障碍，对周围世界表现为视而不见、听而不闻。只有情感能叩开人们的心扉，引起消费者的注意。用电服务在充分了解客户需求的前提下，要不断地从情感取胜，同时在引导客户做出正面反应时，更要用自己周到而独特的服务手段使客户对自己的服务从情感上、心理上产生认同。客户服务是用电业务中最具人性化的部分内容，服务是一种体验，是一种令人印象深刻的感觉，情感体验能真正从用电客户的感受出发，细心体察与呵护客户的情感。情感服务，是一种人性化的营销方式，是感官体验、社会体验和氛围体验的过程。感官体验是通过用电服务过程的知觉刺激，使客户感受到美的愉悦、兴奋、享受与满足，从而有效地达成用电服务的目的；社会体验是地位、时尚、品位、社会性需求的体验；氛围体验是场所或环境产生的效果和感觉。情感服务是提升客户满意度与忠诚度的重要工具，没有情感的沟通与交流，就没有客户服务的确切发生，客户服务需要创造性与丰富的想象空间。现在企业提出了一个响亮的口号，叫"二次竞争"，意思是说，第一次竞争的战场是占有率，那么第二次竞争便是情感服务。企业力图用最具诱惑力、竞争力的承诺来吸引客户，并通过承诺的及时、足量兑现来塑造企业及品牌形象，提高客户的忠诚度，使本企业与其竞争对手形成明显的服务差异，增强企业的营销效果，获得差异化竞争优势。当然，这种承诺应该是真诚的、严肃的、可行的，做到情真意切。

1. 情感营销的作用

（1）情感营销能营造更好的营销环境。营销环境既可给企业带来威胁，也可以带来机遇。营销环境制约着企业的生存和发展。传统的营销方式专注于企业和客户之间的商品交换关系，企业营销往往跟客户获得使用价值和企业获得利润联系在一起，使客户总是难以得到情的满意。随着情感消费时代的到来，消费行为从理性走向感性，客户在购物时更注重环境、气氛、美感，追求品味，要求舒适，寻求享受。情感营销不仅重视企业和客户之间的买卖关系的建立，更强调相互之间的情感交流，因而致力于营造一个温馨、和谐、充满情感的营销环境，这对企业树立良好形象、建立良好人际关系、实现长远目标是非常重要的。

（2）情感营销能提高客户的品牌忠诚度。现在的市场竞争日益激烈，是否有优秀的品牌已成为企业竞争成败的重要因素。一个好的品牌能建立客户偏好，吸引更多的品牌忠诚者。但是品牌忠诚的建立除了有过硬的产品质量、完美的产品市场适应性和营销推广策略外，在很大程度上与客户的心理因素有很密切的关系。情感营销正是以攻心为上，把客户对企业品牌的忠诚建立在情感的基础之上，满足客户情感上的需求，使之得到心理上的认同，从而产生偏爱，形成一个非该企业品牌不买的忠实客户群。

（3）情感营销是战胜竞争对手的强有力武器。市场如战场，市场竞争犹如战场上的战斗那样激烈无情。市场竞争，实质就是与同行争夺客户。争夺客户除了注意商品质量上乘、包装新颖、价格公道外，更重要的是要实施情感营销。通过钟情于客户，对客户真诚、尊重、信任，处处为客户着想，从而赢得客户的好感和信任；通过优质的服务，不断提高企业声誉，树立企业良好的形象。这样，企业在市场竞争中必然取胜。

2. 成功运作情感营销的因素

（1）沟通方式。企业方面的经营者和终端服务人员的语言表达、产品说明书、宣传品、广告的情感传递都属于情感营销。实际就是指在销售或服务过程中通过语言及行为的信息交换，达到将企业服务理念和产品的特色更人性化地传递给客户的过程。

（2）服务心态。营销人员应该将自己定位成客户的知心朋友，对消费者要充满爱心，帮助客户解决消费疑虑。在与客户沟通过程中，掌握好企业最终目的与客户追求目的的最佳结合点。通过观察客户的不同消费心理，运用销售技巧达到最理想的销售目的。

（3）沟通内容。运用情感沟通的内容有拉家常、问寒暖等，包括运用情感效果将产品的功能等因素传达给客户。

（4）服务环境。环境包括终端包装气氛的营造和营销人员的个人包装。在不同的营销场所，最好按照不同的要求和标准进行不同的环境布置。对于营销终端或者服务机构来说，营造合适的服务环境是十分重要的。

（5）人员素质。营销人员应在短时间内领会企业的营销理念，而且企业在平时工作中要不断地对其进行培训，帮助他们不断提高各方面素质。

（6）情感维护。情感维护手段大体包括建立客户档案，标注特殊情况，便于跟踪回访；定期电话回访，了解恢复情况，提示注意问题。

3. 情感服务的内容

（1）开发情感服务产品。在不同的市场供求状态下，客户对电力服务产品的要求是不完全相同的。一般来说，当电力供不应求时，人们更多地注重其满足用上电的基本效用，往往无暇顾及对服务营销其他功能的要求；而当供过于求时，人们开始较多地注重供电服务满足心理需求的程度，对服务功能的关切度则相对提高。目前我国用电客户心理期望的标准就由通常的物质实用性指标过渡到精神享受性指标上，即强调电力产品在具备基本功能、满足基本需求的前提下，注重情感需要，追求满足其心理需求，这就是所谓的情感产品。情感产品之所以受到人们的青睐，根本原因是企业站在用户的立场上，以客户接受不接受、喜欢不喜欢、满意不满意作为服务产品设计和开发的准则，其中融入了企业对客户的一片深情和爱心，充分体现了以客户为核心的现代市场营销观念，进而赢得了客户的信赖和忠诚。情感产品贵在情感，而情感度又多是通过电力服务的可靠性、安全性、便利性和经济性来体现的。由于不同用电客户的差异，决定了电力服务产品的具体内容和表现形式是不同的，企业须根据具体情况，有针对性地采取相应的方法，才能设计开发出为客户所接受的服务产品来。开发情感产品要切忌主观想象，滥施情感，否则便会画蛇添足，引起人们的反感。为此，需要对用电客户的需求有全面、深刻、真切的了解，使赋予的情感入情入理，切实打动客户的心。由一般产品开发到情感产品开发，是市场供求关系变化和竞争的必然结果，也是电力企业市场营销质的飞跃。虽然给企业提出了更高的要求，使企业面临更严峻的挑战，但却为赢得客户、赢得市场提供了有效手段。

（2）情感广告。广告的作用主要有两点：其一是企业在激烈的市场竞争之下，利用广告的宣传作用扩大企业的知名度和信誉度，增加其产品和服务的市场竞争力，从而谋求尽可能大的商业利益；其二是有社会责任感的企业或组织利用广告的宣传作用，倡导社会公益和社会道德，从而树立企业形象，间接谋求市场价值。现在客户对企业"王婆卖瓜、自卖自夸"式的广告已经深恶痛绝。而人情味十足的广告，通常使产品形象上升到一个全新的高度，也自然融解了客户对广告的本能抵触。客户首先是感动和情感共鸣，继而引发现实的或潜在的消费需求，经营者便在客户的情感体验和满足中达到自己的目的。

（3）情感公关。公关在企业营销中的作用已被越来越多的企业所认识，运用公关树立企业及其产品形象，已经成为企业营销战略的重点。情感公关要求企业要设身处地地为客户着想，设法加强与客户的感情交流，通过调查问卷等形式，使客户参与到企业的营销活动中来，让客户对企业及其产品从认识阶段升华到情感阶段，最后达到行动阶段。具有现代经营观念的企业，其公关活动在营销过程中所起的作用越来越大。一方面，通过公关活动，以有效的手段强化渲染企业及其品牌所特有的情感色彩，可把企业的特殊情感和反哺之义传送给社会公众，在社会上树立良好形象，塑造企业及其品牌良好的亲和力，以迅速打开客户的心扉，赢得客户的欢心，为确立市场优势地位打下坚实基础；另一方面，通过公关活动，可以协调好企业方方面面的情感关系，协调企业内部上下级之间的友谊关系，为企业的顺利经营创造和谐、融洽的内外环境。

（4）情感环境。任何人都无法否认情感在营销中的特殊作用。情感体现着人类文明、道德观念、民族精神，在深厚的文化土壤中散发出来的人类情感具有无限的感召力。那种在家乡、祖国、人类和安全、信仰、时尚、保健等情感因素牵引下的企业营销行为，得到了无数客户最满意的回报。情感创造的环境可使用颜色、质地、音乐、气味和空间设计，来强化客户的服务体验。营造舒适、优雅的营销环境，能给客户带来愉悦的心情，感观的享受，让客户产生一种无形的亲切感，客户在不知不觉的微笑服务中，既办理了供电业务，又接受了电力形象的宣传。因为，令人感到愉悦的环境会吸引人们的光临，而令人感到不愉悦的环境则会造成回避的行为，激发则会放大环境对于行为的效果，如果环境是令人感到愉悦的，增加激发的程度就可以产生兴奋感，并引起客户正面且强烈的反应，如果环境是不愉悦的，就应该避免增加激发的程度，以免导致客户落入苦恼区域当中。在服务接触中，客户的感受是建立忠诚度的重要驱动因子。

二、真实瞬间

在面对面服务过程中，由于客户、企业、服务人员的相互作用或服务接触，演绎出了一系列的质量问题。服务营销学家把这种客企间的每个"相互作用或服务接触"形象地比作

"真实瞬间"。实质上，在服务过程中客户实际经历的服务质量是由一系列的真实瞬间构成的，显然，真实瞬间极大地影响着服务过程的质量乃至客户感觉中的整体服务质量。

1. 用电服务真实瞬间的概念

"真实瞬间（themoment softruth）"也被译为"关键时刻"，该词源于英文中的斗牛士，指的是斗牛士采取最终行动结束战斗之前面临公牛的那一刻，"真实瞬间"意味着一种机会或机遇的"关键时刻"，通常是在一刹那间完成的。这个概念最早由瑞典学者理查德·诺曼（Richard Normann）于1984年引进服务质量管理理论之中。诺曼认为："客户心中的服务质量是由真实瞬间的相互影响来定义的。一个客户和服务提供者一起经历多次相遇之时，在这经常的短暂相遇的瞬间中客户评价着服务并形成对服务质量的看法，每一个真实瞬间就是一次影响客户感知服务质量的机会。"服务营销管理研究领域的专家认为："真实瞬间是连续的服务接触过程！可将其设想为一个链环。在这些接触中，客户很快接受到企业的服务质量，如每一次接触企业都提供给客户全部的满意，客户自然愿意和企业再一次做交易。从组织的观点来看，每一次接触都是证明服务提供者潜在服务质量和增加客户忠诚的一次机会。"这样的瞬间正是展示服务产品质量好或坏的关键时刻。服务营销学大师克里斯蒂·格鲁诺斯（Christian Gronroos）认为："服务过程的核心就是买卖双方相互作用的真实瞬间，也就是机遇。"

用电服务真实瞬间的概念，是针对用电服务的特殊性提出来的。可以把"真实瞬间"理解为"客企接触"，每一次"客企接触"就是一个"真实瞬间"。"真实瞬间"实质上意味着一种机会的"关键时刻"。也就是说，只有在"客企接触"这一"瞬间"内营业员才真正有展示自己的机会。显然，对于电力市场营销而言，"真实瞬间"既是成功点，也是失败点。成功与否，关键在于如何把握它。把握得好，电力职工可以利用"真实瞬间"充分展示自己的优质服务，树立自己良好的形象。同时，"真实瞬间"也最容易出服务差错。一旦"真实瞬间"出了质量问题，在这一瞬间内往往存在着无法挽回的后果。如果真的要补救，也只能在下一个"瞬间"，而后果是，电力企业可能付出了很大的代价却未必能收到好的功效。

实质上，在面对面服务过程中，客户实际经历的服务质量是由一系列的真实瞬间所构成的。研究表明，功能性质量即服务过程的质量是由真实瞬间决定的，技术性质量即服务结果的质量也是在真实瞬间内渐渐体现出来的。因此，提高服务过程的质量，不容忽视对真实瞬间的管理。实际上，用电服务和电力消费是一个不可分割的过程，我们可以将这个过程想象成由一个个服务提供者和客户相互作用的时间点构成的，就像一条线是由很多点组成的一样，在这一个个时间点上，服务提供者与客户发生联系并完成服务产品的一部分生产和消费，这样的点就是服务营销过程的真实瞬间。在实际的服务营销操作中，可以将各种服务过程分解为很多的真实瞬间，并抓住主要的真实瞬间来进行考察，从而更有针对性地开展优质服务和协调工作。例如：在炎热的夏季，排队交电费的人很多，客户难免抱怨，甚至发无名火，如果营业员在接纳客户时，由衷地说一句："实在对不起，让您久等了。"客户的火气就会削去一半，这句话说与不说的后果显然不同，这就是"真实瞬间"的魅力所在。能否持续创造积极的真实瞬间是一个公司保留客户与生存的关键。

2. "真实瞬间"对用电服务的意义

随着互联网等新兴媒体的快速发展，社会舆论的形成和传播机制发生了根本改变，舆论的开放性和自由度越来越高。电力企业始终自觉接受政府监管和社会监督，积极听取各方面意见和建设。但也要看到，电力企业备受社会和媒体的关注，又属于"过敏"体质，出现的问题，即使是个案、特例，也往往容易被炒作、渲染、放大，甚至演化成社会公共事件。面对严峻形势和新的要求，目前电力企业在管理上还有不少薄弱环节，"出血点"、"发热点"、"风险点"依然很多，对真实瞬间的管理尤为重要。

（1）真实瞬间是体现优质服务的关键环节。斯科特·罗比内特曾将"客户体验"定义为"企业和客户交流感官刺激、信息和情感的要点的集合"。具体到用电服务，客户体验来自于客户每一次与电力职工的接触感受，而客户体验的差异将会产生三种不同的结果，即忠诚的客户、满意的客户、投诉的客户。对用电服务来说，把握好真实瞬间，有助于展示自己的优质服务，树立良好形象。但真实瞬间很容易出现服务差错，一旦出了投诉问题，极容易被炒作、渲染、放大，造成无法挽回的后果，即使企业付出很大代价去补救，也未必能收到好的效果。所以，每一个真实瞬间都是电力企业能否赢得客户满意和忠诚的关键点。

（2）真实瞬间影响着能源市场竞争的地位。在市场经济条件下，能源市场是一种竞争市场，各种能源形势之间竞争的焦点是服务竞争。服务是电力企业生存的根本，服务营销更是电力企业实现永续发展的恒动力。真实瞬间与电力企业竞争地位之间的关系可以通过对电力企业真实瞬间价值链的分析清楚地看出来。在能源市场竞争中，客户日趋成熟，用电服务质量影响着竞争地位。价值链理论认为企业竞争地位来源于高度忠诚的客户，客户忠诚度的基础是由电力企业为客户带来的满意度，而正是在用电服务中的一个个真实瞬间获得的感知服务价值，决定着客户的满意度，客户满意度、客户价值是由满意的、忠诚的、高效的员工创造出来的，而真实瞬间管理又促进了电力企业员工满意度。由此可见真实瞬间对提高客户满意度和忠诚度的作用是巨大的。正是由于真实瞬间对用电服务质量和客户满意度影响极大，而客户满意又直接导致客户忠诚，故而真实瞬间是电力企业提高竞争地位的关键时刻，特别是当把一个忠诚客户对其他客户的介绍、引导效用也考虑在内时更是如此。

（3）真实瞬间可以促进服务质量的改进。电力企业要想获得客户的正面评价，就必然需要提供优质服务，在真实瞬间实现客户满意。对电力企业来讲，客户是根据最后一次接触是正面还是负面的来评价电力企业的服务质量，而非电力企业为其提供服务的次数、时间等。如果是正面的，客户就会对电力企业的服务质量给出积极的评价；反之就意味着真实瞬间失控，客户的感知服务质量大打折扣，服务可能会退回到初始状态，甚至出现负面效应。根据研究人员对真实瞬间的研究，当电力企业给客户带来一次负面"真实瞬间"时，之后还想留住客户，需要付出 12 次的正面"真实瞬间"才能挽回。因此，在用电服务管理中重视"真实瞬间"的管理，可以有效地促进服务质量的改进，树立电力企业在客户心目中的良好形象。

3. "真实瞬间"的管理

"真实瞬间"的管理主要应从对员工、有形证据、服务设计（如服务产品、服务流程等的设计）等三方面的管理入手。

首先，企业管理者应帮助员工树立"真实瞬间"的理念。在面对面服务过程中，客户眼里的服务人员就是企业的代表，客户是通过与他们的接触来认识企业的。因此，管理者应努力向员工灌输真实瞬间的意识。在服务过程中的每一个真实瞬间，管理者都必须要求服务人员保证向客户提供优质可靠的服务。

在此特别要强调电力客户服务应谨防陷入两个认识上的误区：一是认为区区小事不足为

奇，在实践中忽视对细节的重视；二是认为只有无微不至才是优质服务。

服务不能"过头"，"恰到好处"才是服务的最高境界。如果服务人员善于把握服务的"火候"与"度"，迎合客户的需求，不仅可以极大地提高客户的满意度，而且，有时往往还会超出客户的期望，培养客户对企业的忠诚度。

第二，加强有形展示的管理。营销学家萧斯塔克指出："一种物质产品可以自我展示，但服务却不能"。虽然服务是无形的，但是有关服务的线索（如服务的工具、设备、设施、员工、信息资料、价目表等）是有形的，这些有形的线索总会传递一些信息，帮助客户理解、感知、推测服务质量。很显然，如果一家高档餐厅的菜牌或菜谱沾满油污，必然会极大地影响客户对餐厅服务质量的感知。由于客户购买服务的风险很大，在购买服务时，客户往往会对服务线索格外关注。管理者必须充分认识到，在服务过程中客户所接触到的并非只有员工，还包括服务环境、设施设备、信息资料等有形证据。在面对面服务过程中，客户很善于通过这些有形证据来认识企业。因此，在实践中，电力客户服务必须高度重视对有形证据的管理，确保有形证据正确反映本企业的档次和形象，确保有形证据引导客户对本企业的服务质量形成合理的期望，进而极大地提高客户对本企业整体服务质量的感知。

第三，在对电力客户服务设计时（如服务产品、服务流程等的设计），应善于运用真实瞬间改善服务质量。真实瞬间对服务质量存在着正反两方面的影响。"每个单独的真实瞬间都会增加或减少服务提供者的整体形象。每个真实瞬间不是在加强服务质量就是在降低它"。电力客服的管理者在对服务产品、服务流程等的设计时，可以充分利用这一点，最大限度地发挥真实瞬间的正面作用，限制它的负面影响。在实践中，可以考虑通过增加或减少真实瞬间来改善服务质量。其原则是增加的真实瞬间必须既便于管理，又可以充分地展示企业的优质服务，树立企业的良好形象，提高客户对整体服务质量的感知。反之，对于企业难于控制的客企接触点，在不影响对客户服务和企业形象的情况下，企业可以考虑通过减少真实瞬间，来提高服务质量。

4. 创造积极的"真实瞬间"

"真实瞬间"的创造并不高深，只是生活常识的综合体现，是一种精神价值和生活方式，是一种思维方式。也正因为如此，"真实瞬间"才会对个人行为产生制约或者提升作用。好的"真实瞬间"状态可以让人懂得如何更好地竞争和生存，学会在挑战和机遇并存的时代，放开胸襟、开阔视野、明辨是非，可以创造属于客户、属于自己、属于企业、属于社会的未来。强大的、可持续的"真实瞬间"影响力，是用电服务的一个部分，是电力企业文化的一部分，也是电力事业的一部分。电力企业致力于"真实瞬间"影响力的创造和再造，就可以使电力市场营销做得更远更辽阔。在用电服务过程中存在着各种各样的问题直接影响着"真实瞬间"服务的创新，其影响因素主要来自客户、管理者、员工三个方面。

（1）换位思考。换位思考就是客户导向创新"真实瞬间"服务。不同类型的用户对电力产品的需要和欲望存在较大的差异，而每个客户个体的生活方式、偏好、预期和需求都因人而异，而对于同一客户其特征也随着时间的推移而改变，其生活方式、偏好、预期和需求都是在不断地变化中的，这就使得与客户对应的需求不断的漂移，"真实瞬间"服务过程中很难把握，这无疑增加了"真实瞬间"服务的难度，同时也影响着"真实瞬间"服务的质量。

"真实瞬间"服务，重要的不是做了什么或没做什么，而是客户感受到了什么。并且提供哪些服务、提供什么样的服务也不是电力企业决定的事，而应该由客户做主。只有通过角色调换才能够真正懂得客户的感受，了解客户如何感知、客户感知到什么、客户感受的程度、感知的代价，才能有针对性地创造积极的"真实瞬间"。

了解客户如何感知，就是了解用电服务通过哪些渠道传递给客户，也即客户接触点的确定。不同类型的用电服务，客户的接触点不同。如大客户用电服务，客户的接触点在于大客户经理，客户与大客户经理接触时段内，其活动的各个地点都属接触点。当然，客户的感知还包括等待的时长、环境的整体感受、问题处理的满意度等。对于95598服务而言，客户的接触点在于：接通率、接通速度、应答清晰度、问候语、语调、语气、业务熟悉度、服务意识、问题解决程度等。在这些接触点中，不同需求的客户、不同等级的客户关注的侧重点也有所不同。

客户感知到什么，是指企业营销人员提供的用电服务与客户感受到的服务是否一致的问题，也就是执行力和执行标准的问题。"真实瞬间"服务不全是靠创新做出来的，而把细节做好并能坚持做好，就算成功。在工作中，营销人员经常会有很多很好的想法与做法，但由于执行的问题，而影响甚至破坏了这种效果。客户感知其实就是一些细节给客户造成的感受，所以"真实瞬间"服务创新要站在客户的角度来切身感受，在营销人员做"真实瞬间"服务的时候，也要搜集客户的真实感受。

客户感受的程度包括两个问题，一个是客户的感受是不是他所需要的，或者说，客户的需求与感知的差异；另一个问题是客户的感知能否促使客户采取正面的行为。营销人员在提供"真实瞬间"服务的时候要站在客户的角度去看，这是否是客户真正需要的。在这个问题上，可以通过客户体验捕捉，仔细观察、分析客户在接受用电服务时的体验，这种体验甚至包括客户的心情、表情、坐姿等，真正从客户的角度捕捉客户的真正需求。感知是否能够促使客户采取正面的行为问题，像营业厅提供雨伞一样，这种关怀会给客户留以印象，但不至于让客户因为这一把雨伞来提升忠诚度。作为用电服务，其服务的核心因素仍在于时效、全面、环境、价格、速度等，但这一细节确实会让客户留有印象。一次好的客户感知不难制造，但抓住客户，还要看客户感知的力度与频率。

（2）提供超知服务。提供超知服务就是从员工角度创新"真实瞬间"服务，提供超出客户认知的"超知服务"。首先要吃透业务，对于用电服务人员来说对业务的熟悉是进行"真实瞬间"服务的基础，在服务的过程中员工只有最大限度地掌握业务知识，才能够在"真实瞬间"服务的过程中挥洒自如。想要使自己的业务精通就必须在"真实瞬间"服务过程中通过不断地学习与积累，不断地总结和反思，也只有这样才能够在真实瞬间服务过程中游刃有余。在吃透业务的同时还要吃透客户，了解客户、研究客户，不断地与客户沟通、交流，才能从真正意义上掌握客户的需求、动机、理念、习惯以及用电特性，从而创新"真实瞬间"服务，方便用电服务的延展。尤其针对客户个体的"真实瞬间"服务，营销人员所身处的是一个张扬个性的社会，客户的生活方式是影响其需求和态度形成的关键因素，这些因素可以分为两类，即内因和外因。内因包括情感、感受、学识、情绪、个性；外因包括统计特征、社会地位、相关人群、家庭成员、负荷特性、文化、价值观。因此在服务的过程中不能仅仅依靠客户资料以及个人印象来为客人提供"真实瞬间"服务，而是不断地通过沟通了解客户，排除服务障碍，创新"真实瞬间"服务，适应不断变化的客户需求。

衡量"真实瞬间"服务创新水平的高低，主要是依据用电服务人员态度和行为所表现出来的服务状态和水准，主要包括服务项目、服务态度、服务方式、服务时机、服务效率和服务技能。

　　服务项目是为满足用电客户的需要而规定的服务范围和数目。用电服务项目的多少一方面反映服务的档次，另一方面直接关系到客户的方便程度。

　　服务态度是指电力员工在对客户服务中表现出来的主观意向和心理状态。服务态度应该做到主动、热情、耐心、周到，主要由员工的职业品行和情绪劳动所决定。良好服务态度的外在表现就是，先听清楚客户问题和要求，判断客户类型和个性特点，同一问题不同的客户，其服务要求也不同，针对不同的客户个性，实施不同的"真实瞬间"服务方式，特别是语气和形体动作。

　　服务方式是"真实瞬间"服务活动的表现形式，在一定程度上反映了用电服务的适应性和准确性。让客户感受到你在帮助他，而不是敷衍他，"真实瞬间"设计的解决问题关键在于进步和改善，哪怕是客户责任也不要推卸，解决问题尽量以商量的口气，去征询客户意见，实施有针对性的客户"真实瞬间"服务，实施针对客户服务，关键根据客户个性采用适合的"真实瞬间"服务方式。

　　服务时机是指在什么时候提供服务，包括营业时间和某一单项服务行为提供的时间，在一定程度上反映了用电服务的适应性和准确性。

　　服务效率是指用电员工在对客户服务过程中对时间概念和工作节奏的把握。用电服务效率应该做到准确、及时。

　　服务技能是指用电员工在对客户服务过程中所表现出来的技巧和能力。由于用电服务提供与客户消费的同一性特点，员工的服务技能就直接构成服务质量的要素。用电员工的服务技能必须达到准确、娴熟和优美的要求。

　　"真实瞬间"服务过程具有不可逆的特性，在"真实瞬间"创新设计中必须把握"火候"，既不能"火候"欠缺，也不能"火候"过大，导致过犹不及的现象。"真实瞬间"服务是人对人的服务，高明的员工不能一味的、不分对象的表现自己的热情，虽然热情是用电服务的基本要求之一，但是和谐自然才是服务所要达到的最高境界。要做到和谐自然，就必须把握"火候"。不要让客户在接受服务的同时感到别扭，不要向客人提供他们本人并不希望的过剩服务，也不要由于"真实瞬间"服务而影响和干扰客户的正常活动，最好让客户在不知不觉中享受"真实瞬间"服务。

　　(3) 适当授权。向营销人员适当授权就是从企业管理角度创新"真实瞬间"服务。授权指的是企业管理者给予员工在与工作相关的活动中进行日常决策的处理权，用电服务既强调不出错，又强调随机应变，既要在整个服务过程中始终无懈可击，又要在各个"真实瞬间"不拘一格而善于应客户之所急。用电客户的需求千差万别，这就要求一线员工要有较大的自由和活动余地，使其能够在用电服务过程中，根据不同客户的需要和期望量体裁衣，灵活和有创见地向客户提供"真实瞬间"服务。

　　具体而言，在客企接触的"真实瞬间"服务中，采取一定的授权。首先，有利于提高员工的满意度。因为拥有权力和自主性是员工的自然要求，授权有利于增强员工的成就感和自豪感。其次，一定的授权能增加员工的自我效能，提高处理应急事件的能力和为客户提供个性化的服务的能力，并对客户的服务需求及时做出反映。当员工获得较多的工作处理权时，他们的自我效能就会提高，因为他们可以决定如何用最好的方法来完成给定的工作。鉴于客户的服务需求各不相同且难以预测，如果员工得到授权对客户特殊的需要做出快速反应，就有更大的可能性在短暂的"真实瞬间"服务中让客户满意。一旦问题发生时，现场解决问题的能力对客户有十分重要的影响，但在实际用电服务中，当客户提出某项服务要求时，经常听到一些员工说"不行，这违反了规定"或者"必须向主管请示一下"此时未经授权的员工不是立即采取措施尽量让客户满意或对服务差错及时修正，而是互相推诿，甚至把客户丢在那儿请示主管，这种做法极容易增强客户的不满意感，很难达到客户满意的最终目的。再次，能发挥员工的主动性和创造性，充分利用蕴藏在员工中的资源和智慧，由于一线员工直接与客户接触，他们非常了解客户的需要和现存服务体系中存在的问题，清楚哪些政策和规定是可行的，哪些是不可行的，哪些规定应修改，以及客户对用电服务的反应如何，等等，他们清楚如何创新"真实瞬间"服务，才能贴近客户的需求。同时，授权能让员工把自己当做电力公司的主人，不但对工作负责，主动进行"真实瞬间"服务创新，而且认为工作富有意义，从而使员工在满意的状态下为客户提供满意的"真实瞬间"服务。

当然，用电服务是一个整体的概念，如果只强调一线服务人员的创新作用，就容易使营销服务脱节。为此，要想把"真实瞬间"创新落到实处，还应研究客户服务圈，建立"后台为前台服务，前台为客户服务，上级为下级服务，机关为站所服务，全员为客户服务"的体系，使公司每一个职能部室，都承担一定的用电服务任务，一线人员为客户提供服务，其他人员为一线人员的工作提供服务，使服务形成合力。在此基础上，建立"内转联动服务制度"、"全程代理服务制度"等一系列服务措施，加强了部门、岗位间的合作性与协调性。

第二节　用电服务接触分类

服务接触是用电客户与服务系统之间互动过程中的"真实瞬间"，是影响客户服务感知的直接来源，服务质量很大程度上取决于客户感知，客户感知又以服务接触能力为基础，根据用电客户参与程度，可以把服务过程大体分为基本不与客户发生接触的后台服务支持过程和直接与客户打交道的前台服务接触过程。前台服务接触过程是影响客户服务质量感知的主要来源，客户对服务质量问题的抱怨和不满主要集中在服务接触环节。通过对服务接触及服务接触能力进行深入分析，明确服务接触的内涵、属性、特点和作用，探明服务接触对客户感知服务质量的影响关系，确定关键接触点，指出服务改进重点，以达到控制服务质量波动，提高服务运作管理能力，提升客户满意的目的。

一、服务接触

服务接触的概念最早见于 20 世纪 80 年代 AMA 关于"服务质量"的研讨会，但至今仍没有形成统一定论。国内外学者对服务接触都有着各自的理解。Solomon 等人（1985 年）认为服务接触是服务情境中，供应者与接收者间的面对面互动，对于服务质量控制、服务传送系统以及客户满意等方面有较大的意义。Surprenant（1987 年）把服务接触定义为"客户和服务提供者之间的二元互动关系"。Bitner 在前人研究基础上，扩大了服务接触的内涵，进一步指出服务接触是抽象的集体性事件和行为，是客户与服务传递系统间的互动，而此互动会影响客户对服务品质认知的评价。他把客户可能与组织发生作用的所有方面都看成服务接触的内容，包括一线员工、客户、实体环境及其他有形因素等对象。Lockwood 认为服务接触除了人际互动之外，还包括了其他有形、无形的因素，如营业员、实体环境等，这些因素也会影响客户与服务提供者之间的互动。Surprenant 和 Solomon 将服务接触定义为"客户与服务提供者之间的动态交互过程"。Shostack 和 Bitner 等认为，客户接触不仅限于客户与服务提供者之间的互动，而且包括客户与服务设施及其他有形物之间的接触；范秀成认为，服务过程中除了客户与营业员和设备之间的互动外，还应包括客户之间的互动，因为现场客户会影响其他客户对服务质量的评价。

接触管理又称接触点（Contact Point）管理，是指电力用电服务决定在什么时间（When）、什么地点（Where）、如何（How，包括采取什么接触点、何种方式）与客户或潜在客户进行接触，并达成预期沟通目标，以及围绕客户接触过程与接触结果处理所展开的管理工作。这是 20 世纪 90 年代市场营销中一个非常重要的课题，在以往客户自己会主动找寻用电服务信息的年代里，决定"说什么"要比"什么时候与客户接触"重要。然而，现在的市场由于资讯超载、媒体繁多，干扰的"噪声"大为增大。目前最重要的是决定"如何、何时与客户接触"，以及采用什么样的方式与客户接触。用电服务与客户有效接触的核心目的是获得客户最大化满意，最终实现最大化营销，并获得品牌忠诚。但是，接触过程必须在科学、系统的管理之下才会有好的效果。客户接触点管理的核心是用电服务如何在正确的接触点以正确的方式向正确的客户提供正确的产品和服务。

用电客户接触点就是用电服务与客户产生信息接触的地方，即运送用电服务信息的载体。它不局限于广播、电视、报纸、杂志、户外、因特网等媒体，还包括邮寄、服务产品、营业员、营业厅布置、网站、交流用电服务体验的亲友等，只要能成为传播营销信息的载体，就可以视为接触点。

在用电服务的每一次服务接触中，总有一些对客户满意度产生重要影响的事件。服务接触是用来表示在用电服务期间，在客户与营业员之间的个人对个人的直接接触。每一次服务接触都跟随四个步骤：对客户预期的感知；把感知转换为服务计划；服务传递；与客户对服务进行沟通。客户满意度较高的营业厅服务、"95598"服务、现场服务或外部媒介转入服务中，一线营业员充满了高度的活力、成就感甚至是兴奋，而在另外一些客户满意度很低的服务单位，到处弥漫着一种疲倦、冷漠和事不关己高高挂起的氛围。显然充满了高度活力、成就感的营业员更容易与客户进行很好的服务接触，高满意度的用电服务进行的是高质量的服务接触。

二、服务接触的类型

关于客户接触类型，学术界存在着不同的划分方法。Shostack 将客户接触分为面对面接触、电话接触和远程接触；Bitner 等将客户接触分为面对面接触、电话接触和互联网接触；国内有人将客户接触分为人与人接触、人机接触和人与技术接触。客户接触十分重要，Zeithaml 等认为，客户正是在客户接触时建立其服务质量感知的。Normann 将客户接触称为关键时刻，并认为"感知的质量是在服务提供者与客户在竞技场上相遇的那一关键时刻实现的"；Keaveney 在对 838 个导致客户转向竞争者的原因调查中发现，失败的客户接触排在第 2 位（34%），仅次于核心服务故障（44%）。

（1）按照接触方式分类。将服务接触分为远程接触、电话接触和面对面接触三类。远程接触是一种不完全发生在人与人之间，借助某些新型科技手段进行的接触方式，可以是人与人的交流，也可以是人与物的接触。电话接触是指以电话为接触媒介进行交流，此时接电话语气、处理问题的效率即成为质量评价准则。面对面接触，是用电服务最常见的一种接触方式，这类接触决定质量的因素更加复杂，如营业员制服在很大程度上会影响客户对于服务业者的印象。

（2）按照接触主体分类。服务接触依据接触主体还可以分为以人际互动为基础和以人与科技之间互动为基础这两类。然而随着资讯科技的进步，科技开始应用于服务接触，服务接触的形态由传统人员接触，转变成借由网络达成服务之自助服务科技，即客户在无营业员涉入之下，自行完成服务交易。传统人员服务接触的形态，服务提供者与客户间具有紧密的互动关系，但由于作业效率与客户便利性的因素考量下，有些客户则会选择不需要亲自到场的服务，即透过网络与用电服务完成服务交易。

（3）依据客户参与程度分类。根据客户在用电服务中的参与程度把服务接触分为三大类，即高接触性服务、中接触性服务和低接触性服务。所谓高接触性服务是指用电客户在接受服务的过程中参与其中全部或大部分的活动，客户由于很直接地参与到服务过程中，而在很大程度上决定了需求的时机和服务的性质；中接触性服务指通过第三方，如银行、律师、物业等提供的服务，客户只是部分地或在局部时间内参与其中的活动；低接触性服务是指在用电服务过程中客户与服务的提供者接触甚少，他们的交往大都是通过一些设备来进行，如人机对话、网络、信息中心等提供的服务。客户视角的观点有利于用电服务更深刻地认识客户与用电服务的关系、客户与电力产品的关系、客户与营业员的互动关系，从而准确识别客户价值感知的驱动来源。

接触程度是指服务体系为客户服务的时间与客户必须留在服务现场的时间之比。这个比率越高，客户和服务体系接触程度就越高，反之亦然。据此，将服务体系划分为三种类型：纯服务体系、混合服务体系和准制造体系。纯服务体系与客户直接接触，其主要业务活动需要客户参与；混合服务体系的"面对面服务"服务工作与后台辅助工作松散地结合在一起；而准制造体系与客户几乎没有面对面的接触。

在用电服务过程中，服务接触主要体现在服务内容、服务方式和营业员上，按用电服务内容分类，服务接触主要发生在用电报装及变更、抄表收费、故障抢修、用电检查、电能计量、投诉举报、咨询查询、业务宣传、电力需求侧管理等方面。根据用电服务的工作特点，把用电服务接触分为功能接触、人员接触、环境接触和远程接触四类。

（1）功能接触。功能接触是指在服务中，客户可感知到为其所提供的服务内容。客户在获取电能时，功能接触的水平直接关系到客户能否获得想要的服务以及能够获得服务的程度。随着社会的发展，用电服务越来越注重客户个性化需求的满足。客户的个性化需求不仅仅对用电服务提出了更高的要求，服务功能也面临着巨大的挑战。如何让更多功能服务于客户的个性化需求，完善服务内容，调整服务构成，提供更强大的系统服务功能，成为了客户评价服务水平的主要因素之一。特别是在客户接受服务时，服务提供者的服务能力，直接关系到客户能否获得想要的服务以及能够获得服务的程度。对于用电服务来说，"为民、便民、利民"是其最主要的服务，接电是否及时、电压是否稳定、供电是否不间断、服务承诺履约程度都会影响客户对于该服务功能的评价，从而决定了客户对服务的满意感知的高低。用电服务提供的服务功能越强大，其服务内容越完善，越能更好地满足客户的个性化需求，从而更容易达到客户的期望值，使客户对用电服务的满意感越高。而高度的客户满意感，会使客户更加忠诚于用电服务，并且愿意继续保持这种客户关系。

（2）人员接触。通过"人与人的互动"将用电服务传递给客户，是电力企业服务于客户最重要、也是必不可少的方式之一。人员接触是用电服务通过营业员与客户之间面对面的互动，将服务传递给客户的过程。人员接触包括客户与营业员的直接接触和客户通过各种媒介与营业员的间接接触两方面。无论是直接接触还是间接接触，营业员与客户的短暂的互动不仅是企业了解客户需求的重要途径，同时也是维系客户关系、树立企业形象的最佳时机。因此，营业员在接触中占有很重要的地位。客户与营业员间的互动非常微妙，客户既是服务的接受人，也是用电服务过程的重要协作者。双方的友好互动，不仅可以为涉及该服务过程的所有客户留下美好的服务经历，也能使用电服务效果到达最佳状态。反之，不友好的互动，常常会导致一系列失误，甚至对电力企业的整体形象造成影响。尤其是直接与客户接触的一线员工，如前台窗口营业员，他们的一举一动、一言一行都代表着企业的形象。客户对于服务质量的感知和评价不仅与营业员的服务能力、服务意愿等有关，而且与营业员当时的仪态仪表、心理状态、身体状况、甚至交际能力等都是高度相关的。双方的友好互动，不仅能使用电服务的服务效果达到最佳状态，还可以为涉及该服务过程的所有客户留下美好的服务经历，从而使客户更愿意同供电企业继续保持交易关系。反之，不友好的互动，常常会导致一系列失误，甚至对用电服务的整体形象造成影响。可见，营业员热情的服务、诚恳的态度和专业的指导，对于提高客户满意、维系客户关系具有重要的意义。

（3）环境接触。环境接触是指客户接受服务时对所在服务环境的感知。服务环境被认为是非语言沟通或物体语言，是服务互动过程不可缺少的成分，服务环境的感知会影响客户对用电服务质量的评价。服务环境的概念有广义和狭义之分，广义的服务环境定义包含较抽象的社会环境，而狭义的服务环境定义与实体环境一致，又称"服务场景"。对客户产生现场影响的多为服务环境的狭义概念。服务环境是作为互动的媒介而存在的，它不仅能影响到人们对用电服务的评价效果，而且会影响客户对服务的认知和情感。服务环境由多种要素组成，它作为互动的媒介，直接影响到服务提供者和客户的心理感受和行为，每一个客户都会与有形环境产生互动，要么得到环境的帮助，要么受到环境妨碍。良好的服务环境使客户进行交易时减少时间浪费、更加方便快捷。服务环境直接影响到服务提供者和客户的心理感受和行为，客户若感知到服务环境是高质量的，客户对于该经历就更加满意，对于用电服务来说，便利的地理位置、良好的服务环境和合理的营业时间不仅可以降低客户的使用成本，也为其在客户心目中的形象增色不少，把"你用电，我用心"的服务理念贯穿到环境接触中，就能提高客户服务满意度。

（4）远程接触。远程接触是一种不完全发生在人与人之间，借助某些新型科技手段进行的接触方式。随着互联网等技术的不断进步，用电服务开始借助某些新型科技手段提供服务，以便更好地服务于客户，如电话自助服务、网上服务、人机对话、远程缴费等。特别是对于用电服务来说，提供远程服务是不可或缺的。远程服务可以使客户更加方便、快捷地办理业务，提高了用电服务的服务效率；同时也可以降低用电服务的人力、物力、财力等的浪费，提高了服务的效率。但是用电服务通过远程服务系统为客户提供服务的同时，客户对于远程服务系统的认知也会影响到客户同企业之间的关系。因为，客户对于远程服务的感知情况是客户评价该企业服务状况的重要组成部分，远程服务接触的好坏将直接影响客户对于该企业服务状况的判断，远程服务接触也是客户评价服务接触状况的重要组成部分之一。因此，坚持民生为重、服务为先的出发点，不断提升远程服务的手段和功能，客户服务就会获得满意的回报。

三、峰—终定律

峰—终定律与用电服务之间的关系，有着很多令人痛苦的体验过程，并不是用电服务完全不在意客户的体验，而是这些服务没把客户关键体验点做到最好。根据峰终定律，用户体验的关键点就是"高峰点"和"终点"，因为用户对这两个关键点体验的记忆最为深刻。强化用电服务体验的关键点（体验高峰和终点），首先应确认体验的关键点，即体验高峰点，也就是用户记忆最深刻的体验之一。服务的体验终点比高峰点较易确定，通常是用户完成任务，使用结束时的感受。如用电申请完成时的体验，网上缴费完成付款的感受，等等。

1. "峰—终定律"

"峰—终定律（peak-end rule）"是 2002 年由诺贝尔经济学家得主丹尼尔·卡恩曼（Danny Kahneman）提出的，他将源于心理学的综合洞察力应用于经济学的研究，指出影响人们体验的是所谓的"峰"和"终"两个关键时刻的经验，在"峰（peak）"和"终（end）"时的体验，主宰了对一段体验的好或者坏的感受，而跟好坏感受的总的比重以及体验长短无关。也就是说，如果在一段体验的高峰和结尾，用电客户的体验是愉悦的，那么你对整个体验的感受就是愉悦的，即使这次体验中总的来看更多的是痛苦的感受！在用电服务接触点设计要根据"峰—终定律"，判断客户体验峰终时刻及核心需求，强调注重客户"峰"值时刻的核心需求服务过程的"终"点体验。而这里的"峰"与"终"其实这就是所谓的"真实瞬间"，是用电服务最具震撼力与影响力的管理概念与行为模式。从客户体验"峰终"关键时刻入手，变粗放/线条式的服务管理为模块化、可编辑的服务管理；变眉毛胡子一把抓为抓关键要素，解放和发展了用电服务资源，强化一线人员关注服务重点；体现智慧服务，变被动服务为激情服务，从内心为客户创造愉悦感。

比较同类服务是客户评价服务质量时经常会考虑的问题，比较优势有可能就是客户体验中满意度比较高的关键点，这些关键点的强化有助于用电服务的延伸。用电服务的体验峰值包括正面体验峰值和负面体验峰值，正面体验峰值能提升用电服务在客户心中的形象，同样，负面体验峰值能够降低用电服务在客户心中的正面形象。负面体验峰值越大对用电服务形象产生的负面效应越明显。要消除客户负面体验峰值，但更应提升正面的峰值体验。只是消除负面体验，只能获得平庸的客户体验。

从公司宗旨和同类服务比较中可以获得服务的负面体验峰值，这些峰值代表服务在客户体验中显示出的消极因素，也是服务自身缺陷的表现。因此，积极改善服务的这些不足之处，尽量减小服务的负面体验峰值，相对提高了服务正面体验峰值。在同类服务的比较中，竞争中减小服务负面体验峰值带来的效果更加明显。

用电服务的核心服务是让客户更好地使用电力产品。优质的客户服务让客户感觉到便捷、安全、态度良好、环境舒适，竭力让客户在整个服务过程中保持愉悦，尤其是保证客户对峰值（业务办理、服务过程体验等）和终结（离开）时的感受是有效的，记忆是美好的。达此目的，需要援引"峰—终"规则来指导用电服务接触点设计。第一，梳理用电客户从递交用电申请到 95598 体验到的一般环节，寻找问题突破点；第二，过滤客户感知影响较大的"真实瞬间"和"峰—终"体验，寻找问题解决的重点；第三，研究客户在"峰—终"体验及其他关键时刻的服务要求和期望，提升服务关注度和资源配置；第四，探索用电服务标准与客户需求距离，为服务规范的完善提供参考建议；第五，根据满足用电客户"峰—终"体验及其他关键时刻服务需求，提出资源配置和后台支撑建议。以客户体验时刻及需求为起点，实现客户"峰—终"时刻及所有关键时刻核心需求向服务风险管控转化。

2. 客户接触需求挖掘

客户接触需求有客观"存在"的一部分，这一部分供电公司营销部都会去研究；客户接触需求的另一部分则是"潜在"需求，这一部分就往往被用电营业员所忽视。"存在"指的是已经表现出的需求，"潜在"则是指尚未表现出来的、将来的需求，它需要通过一些服务行为进行引导才会体现出来，进而向"存在"需求转化。需求挖掘正是立足于对"潜在"特性进行的系统分析，如隐性广告（Subliminal Advertising）、潜在需求（Hidden Demand）、隐性需求（Implicit Demand）、无意识需求（Unconscious Demand）、能够意识到但不能用语言表达的需求（Conscious but Non-Verbal Demand）、能够意识到且能用语言表达的需求（Conscious Andverbally Described Demand）、未阐明的需求（Non-Articulated Demand）、非理性因素（Non-Rational Factors）、隐性知识（Tacit Knowledge）以及隐性理解（Tacit Understanding）等，尤其是广告的引领，"做大靠产品、做强靠品牌、做久靠文化"。国家电网公司在"十二五"品牌建设发展目标和任务中，指出"要深入实施品牌引领战略，全方位提升'国家电网'品牌的知名度、认知度和美誉度"。由此可以看到建立品牌管理体系，提升品牌的知名度、认知度和美誉度是国家电网品牌战略的重要组成部分。

客户接触需求挖掘特性分析，在于探求客户的需求延伸性和需求的强度，进而发现新的用电服务机会，制定新的用电服务策略。客户需求的延伸性描述了客户需求中的显性和隐性需求，对核心产品的需求和对延伸服务的需求。这种延伸性体现为由一点向四周发散开来的，对相关电力产品和服务的需求，客户需求的延伸性在于提升需求层次和空间的认知，加强客户需求量和变化的分析。客户需求的强度描述了需求与欲望在强度上的增长和消退，这取决于自然的延伸的需求和被感知的需求。显然，对于所有用电客户需求而言，特殊事件不会产生相同的需求和欲望。需求欲望的强度很大程度上是由客户应付环境变化的过程中产生的。

客户接触需求是不断变化的，是一种运动状态。需求的客观状态是由客户所进行的活动及其所处的社会环境和知识结构等客观因素决定，这是一种不以客户的主观意志为转移的客观需求状态。需求的认识状态是指不同用电目的产生的需求，有了不同的接触需求，客户才能通过各种途径和方式来获得满足；在实际的用电消费过程中，客户对客观接触需求的认识取决于主观因素和意识作用。接触需求的表达状态是指用电服务是针对客户表达出来的接触需求开展的，接触需求的表达与认识有关，只有认识到接触需求才可能得以表达，而表达的准确性和完整性由用电客户的知识结构、业务素质、表达能力等因素决定。

关于接触需求结构特性的分析，可以从两个不同的方面加以分析：一方面，隐性接触需求体现了信息认知的本质，这是用电服务中的客企互动过程。客户对自身的接触需求有着清晰、模糊的认识或没有认识，用电服务对客户接触需求的把握也会处于一种不对称状态，因而，某些接触需求是显性的，是用电服务的功能能够覆盖的，另外一些接触需求则是客户认识模糊和难以表述，需要用电服务努力进行挖掘才可能显现的；另一方面，隐性接触需求体现了服务价值感知的强度。对用电服务而言，可能是提供生理的、心理的或精神方面的服务功能，对客户而言，可能表现为获得基本的、期望的或兴奋的接触需求满意程度。这表明客户对自身的接触需求元（反映一种接触需求倾向对多种服务功能的影响）存在层次性的认识，满足自身接触需求的价值感知也具有差异；也表明用电服务对自己的需求域（反映一种服务满足多种需求的能力）的探求和提升客户感知价值的期望。

第三节　用电服务接触点管理

一、接触点设计

（1）用电服务接触点。用电服务一般包括服务产品（即供电服务）和服务功能（如交费、查询等），基本服务流程是业务受理、业扩报装、供电营业区管理、用电检查、反窃电、供用电合同、营业档案、电费抄表、核算、收费管理、销售电价执行等，传统的用电服务接触是把服务过程分为前台（如营业厅、客户服务热线95598）、后台（如安全监察质量部、运维检修部）员工行为和支持保障（如人力资源部、财务资产部）员工行为，而与客户接触的只是前台营业员行为和部分的后台员工行为，前台营业员的服务行为是决定客户消费感受的最主要因素，这种服务接触模式的缺点是，前台的营业员往往难以及时得到后台及支撑部门的有效支持，在服务环境、服务方式等方面显得有些孤立，难以适时满足客户的变化需求。在现代用电市场中，客户的需求呈现多样化、个性化以及快速多变化的特征，需要改变用电服务提供过程的前、后台的简单服务接触模式，使用电服务的所有服务或业务职能部门都直接面向客户，倾听客户的声音。但是，只是注重客户爱好的接触点设计，永远不能满足客户的需求。因为爱好是易变的，是随着用电服务让其满足而增加的，并且永远还留下一个比我们已想去填满的要更大的沟壑。因此，用电服务关注的不仅是客户对功能需求、感官需求和认知需求的满足，而且是心灵需求的自我满足。前者是基于感性和思维产生的对基本服务满意，而后者却是基于心灵道德力量产生的自我满意。

（2）关键接触点。要大幅度提高用电客户满意度，就要在每一个客户接触点上做好服务。而要快速见到效果，就要找出关键接触点，并集中力量把关键接触点做好。在操作过程中，首先要考虑电力职工何时何地以何种方式与客户接触，在每个接触点上，实际的客户体验是什么样的，每个接触点究竟传达了什么内容，有没有达到客户的期望，有没有带给他们超乎预期的不同体验，用电服务分配了哪些资源到每个接触点上，是否花了太多钱在没有什么影响力的服务上，但在客户觉得对本身的体验很重要的点上却投入太少，同时所分配的资源是否关照到了客户认为重要的接触点，有没有昂贵的服务接触反而造成了负面的影响。

（3）确认有效接触点。营业员要确认那些大部分人所记得的接触点。例如，询问被访者，他第一次办理用电业务的时间地点以及获知用电服务信息的途径等。确认关键接触点，客户接触用电服务的途径成百上千，但是对营销者而言，真正有意义的是那些对客户满意起决定作用的关键点。第一，最能影响客户服务感知的关键点；第二，最能说服客户的服务信息传递关键点；第三，最能引发客户忠诚的关键点。了解尽可能多的接触点，这是分析客户接触点的第一步，就是列出一张足以影响客户满意度的各类接触清单。为完成此过程，需要进行深入的客户调查，通过现场观察、模拟客户体验、客户定性访谈确定初步的接触点及需求；通过对用电服务内部访谈对接触点进行进一步修订，并根据客户访谈和内部访谈确定"真实瞬间"与客户关注点，确定定量研究问卷；将各种调查资料进行定量分析；按照客户接受服务过程的习惯对定量研究结果进行加权，确定总体客户需求水平；得出客户对各接触点及峰终体验时刻各需求要素的重视程度；确定峰终体验及其他关键时刻的核心需求；形成客户接触点管理的规范指导意见。

（4）确定各接触点的重要程度。确定各接触点对客户的重要程度，一般可使用等级顺序量表、分项评分量表、常量和量表以及端位量表等进行分析，这几种量表中，最易操作并易被理解的是分项评分量表，它要求客户在一个特定的重要性量表上为每个结果评分，一般可从重要到不重要分为五级或七级。虽然这种方法精确性不是很高，但也能够反映出客户对接触需求层次的内心体验。

以供电服务营业大厅为例，一般常用的方法是通过一连串的现场观察、模拟客户体验、客户定性访谈确定初步的"真实瞬间"及需求；并根据客户访谈和内部访谈确定"真实瞬间"（接触点）客户关注点，确定定量研究问卷；按照客户到厅习惯对定量研究结果进行加权，确定总体客户需求水平；得出客户对各接触点的重视程度，如图 7-1 所示。

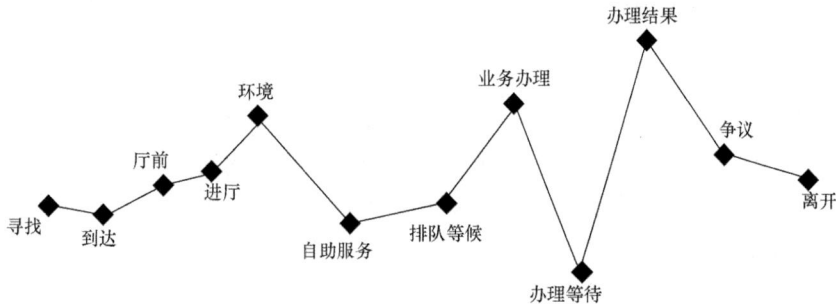

图 7-1　供电服务营业大厅客户接触点

表 7-1 　　　　　　　　　　　　**各接触点客户重视程度**

寻找	到达	厅前	进厅	环境	自助服务
8.27	8.18	8.42	8.46	8.86	8.01
排队等候	业务办理	办理等待	办理结果	争议	离开
8.14	8.93	7.8	9.33	8.71	8.5

图 7-1 展示了客户接触用电服务的通常途径。环节划分是站在客户角度进行划分的，表 7-1 为各接触点客户重视程度，平均值 8.55，平均值之上指标认为重视程度相对较高。使用此种清单负责用电营业员就能找出能够诱发客户联想到电网品牌和服务产品的重要接触点。

在客户内在需求的满足过程中，需求认知和接触点创意的不足暴露得越明显，对需求条件的具体匮乏感受得越强烈，接触点创意的方面和方向也就越明确。客户需求结构尽管越来越复杂，但它的挖掘仍然是以另一个层次的系统"需求拓扑"为条件的。这种需求拓扑的演进就表现为点需求、链需求、面需求到网需求的拓扑扩散过程。

（5）泛服务接触点。虽然泛服务的概念尚未引起广大用电服务者注意，泛服务并非是各种服务族的任意组合或简单的堆砌，它必须是在充分挖掘客户隐性需求和实现用电营销战略目标的基础上进行。隐性需求是处于客户潜意识中的、尚没有明确意识到和表述出来的，令客户期待和感到兴奋的需求。开发隐性的需求信息和充分利用泛资源，使泛服务能满足客户需求族，是接触点设计满足客户需求的前提，也是用电服务开发泛服务的目标。泛服务是指为了满足客户需求，供电企业可利用的泛资源，以客户利益为中心，整合服务功能所组合的服务族。泛服务可由核心服务族、辅服务品族、支服务品族的交集所构成。在泛服务客户接触点设计的规划阶段要做三件事：拟定基于客户接触数据的目标描述；基于目标描述的规格和特性说明；基于规格说明和特性优先级制定的进度表。规划阶段中最重要的事情是如何让整个用电服务开发组的成员对共同的目标形成共同的认同，而且，目标描述要有一定的预见性，以满足客户变化的需要。社会在不断地进步，用电服务也在不断地创新。泛服务接触点开发模式也是一个动态变化的过程，每一种理论的产生都有其深刻的时代背景，传统的服务接触点开发模式对于现代社会中的众多需求和个性化需求而言，很难发挥其应有的作用。为此，要有针对性地，认真研究用电服务和客户心理变化，充分挖掘客户的隐性需求，完善新型的泛服务接触点开发模式。

按照从用电报装及变更、抄表收费、故障抢修、用电检查、电能计量、投诉举报、咨询查询、业务宣传、电力需求侧管理等的用电服务流程，或从营业厅服务、"95598"服务、现场服务、外部媒介转入等服务方式排列核心过程。寻找各个核心过程的客户接触特征；用电服务作业中客户置身于何处；客户接受服务时的知觉风险；客户的期望是如何形成的，适当与渴望的期望之间有何差别；客户的需求变化以及服务提供的质量变化，以及探讨减少（或增加）客户接触的频率是否会影响到他们的服务体验，在各个关键服务接触点上，为客户提供技术精良、方便到位的服务，才能给客户带来愉悦的消费感受，并不断增强客户体验，赢得客户满意，决定能源市场竞争胜负的关键在于客户满意，只有不断提高客户的满意度，才能建立起客户对用电服务的忠诚度，进而提高电网品牌竞争力。

二、各类服务接触关键点管理

在社会市场化的初期，小幅的服务质量提升就能给用电客户带来较大幅度的满足感。但随着社会服务质量水平的普遍提高，用电客户对因服务质量提高而带来的满足感边际递减，服务质量从高激励因素转变为低激励因素，最后变为保健因素。在同类行业服务出现同质化时，服务质量甚至不再成为用电客户的价值驱动因素。在客户体验服务接触条件下，服务质量对客户感知的推动作用逐步减弱，体验的作用增强，成为客户感知最重要的一个驱动因素。在客企接触体验过程中，体验因素成为客户服务感知的载体，必须强调的是，体验是客户参与用电服务过程中或参与后的认知或情感反应，是一种主观感受，接触体验提供的不可能是这种主观的体验。也就是说，接触体验是间接的而不是直接的感知提供物，用电服务是无法直接生产体验并提供给客户的，他们只能提供可以让客户产生体验的接触条件或舞台，或者是与某一接触条件和舞台相联系的服务，接触体验是客户自己产生并被自己消费的。

1. 功能接触管理

功能接触对人员接触、环境接触及远程接触有至关重要的影响。对于用电服务来说，无论为客户提供的是电力产品还是维修服务，其为客户创造最基本的价值就是客户感知到的功能。对于电力供应来说，用电服务所提供的核心服务是能使客户安全、可靠地用电，因此，客户在功能接触中感受到的电压高低、供电连续性、停电次数、恢复供电的及时性和电网覆盖程度等都会影响客户对其他服务及整体服务水平的评价。如果客户在功能接触中感受到的是用电服务为其提供的高水平的核心服务，一定程度上会降低客户对其他支持性服务的要求。因此，当偶尔发生营业员的服务响应滞后，一些服务不能通过远程服务实现，或者缴费的不方便等，不会影响客户对服务整体水平的评价。同时，如果用电服务为其提供高质量的核心服务，会减少在其他接触中的业务处理量，从而使得其他方面的服务能够更高质量地完成。如当客户在功能接触中感受到稳定的电压、连续供电、可信的用电量计量、故障排除及时等，客户服务要处理客户的投诉数量就会有所降低，这样使得营业员有充足的时间去解决每一件事情，从而使得客户的要求得到及时、准确地响应。当客户需要投诉的问题越来越少的时候，他们通过营业厅或者通过远程服务办理业务的次数也会大大减少，这使得客户对营业环境及远程服务的要求也会有所降低。

功能接触是指客户可感知到的用电服务为其所提供的服务内容及构成，因此在客户获取用电服务时，功能接触的水平直接关系到客户能否获得想要的服务以及能够获得服务的程度。对于用电服务来说，回答问题是否准确、声音是否清晰、电压是否稳定不断线、电网覆盖程度都会影响客户对于该服务功能的评价，决定了客户对服务的满意感知的高低及客户的去留。用电服务提供的服务功能越强大，其服务内容越完善，越能更好地满足客户的个性化需求，从而更容易达到客户的期望值，使客户对用电服务满意感越高，并对用电服务的能力产生信任的感知，更加愿意维持同该用电服务的关系；相反，用电服务提供的服务不能很好地满足客户需求，客户将内心期望值与实际服务情况比较之后，会形成心理落差，从而会导致客户对用电服务的满意感知下降。同时，当客户发现用电服务没有足够的能力满足其需求时，也会对用电服务产生不信任的感知，客户的忠诚度也会下降。

2. 人员接触管理

人员接触是指用电服务通过营业员与客户之间面对面的互动，将服务传递给客户的过程。在服务接触中的营业员特指"一线员工"。所谓一线员工是指在"前台"提供用电服务，直接与客户接触的工作人员。他们接触客户的机会比较多，是客户信息的重要来源，其行为更是客户评价服务的关键。前台营业员的地位十分重要，许多具体的问题特别是服务质量都与在前台营业员的表现紧密相关。营业员主动积极的态度是使客户肯定自身价值并满意的重要因素，即使出现了服务失误，营业员积极解决问题的态度也可瓦解客户的不快。客户感知到的营业员服务技能的熟练程度与其最终满意度有直接关系，营业员的举止体态和辅助语言等因素对于客户积极和消极情感反应均具有显著的影响，表面上营业员、客户间是服务与被服务关系，但在客户眼中他们是电网公司的形象代表，是提供服务质量的最终体现。一方面，营业员自信的精神状态、良好的气质、挺拔的站姿和得体手势，都容易让客户产生愉悦满意的感知；另一方面，营业员热情的服务、诚恳的态度和专业的指导，使得客户对用电服务更加信任。可见，营业员对客户和用电服务都具有决定性作用，他们不仅是用电服务区别于其他行业同类服务、战胜能源竞争对手的一个重要方式，同样也是影响客户满意与去留的重要因素。良好的人员接触对改进服务质量、提高客户满意度、信任感和维系客户关系具有重大意义。

3. 环境接触管理

服务环境被定义为服务提供时客户所能接触到的所有实体的以及服务场景中的"软环境"，如建筑物、服务设施、内部装潢、引导标记、营业员衣着、说明书、一张记事纸、一只纸杯等。服务环境的狭义概念，即环境接触是指客户接受服务时对所在服务环境的感知。用电服务与客户之间的沟通与互动以服务环境为媒介，它不仅能影响到客户对用电服务的评价效果，而且会影响客户对服务的认知和情感。每一个客户都会与有形环境产生互动，要么得到环境的帮助，要么受到环境妨碍。良好的服务环境使客户获得用电服务时减少时间浪费、更加方便快捷。服务环境由多种要素组成，并直接影响到服务提供者和客户的心理感受和行为。客户若感知到服务环境是高质量的，客户对于该经历就更加满意，今后就更加乐于再度接受该类服务。舒适的服务环境使客户接受服务时候心情愉快，客户的需求一旦被满足，会很容易对服务形成满意感；同时若客户感受到的服务环境是干净、优雅的，也容易对用电服务形成信任感最终增加客户对该服务的满意度。

4.远程接触管理

所谓远程服务即通过远程控制实现服务的目的与内容。任何对处在异地的客户或产品提供的服务都可以认为是远程服务，如：服务商通过网上交流给客户提供信息的服务，供应商通过电话对处在异地的客户或产品提供的支持服务，营业员通过邮件向客户提供服务信息和知识的服务等。一方面，远程服务可以使客户更加方便、快捷地办理业务，极大地提高了用电服务的服务效率和服务质量，并且远程服务大幅度地削减了客户与用电服务的交易成本，使客户的满意度得到了提升。另一方面，当客户感受到作为支持性服务的远程服务都很完善，对核心服务质量会更加信任，从而对用电服务更加信任。可见，远程服务不但为客户带来了便利，而且为双方都带来了成本节约，同时也实现了企业运营效率的提升，进而提高客户对用电服务的满意感知与信任感知，使客户与用电服务之间形成一条密切的关系纽带。

三、供电服务接触点管理

供电服务设计的方面很多，每一方面接触点不同，其管理内容也有区别，以营业大厅为例说明接触点管理的内容。根据图7-1，营业大厅共有12个接触点，下面从客户核心需求、服务要点指引、详细描述、责任人、实施过程中的重点提示五个方面对每一接触点进行描述，具体管理内容见表7-2～表7-13。

表7-2 接触点"寻找"管理

客户核心需求	服务要点指引	详细描述	责任人	实施过程中的重点提示
方便查询到营业厅信息	电子地图上挂/站牌信息	（1）95598电话查询（可告知乘车/行走路线）：与网站的电子地图信息保持同步	电力公司办公室	营业厅的关键信息包括本市所有营业厅分布示意、具体位置示意（标注附近的标志性建筑、交通路线）、咨询电话、营业时间、投诉电话和监督热线。电子地图/公交站牌信息/GPS/12580信息保持同步
		（2）制作电子地图上挂于网站（gd.chinamobile.com）：本市所有的营业厅分布示意、具体位置示意、咨询电话、营业时间、投诉电话和监督热线		
		（3）公交站牌信息/十字路口指引：类似麦当劳的M，在公共汽车站或者十字路口的指示牌上增加关键信息		
		（4）手机/汽车GPS定位：结合GPS定位业务的应用，增加营业厅的关键信息		

表7-3   接触点"到达"管理

客户核心需求	服务要点指引	详细描述	责任人	实施过程中的重点提示
容易识别/停车（可选项）	户外醒目VI标识/大幅广告	（1）制作醒目标识，VI：严格按照要求更换本厅的外部视觉标识系统（门牌、国网标识等）	电力公司办公室	
		（3）明晰的停车指示：有停车场所的争取在进出口增加与厅有关的信息（如"营业厅停车由此进"），或者由保安主动引导	电力公司办公室/保安	

表7-4   接触点"厅前"管理

客户核心需求	服务要点指引	详细描述	责任人	实施过程中的重点提示
整洁/秩序/宣传信息	营业时间/整洁/秩序/重点推荐突出	（1）保洁员定时清扫门前卫生：3m内无纸屑、烟头和其他垃圾	保洁员	
		（2）保安定时巡逻保障车辆安全	保安	
		（3）营业时间：清晰标注。业务高峰期要提前做好弹性排班和现场的人员疏导，保持良好的秩序	营业厅主任	

表7-5   接触点"进厅"管理

客户核心需求	服务要点指引	详细描述	责任人	实施过程中的重点提示
问候/指引	主动问候/主动询问需求/明确指引	（1）精神抖擞、热情主动大声向客户问好："您好！欢迎光临"、"早上好"、"晚上好"等	引导员	人与人的互动：标准化、个性化、人性化
		（2）询问客户："请问您要办什么业务呢？"有明确告示或通过询问告知客户业务办理所需手续（证件）		
		（3）客户需要办理的业务需明确指引区域，"你好，请你到这边××区域"、"你可以自助到这边办理，不需排队"、"麻烦你取张叫号票，到这边等待"、"今天人比较多，请您稍微等一等"		
		（4）设置雨伞架或提供塑料伞袋		

表7-6   接触点"环境"管理

客户核心需求	服务要点指引	详细描述	责任人	实施过程中的重点提示
环境/面貌/导购	整洁有序/人员精神饱满/有清晰的导购图（产品目录）	（1）布局清晰、保安维持厅内秩序，合适的温湿度：营造家的整洁、和谐氛围。需客户了解的规定、规则等要整齐张贴到显眼位置	营业厅主任	营造家的和谐氛围，客户能感受这里传递的一种文化
		（2）工作人员（含保安/引导员/柜台人员）精神饱满：符合严格标准的产品和员工；专业的知识及良好的互动	所有人员	
		（3）一目了然的功能区域指示（等候区、缴费区、业扩区等）	营业厅主任	
		（4）各种宣传手册整齐摆放，方便取阅		

表7-7　　　　　　　　　　　接触点"自主业务服务"管理

客户核心需求	服务要点指引	详细描述	责任人	实施过程中的重点提示
无故障	无故障/引导使用/重要信息通告	（1）布局上能吸引客户更多地使用自助终端：选择相对独立的空间，毗邻排队等待区域。吊牌/指示要清晰、醒目。细致入微的关注。如，终端上或者旁边简要提示本机可办理的业务/服务内容（查询电费、交费、打印清单等）	营业厅主任	人与机器的互动（自助式购物）：细致入微的关注、增强体验感知、简单明了的信息
		（2）引导员对客户的随时关注（随叫随到）：引导员必须熟练掌握自助缴费的办理方式，以及每种自助缴费的使用方法。客户第一次使用或者出现迟疑时，主动上前提供帮助，明确指引，及时培训客户	引导员	
		（3）日检制度保障设备正常运转：原则上不得出现"本机暂停使用"等	引导员	出现故障必须第一时间报修，两个工作日内修复
		（4）自助缴费终端应成为合理用电、节约用电、低碳生活的宣传	营业厅主任	

表7-8　　　　　　　　　　　接触点"排队等候"管理

客户核心需求	服务要点指引	详细描述	责任人	实施过程中的重点提示
时长及预知	时间预知/关怀/业务预处理/分流	（1）排队机告知客户前面等候人数：排队系统功能改良，类似银行标注前面的人数	办公室	突发性特殊情况影响客户办理业务时，如系统暂时不能登录、网络掉线、营业厅停电，等等，可结合自身实际，制定应急处理流程，明确引导员和营业员答复口径，做好特殊情况下的客户分流工作
		（2）简明扼要列明重点业务需要携带的证件名称、种类	营业厅主任	
		（3）等候超过15 min主动进行关怀：为客户递送一杯水、主动问候客户、主动向客户致歉等	引导员	
		（4）主动引导客户使用自助服务，随时向客户做好自助缴费的推荐		
		（5）业务预处理（如证件复印等）：提前了解客户的业务需求，用客户化的语言做好对应的解释工作，请客户提前阅读协议或填表，帮助客户复印证件等		
		（6）休息等待区提供活泼的FLASH、业务宣传资料及电视、报纸、杂志等帮助客户愉快渡过等待时间	客服中心主任	

表7-9　　　　　　　　　　　接触点"业务办理"管理

客户核心需求	服务要点指引	详细描述	责任人	实施过程中的重点提示
礼貌专业解答	礼貌/真诚解答/专业建议	（1）主动问好并询问、确认客户业务办理内容：柜台人员对等候一段时间的客户主动表示歉意"对不起，让您久等了"。询问后迅速确认客户需要办理的内容。如果已经有业务预处理的可以不问，直接办理	柜台人员	真诚对待客户，传递公司营销文化
		（2）真诚/简要解答客户疑问，不能有轻视客户的神态，准确理解客户需求，不随意假设明白客户意思		
		（3）针对客户疑问给出简要专业建议，从客户需求角度说明电力公司相关业务流程及问题提示	柜台人员	

表 7 - 10　　　　　接触点"业务办理等待"管理

客户核心需求	服务要点指引	详细描述	责任人	实施过程中的重点提示
互动微笑服务	快速准确/定时关注/微型资料架/多说一句话	（1）快速准确办理业务：加强业务培训，提高业务解释能力，理顺业务解释口径，制作辅助解释卡片，提高验钞速度，加快取放工单、盖章等动作的速度，减少受理单笔业务的绝对时间	柜台人员	不要冷落客户
		（2）定时关注客户，微笑服务与客户互动，适时与客户进行必要的沟通（语言、眼神）		
		（3）在办理过程中注意结合客户的业务特点、根据进程及等待时间的长短，使用"请您不要着急，还要稍等一会儿"，"这个业务涉及环节较多，再等一下"等语言向客户报告办理进程	柜台人员	

表 7 - 11　　　　　接触点"业务办理结束"管理

客户核心需求	服务要点指引	详细描述	责任人	实施过程中的重点提示
准确/过程中的礼貌细节	核对/离席关怀	（1）办理缴费完毕时清晰告诉客户"您应缴费是××元，收您××元，找回您××元，请您核对。"办理业扩、变更等业务完毕后，要把需客户配合的工作、各环节的时间节点告知客户，用双手将应由客户保管的单据等材料轻轻抬起送到客户面前，并礼貌地向顾客说"让您久等了"、"请小心拿好"等。注意眼睛注视客户，态度亲和	柜台人员	让客户把满意带回去
		（2）客户离席时主动道别：当顾客离开时，服务人员应真诚地说："谢谢光临"、"祝您愉快"、"请带齐您的物品"等		
		（3）客户咨询暂时不能答复/解决的事项应记录并承诺客户答复时限	柜台人员（引导员）	

表 7 - 12　　　　　接触点"争议"管理

客户核心需求	服务要点指引	详细描述	责任人	实施过程中的重点提示
态度/解决问题	平息/隔离/有理有节	（1）有争议的客户首先稳定客户情绪：首问负责制，不推委，中间有交接，须由首问人员简单转述，不得让客户一件事情重复两遍	柜台人员/引导员/营业厅主任	100% 回复客户投诉，首次回复客户时限不超过 48 h
		（2）情绪激动/行为过激客户及时从现场隔离：遇有特殊情况或情绪激动的客户，引导其至客户接待室（或后台）特殊处理。如同时无其他特殊事件，营业厅主任应亲自接待		
		（3）有理有节按原则处理争议问题，合理问题在解决之后感谢客户提出意见，并赠与小礼品；要有客户接待/客户投诉记录单，记录客户的投诉事由，承诺首次答复的时间，并交其中一份由客户带走（上下联、联系电话、联系人、单号）。专人电话回访客户、跟踪监督，并在记录单上清晰记录，保证投诉处理 100% 落实		

表 7 - 13 接触点"离开"管理

客户核心需求	服务要点指引	详细描述	责任人	实施过程中的重点提示
感谢	感谢/致意/关怀	（1）引导员（或保安）向客户到来致谢："欢迎再度光临"、"谢谢光临"、"祝您愉快"。注意致谢时眼睛注视客户、停步弯腰，忙碌中则点头示意	引导员/保安	善始善终，做好服务最后一步
		（2）温馨提示：请带好您的随身物品，天雨路滑，小心慢走等。有条件的厅可以考虑设置爱心伞，在天气突变时，为有需要的老、幼、妇、残、孕免费提供帮助	引导员/保安	

第八章　用电客户满意度管理

客户满意是"客户导向"思想的具体化，它体现了一种先进的管理手段，通过分析影响客户满意状态的各种因素，选取和建立客户满意指标体系，对管理过程和经营方法进行测评，有针对性地提出解决方案，将其应用在企业具体经营、管理中，提高企业市场竞争能力和经营管理水平。所以，对一个企业而言，客户满意是一个管理过程，是以"客户满意"为导向的经营管理过程。

第一节　客　户　满　意　度

供电服务质量外部评价主要是对客户的满意度测评。供电企业客户满意度测评是在对客户满意度测评理论研究的基础上，根据各国的客户满意度指数模型建立初始的供电企业客户满意度指数模型；再根据供电服务质量的分析建立客户满意度测评指标体系、建立供电企业客户满意度调研问卷；最后，在调研数据的基础上，通过对供电企业初始的客户满意度指数模型的验证，得到适合我国供电企业的客户满意度指数模型。

进行客户满意度研究，旨在通过连续性的定量研究，获得客户对用电服务的满意度、服务缺陷、忠诚度等指标的评价，找出内、外部客户的核心问题，发现最快捷、有效的途径，实现最大化价值。近年来除采用一些国际上通用的研究方法外，还结合电力行业的特点，对客户满意度的研究进行修正，形成了以"95598"在线调查、第三方满意度测评、神秘人调查、客户需求分析为手段的客户满意度研究体系与满意度指数。

一、客户满意度的概念和内涵

1. 客户满意

客户满意是市场营销领域的一个新概念。客户满意思想萌发于欧洲，但它作为一个概念提出并用 CS（Customer Satisfaction）表示，则是始于 1986 年美国一位消费心理学家的创造。时至今日，许多学者已经对客户满意进行了广泛的研究。然而，在客户满意这个概念的定义上，理论界和学术界至今仍然存在着分歧。目前，对客户满意的定义，学术上有两种主要的观点：一种观点是从状态角度来定义客户满意，认为客户满意是客户对购买行为的事后感受，是消费经历所产生的一种结果。另一种观点是从过程的角度来定义客户满意，认为客户满意是事后对消费行为的评价。从过程角度对客户满意的定义囊括了完整的消费经历，指明了产生客户满意的重要过程。这种定义方法引导人们去关注产生客户满意的知觉、判断和心理过程，比从状态角度的定义更具实用价值，也更多地为其他研究人员所采用。因此认为客户满意是一种积极的购后评价，是客户在感受到所购买产品与先前的产品信念相一致时而做出的积极评价，客户满意的内涵如图 8-1 所示。

2. 客户满意度的概念

客户满意度（Consumer Satisfactional Research，CSR），也叫客户满意指数，是对服务性行业的客户满意度调查系统的简称，是一个相对的概念，是客户期望值与客户体验的匹配程度。换言之，就是客户通过对一种产品可感知的效果与其期望值相比较后得出的指数。客户满意理念即 CS（Customer Satisfaction）理念是指用电服务的全部经营活动都要从满足客户的需要出发，以提供满足客户需要的电力产品和用电服务为责任和义务，以满足客户需要，使客户满意成为用电服务的营销目的。

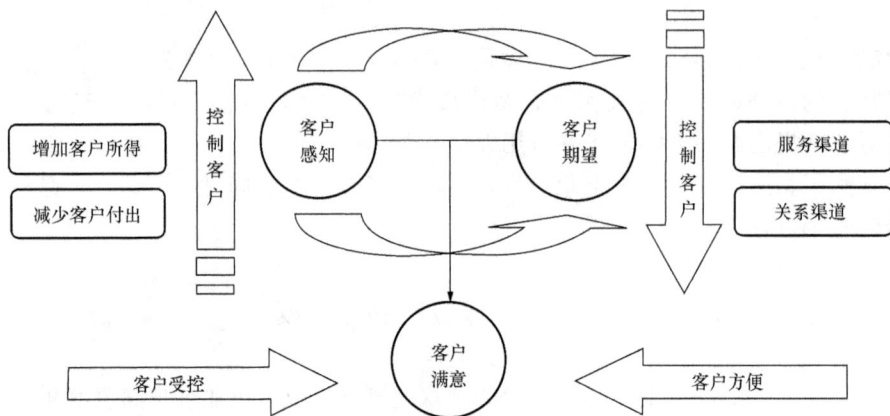

图 8-1　客户满意过程示意图

3. 客户满意度的内涵

客户满意度在纵向层次和横向层次表现出了不同的内涵。

在纵向层次上，客户满意包括三个逐次递进的满意层次：物质满意层、精神满意层和社会满意层。其中，物质满意层，即客户对用电服务产品整体所产生的满意状况；精神满意层，即客户对用电服务的产品给他们带来的精神上的享受、心理上的愉悦、价值观念的实现、身份的变化等方面的满意状况；社会满意层，即客户在对用电服务的产品和服务进行消费的过程中所体验到的对社会利益的维护，主要指客户整体（社会公众）的社会满意，它要求用电服务的产品和服务在消费过程中，要具有维护社会整体利益的道德价值、政治价值和生态价值的功能。

从横向层面看，客户满意包括五个方面：理念满意、行为满意、视听满意、产品满意和服务满意。其中，理念满意（Mind Satisfaction），即用电服务理念带给内外客户的心理满足状态，它包括客户对用电服务经营哲学的满意、经营宗旨的满意、价值观念的满意和用电服务精神的满意等。行为满意（Behavior Satisfaction），即用电服务的全部运行状况带给内外客户的心理满足状态，它包括行为机制满意、行为规则满意和行为模式满意等。视听满意（Visual Satisfaction），即用电服务具有可视性和可听性的外在形象带给内外客户的心理满足状态。可听性满意包括用电服务的名称、产品的名称、用电服务的口号、广告语等给人的听觉带来的美感和满意度；可视性满意包括用电服务的标志满意、标准字满意、标准色满意以及这三个基本要素的应用系统满意等。产品满意（Product Satisfaction），即产品带给内外客户的心理满足状态，它包括产品品质满意、产品时间满意、产品数量满意、产品设计满意、产品包装满意、产品品位满意、产品价格满意等。服务满意（Service Satisfaction），即用电服务整体带给内外客户的心理满足状态。它包括绩效满意、保证体系满意、服务的完整性及方便性满意以及情绪/环境满意。

二、客户满意度测评模型

1. 美国客户满意指数模型

美国客户满意指数（ACSI）模型是由设在 Michigan 大学商学院的国家质量研究中心和美国质量协会共同发起并研究提出的，从 1994 年 10 月开始调查、测算和发布，并以此确立了其在客户满意指数测评理论和实践方面的权威地位。ACSI 的主要目标是寻找影响客户满意的各种因素，并将这些因素作为预测企业、行业和国民经济的主要依据。美国满意指数模型是建立在结构方程式模型的基础上，它一共包含六个潜变量，客户期望、客户感知和客户价值是三个前提变量，客户满意、客户抱怨、客户忠诚是三个结果变量，前提变量综合影响并决定着结果变量，各变量间的关系如图 8-2 所示。

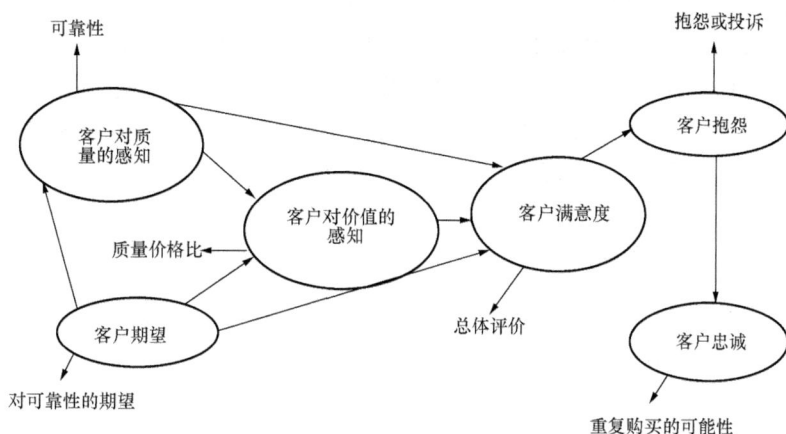

图 8-2　美国客户满意度指数模型

2. 德国客户满意指数模型

德国的客户满意指数是 1992 开始着手进行的，它的目标是对大于 16 岁以上的客户个体进行不同行业和公司的产品和服务的客户满意调查，而且研究这些产品和服务对未来客户关系和客户忠诚的影响。德国的客户满意调查是由德国营销协会进行，其主要的发起人是 German Post。德国的客户满意指数和美国客户满意指数模型不同，它并不是建立在结构模型的基础上。整个客户满意模型是通过一维研究观测的，除此以外，为了获取客户满意的影响因素，被调查客户还要被问及他们在一些具体行业的满意驱动因素。但是，近年来的研究发现，只有 30％左右的客户认可德国客户满意指数中所提到的客户驱动因素。也就是说，用这种一维的研究办法进行客户满意调查，尤其是寻找客户满意影响因素的时候，其效果并不是很好。

3. 瑞士客户满意指数模型

瑞典于 1989 年在世界上率先建立了国家层次上的客户满意度指数模型，该模型是在美国密西根大学的 Fornell 等人的指导下开发的，该模型共有五个结构变量：客户预期、感知绩效、客户满意度、客户抱怨和客户忠诚。其中，客户预期值是外生变量，其他变量是内生变量，各变量间的关系如图 8-3 所示。

4. 欧洲客户满意指数模型

欧洲客户满意度指数（ECSI）测评模型是借鉴了 ACSI 模型，在 ECSI 模型中增加了企

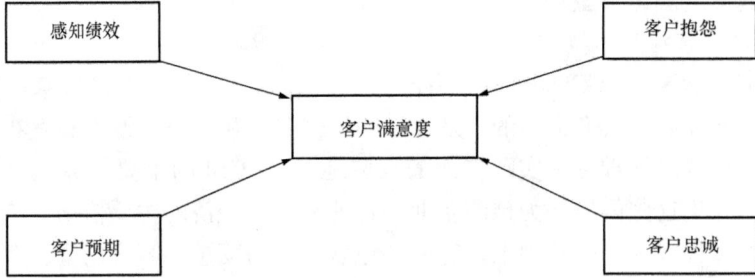

图 8-3　瑞典客户满意度指数结构模型

业形象作为结构变量，将感知质量分为感知硬件质量和感知软件质量两个部分，去掉了客户抱怨这个结构变量。ECSI 的结构模型如图 8-4 所示。在 ECSI 模型中，对于有形的产品来说，感知硬件质量为产品质量本身，感知软件质量为服务质量；对于服务产品来说，感知硬件质量为服务属性质量，感知软件质量为服务过程中间客户交互作用的一些因素，包括服务人员的语言、行为、态度、服务场所的环境等因素。

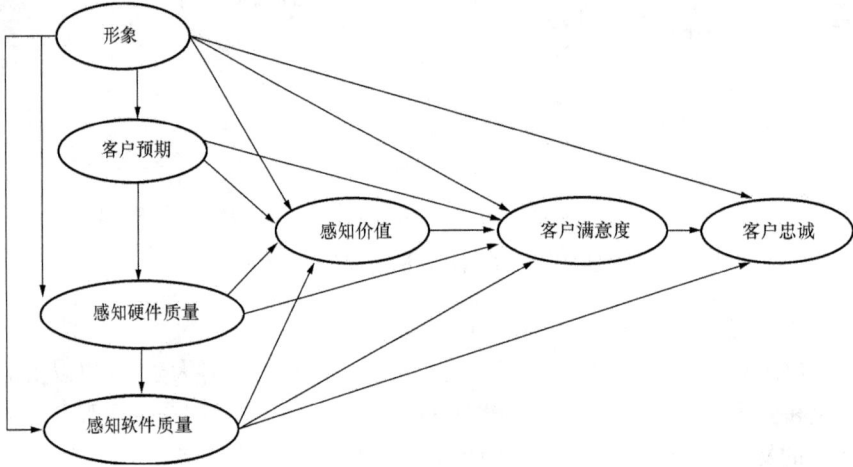

图 8-4　欧洲客户满意度指数结构

　　欧洲客户满意度指数模型还有一个特点，就是对于不同的企业、行业建立了两套测评体系，称为一般测评和特殊测评，被调查者同时回答一般测评和特殊测评的问题。其中，一般测评采用全国统一的调查问卷、计算口径，其主要目的是用来计算出国家层次意义上的客户满意度指数，作为宏观经济运行质量的评价指标和行业水平对比的基准。而特殊测评，则根据企业、行业的不同特点，用其感兴趣的特殊问题代替一般问题，做深入的调查。然后利用主成分分析和多元回归的方法，来分析一般测评所得到的指数与特殊指标之间的关系，这样，将得到一个同一般测评模型不同的指标体系，该指标体系将用于企业的质量改进。

　　5. KANO 模型文献综述

　　日本 Kano 教授和其他一些研究学者研究出一种用于观测客户需求的非常有用的图表。Kano 认为，客户的满意水平取决于产品的质量，并据此将产品的质量分为当然质量、期望质量和兴趣点质量三个等级，各变量间的关系如图 8-5 所示。

其中当然质量是指产品或服务应当具有的最基本的质量特性，客户通常认为具有这种特性是理所当然的事情，往往对它不作明确表达，它的充分实现也不会带来客户满意水平的提升，但是，如果产品或服务缺少当然质量就会招致客户的强烈不满。期望质量是指客户对产品或服务质量的具体要求，它的实现程度与客户满意水平同步增长。兴趣点质量是指能激发客户进一步满意的附加质量，是属于客户预期质量之外的部分，产品或服务缺乏兴趣点质量并不会导致客户产生不满意，然而具

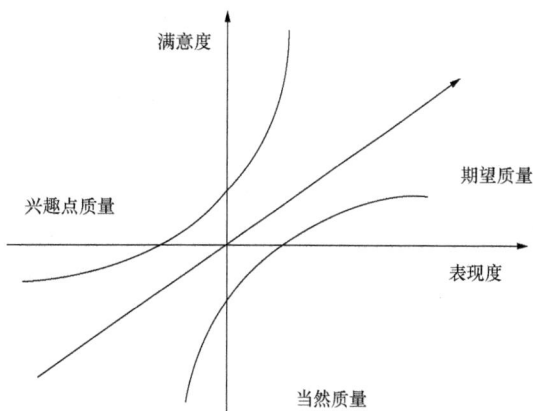

图 8-5 KANO 客户需求观测

有的话则会带来客户满意程度的大幅上升。客户对超过预期的那一部分质量特性的感知，即等同于 KANO 分析中的兴趣点质量，能够极大地激发客户的满意心理。

三、供电企业客户满意度的影响因素

国内外对客户满意度的研究表明，与客户满意度有关的主要因素可以分为两类，即客户满意度的原因要素和客户满意度的结果要素。

1. 供电企业客户满意度的原因要素

影响供电客户满意度的原因要素主要包括：企业形象、客户的期望、客户对供电服务品质的感知、客户对价值的感知等。

（1）企业形象是指企业在社会公众心目中形成的总体印象。企业形象通过视觉识别系统、理念识别系统和行为识别系统多层次地体现。客户可从企业的资源、组织结构、市场运作、企业行为方式等多个侧面识别企业形象。客户对企业形象的感知是客户对质量感知的过滤器。如果企业拥有良好的形象质量，些许的失误会赢得客户的谅解；如果失误频繁发生，则必然会破坏企业形象；倘若企业形象不佳，则企业任何细微的失误都会给客户造成很坏的印象。

（2）客户的期望。客户对供电服务的期望通过两种方式影响满意度。一方面，期望是客户满意或不满意的参照标准。客户经常把对供电服务实际表现的感受同他购买前的期望进行比较，期望越高，失望也会越大，可见客户期望与客户满意度呈负相关关系。另一方面，期望是客户在使用电能之前对供电服务未来实际表现的预期，客户在使用供电服务后，往往将其感受到的满意水平向预期靠拢，导致客户期望与客户满意度成正比。供电企业客户的期望主要体现在以下两方面：客户对供电服务品质的理想期望；就目前现状，客户对供电服务品质质量可接受的期望。

（3）客户对供电服务品质的感知，是指对供电服务实际表现的感知，包括供电质量和服务品质等。供电服务实际表现与期望的比较对客户满意度产生影响，供电服务的实际表现与客户满意度呈正相关。在其他条件不变的条件下，供电质量越高，客户越满意，这是必然的。供电质量主要包括供电可靠性、电能质量两个方面的内容：可靠性、电压损耗、电压偏差、无功功率平衡、标称频率、频率偏差、频率波动、电压偏差、电能系统的三相平衡、谐波等。供电质量对用电客户和供电企业的影响都很大，客户用电设备设计在额定电压时性能

最好、效率最高，发生电压偏差时，其性能和效率都会降低，有时还会减少使用寿命；而电能质量的高低对供电方发输电设备的影响也是不言而喻的。因此，维持电能产品的质量水平，是整个电力营销工作的基础，其途径主要是提高输配电设备性能，提高供电质量。服务品质感知质量主要体现在客户对服务品质在有形性、可靠性、保证性、响应性、移情性、安全性等方面的评价，客户对不同服务渠道，比如营业网点、95598电话等方面的评价，客户对不同服务项目，包括用电申请、抄表、收费、抢修、投诉服务等方面的评价。供电质量大都是指电能符合某一标准的能力，而感知质量则是客户个人的评价，不仅受实际供电质量的影响，也受评价参照物的影响。在市场信息传播很快的情况下，客户对供电质量的认识会同实际水平趋于一致。一般的，总的质量期望水平会比较真实地反映实际质量水平。

（4）客户对价值的感知，主要体现以下两个方面：在现有的电力价格的条件下，客户对供电服务品质水平的评价；在现有供电服务品质的条件下，客户对电网企业和其他公用事业价格合理性的比较。价格是营销的关键因素，对客户来说，电价是其为得到电能服务而必须付出的价值的最重要的部分。电价直接决定客户价值，同等价格水平下，服务越好，客户得到的价值就越大，客户满意程度越高，这是不言而喻的。依据公平理论，客户会对电网企业和其他公用事业价格合理性进行比较。在现有供电服务品质的条件下，当客户同参照对象比较后发现公平比率较高，满意度就较高；相反，如果发现公平比率较低，满意度就较低。客户对公平的判断与满意度存在正相关关系。

2. 供电企业客户满意度的结果要素

客户形成了满意或不满意的心理感受后，将会产生多种后续行为，最主要的后续行为是客户忠诚、正式抱怨和负面口碑。①客户忠诚，主要表现在以下几方面：客户推荐电力供应服务品质的意愿程度，客户以其他能源替代电力的可能性，客户对网省公司发展前景的信心程度。客户满意度越高，忠诚的可能性越大；客户的满意度越低，忠诚的可能性越小；②正式抱怨和负面口碑。正式抱怨是指客户向供电企业或相关执法部门提出的抱怨。当客户对电力供应/服务品质不满意时，通过正式抱怨来发泄愤怒，减轻心理的不平衡，或寻求补偿。研究表明客户的不满程度越高，提出正式抱怨的可能性就越大，抱怨的次数就越多，抱怨的激烈程度就越高。显然，客户满意度与正式抱怨具有负相关关系。向其他人传播负面口碑是另外一种形式的客户抱怨行为。在客户不满意时，负面口碑将增加，会向其他人诉说自己不满意的遭遇来减轻紧张感，寻求心理平衡。负面口碑的动机表明，客户的负面口碑与客户满意度具有负相关关系。

第二节　用电客户满意度测评

客户满意指数测评是指通过测量客户对用电服务的满意程度以及决定满意程度的相关变量和行为趋向，利用数学模型进行多元统计分析得到客户对某一特定产品的满意程度。帮助组织了解发展趋势、找出经营策略的不足，为政府部门、企事业制定政策，改进产品和服务质量、提高经营绩效提供科学依据。

一、供电企业客户满意度理论模型的构建

借鉴国内外研究成果和实践经验，结合我国供电企业客户的实际特点以及企业调研的实

际可操作性，本次测评选用改进的 ACSI 模型，即考虑电网企业所具有的国民经济基础性行业和社会公用事业的特殊属性，增加"形象"作为模型的结构变量，体现公众形象的改善对客户期望和客户满意度的影响（如图 8 - 6 所示）。

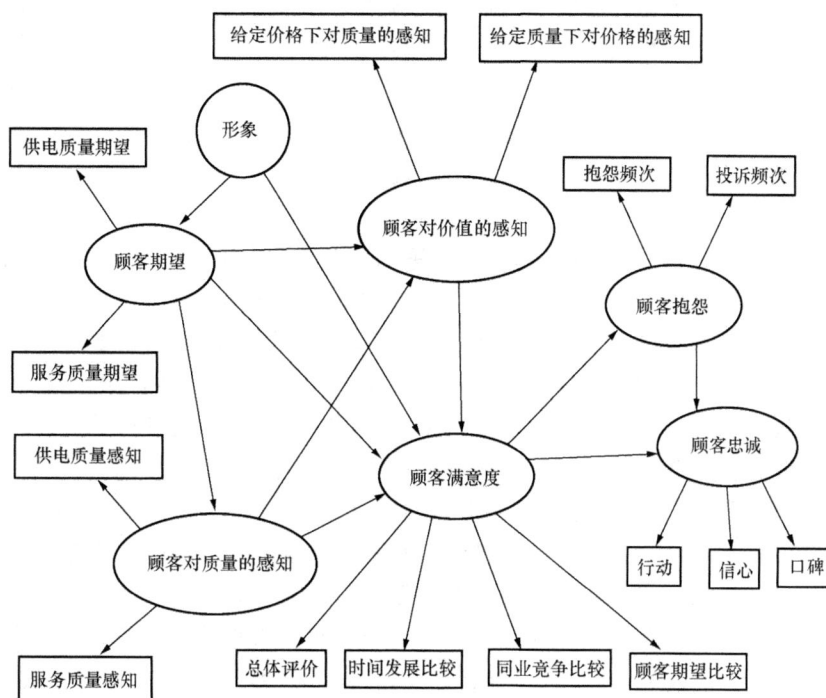

图 8 - 6　供电客户满意度测评模型

模型主要是由 7 个结构变量和 13 个关系组成的一个整体逻辑结构。其中，"形象"、"客户期望"、"客户对质量的感知"、"客户对价值的感知"是系统的输入变量；"客户满意度"、"客户抱怨"、"客户忠诚"是结果变量。将这些结构变量转换为可测量的变量，并借助于计量经济学中的有关方法将此逻辑结构转换成数学模型，继而将有关测评数据输入此数学模型，便能得出准确的测量结果——客户满意度指数。

（1）形象。"形象"变量是指供电企业在社会公众心目中形成的总体印象。为加强企业形象建设和宣传电能的优越性，确立全心全意为用户服务的企业形象：确立电能的方便、经济、洁净、可靠的产品形象，在突出供电质量、供电安全、电价、服务、经营等多方面的优势的前提下，供电企业导入企业形象识别系统，将企业经营理念与精神文化塑造成视觉、心理等形象感觉，运用整体传达系统，传达给企业周围的关系或团体，从而使之对企业产生一致的认同和价值观。

对于企业形象这一要素内部的观测变量，结合供电业务的特点，可以从受社会公众的欢迎程度、重视社会公益事业的程度、重视客户的程度、保证高质量电力供应的程度、提供高水平供电服务品质的程度、服务形象和品牌的社会认知程度六个方面进行观测。

（2）客户期望。"客户期望"变量是客户在购买决策过程前期对其需求的产品或服务寄予的期待和希望。美国的满意指数模型和欧洲的客户满意模型中，都将客户期望要素列为模型的重要组成部分之一，都一致认为，客户期望会影响客户价值，而且客户期望还会对客户感知造成影响。"客户期望"是通过"供电质量期望"和"服务质量期望"这两个观测变量进行测评的。具体体现在以下八个指标：供电可靠性、电能质量、抄表收费、业务报装、客户投诉、报修抢修、营业厅服务和95598服务热线。

（3）客户对质量的感知。"客户对质量的感知"变量是指客户在购买和消费产品或服务过程中对质量的实际感受和认知。客户对质量的感知是构成客户满意度的核心变量，它对客户满意度有直接影响。客户感知主要和客户期望对应起来考虑，因此，也分别是"供电质量感知"和"服务质量感知"两个观测变量，这样便于把感知质量和预期质量——对应地加以比较。客户感知的具体观测指标和客户期望的观测指标的对象一致，观测的内容主要也是客户对八个方面的感受满意程度。

（4）客户对价值的感知。"客户对价值的感知"变量是指客户在购买和消费产品或服务过程中，对所支付的费用和所达到的实际收益的体验。根据 Anderson 和 Fornell 对美国客户满意指数模型的进一步研究，认为对于客户价值部分可以从性价比来衡量，具体两个方面的性能价格比。一是比较价格给定条件下的质量水平，二是比较质量给定条件下的价格水平。因此需要观测这两个变量：①与支付电费相比较的供电服务质量水平高低；②相同质量水平下，与其他公用事业价格相比较的电费合理性。

（5）客户满意度。"客户满意度"变量是测评模型中三个结果变量中的第一个变量，这里的客户满意度并不是整个模型计算最终得出的客户满意度指数，而是计算中间的一个结果变量。这个结果变量是客户满意程度的评价，也是客户感知的质量（包括价值）与其期望相比的结果。在设计客户满意度测评要素时，需要进行的观测变量有：①总体评价：对供电服务的总体感觉；②时间发展比较：目前供电质量与去年相比，目前服务质量与去年相比；③同业竞争比较：与其他公用事业相比服务水平；④客户期望比较：满足客户的期望程度。

（6）客户抱怨。"客户抱怨"变量是测评模型中的结果变量，使客户对产品或服务的实际感受未能符合原先的期望。根据 Fornell 和 Wernerfelt 的研究成果，他们认为客户满意的增加会减小客户抱怨，同时还会增加客户忠诚。当客户不满意时，他们往往会退出选择该产品（服务）或者抱怨。对客户抱怨进行观测也主要从两个方面来进行：①就供电服务质量最近一年引起抱怨的频次高低；②抱怨后的投诉频次。

（7）客户忠诚。"客户忠诚"变量是测评模型中的结果变量，是指客户在对某一产品或服务的满意度不断提高的基础上，重复购买该产品或服务，以及向他人热情推荐该产品或服务的一种表现。

根据 Manfred Bruhn 和 Michael A. Grund 等人对瑞士客户满意指数模型的研究，客户忠诚可以从三个方面来体现：客户的推荐意向、转换产品（服务）的意向、重复购买的意向。同时结合我国供电现状，从以下三个方面来衡量客户忠诚：①行动，增加用电来替代其他能源；②信心，供电服务质量保持稳定和不断提高可能；③口碑，向社交群体推荐供电服务质量。

二、用电客户满意度测评指标体系

客户满意度测评指标体系是一个多指标的结构，运用层次化结构设定测评指标，能够由表及里、深入清晰地表述客户满意度测评指标体系的内涵。通过长期的实践总结，将测评指标体系划分为四个层次较为合理。每一层次的测评指标都是由上一层测评指标展开的，而上一层次的测评指标则是通过下一层的测评指标的测评结果反映出来的，其中"客户满意度指数"是总的测评目标，为一级指标，即第一层次；客户满意度模型中的客户期望、客户对质量的感知、客户对价值的感知、客户满意度、客户抱怨和客户忠诚等六大要素作为二级指标，即第二层次；根据不同的产品、服务、企业或行业的特点，可将六大要素展开为具体的三级指标，即第三层次；三级指标可以展开为问卷上的问题，形成了测评指标体系的四级指标，即第四层次。

1. 客户服务质量的 RATER 指数

全美最权威的客户服务研究机构美国论坛公司投入数百名调查研究人员，用近 10 年的时间对全美零售业、信用卡、银行、制造、保险、服务维修等 14 个行业的近万名客户服务人员和这些行业的客户进行了细致深入的调查研究，发现一个可以有效衡量客户服务质量的 RATER 指数。RATER 指数是五个英文单词的缩写，分别代表 Reliability（信赖度）、Assurance（专业度）、Tangibles（有形度）、Empathy（同理度）、Responsiveness（反应度）。而客户对于企业的满意程度直接取决于 RATER 指数的高低。

（1）信赖度：是指一个企业是否能够始终如一地履行自己对客户所做出的承诺，当这个企业真正做到这一点的时候，就会拥有良好的口碑，赢得客户的信赖。

（2）专业度：是指企业的服务人员所具备的专业知识、技能和职业素质。包括：提供优质服务的能力、对客户的礼貌和尊敬、与客户有效沟通的技巧。

（3）有形度：是指有形的服务设施、环境、服务人员的仪表以及服务对客户的帮助和关怀的有形表现。服务本身是一种无形的产品，但是整洁的服务环境、餐厅里为幼儿提供的专用座椅、麦当劳里带领小朋友载歌载舞的服务小姐，等等，都能使服务这一无形产品变得有形起来。

（4）同理度：是指服务人员能够随时设身处地地为客户着想，真正地同情理解客户的处境、了解客户的需求。

（5）反应度：是指服务人员对于客户的需求给予及时回应并能迅速提供服务的愿望。当服务出现问题时，马上回应、迅速解决能够给服务质量带来积极的影响。作为客户，需要的是积极主动的服务态度。

经过美国论坛公司的深入调查研究发现，对于服务质量这五个要素重要性的认知，客户的观点和企业的观点有所不同：客户认为这五个服务要素中信赖度和反应度是最重要的。这说明客户更希望企业或服务人员能够完全履行自己的承诺并及时地为其解决问题。而企业则认为这五个服务要素中有形度是最重要的。这正表明，企业管理层对于客户期望值之间存在着差距。

至此，可以看出客户服务的满意度与客户对服务的期望值是紧密相联的。企业需要站在客户的角度不断地通过服务质量的五大要素来衡量自己所提供的服务，只有企业所提供的服务超出客户的期望值时，企业才能获得持久的竞争优势。客户满意度，是指组织的所有产品对客户一系列需求的实现程度。

2. 用电客户满意度指标的构成与特点

为了建立用电客户满意度测评指标体系，需要了解测评指标体系的构成。从一般客户满意度测评方法看，测评指标体系可以划分为四个层次，每一层次的测评指标都是由上一层测评指标展开的，而上一层次的测评指标则是通过下一层的测评指标的测评结果反映出来的。

（1）一般客户满意度测评指标体系的四个层次。客户满意度测评指标体系的构成分为四个层次，其中，客户满意度指数是总的测评目标，作为一级指标，即第一层次客户满意度指数；模型中的客户期望、客户对质量的感知、客户对价值的感知、客户满意度、客户抱怨和客户忠诚等六大要素作为二级指标，即第二层次根据不同的产品、服务、企业或行业的特点，可将六大要素展开为具体的三级指标，即第三层次；三级指标可以展开为问卷上的问题，形成了测评指标体系的四级指标，即第四层次。由于客户满意度测评指标体系是依据客户满意度指数模型建立的，因此测评指标体系中的一级指标和二级指标的内容基本上对所有的产品和服务都是适用的。实际上对客户满意度测评指标体系的研究，主要是对测评指标体系中的三级指标和四级指标的研究。

（2）测评指标体系中的第三级指标。客户满意度测评指标体系的二级指标的内涵及意义在客户满意度测评模型中作了阐述。二级指标展开到三级指标的结构模型，"客户对质量的感知"（二级指标）就展开为"整体形象、满足客户需求程度、可靠性"三个三级指标。三级指标的具体内容可归纳出多项三级测评指标，这些指标在各行业原则上都可以运用。应当指出，三级测评指标只是一个逻辑框架，在某一具体产品或服务的客户满意度指数测评的实际操作中，应当根据客户对产品或服务的期望和关注点具体选择，灵活运用。四级测评指标是由三级指标展开而来，从而构成了调查问卷中的问题。

（3）用电客户满意度指标体系的构建。我国电力行业的用电客户满意度指数模型的构建，是在一般客户满意度指标体系的基础上形成的，模型构建必须结合电力行业的实际情况，主要问题是如何建立三级指标。如果不考虑电力系统的组织结构，仅从研究单个供电企业的客户满意度角度出发，可以细分为多个三级指标，这些指标比较接近调查问卷的问题，内容具体明确。

3. 用电客户满意度指标体系

《国家电网公司供电服务品质评价管理办法（试行）》规定的客户满意度模型确立四级测评指标体系，见表8-1。

表8-1 供电服务客户满意度指标体系的分级

一级指标	二级指标	三级指标		四级指标
供电客户满意度指数	企业形象	受社会公众欢迎		调查问卷观测点
		重视社会公益事业		
		重视客户		
		保证高质量的电力供应		
		提供高水平服务质量		
		服务形象和品牌的社会认知程度		
	客户期望	理想期望	希望供电服务达到的水平	
		可接受期望	根据现状认为供电服务可以达到的水平	
	客户对价值的感知	与支付电费相比较的供电服务质量水平高低		
		相同质量水平下，与其他公用事业价格相比较的电费合理性		

续表

一级指标	二级指标		三级指标			四级指标
供电客户满意度指数	客户对质量的感知	供电质量	客户对供电质量的总体评价	供电可靠性		调查问卷观测点
				电能质量		
		服务质量	抄表收费、业务报装、客户投诉、报修抢修、营业厅服务、95598服务热线	有形性	服务的环境、设备、传播媒介和服务人员的外表	
				可靠性	准确地履行所承诺服务的能力	
				保证性	服务人员的知识、能力以及谦虚的态度和表现出的可信赖的和自信的精神状态	
				响应性	帮助客户并且提供快捷服务的意愿	
				移情性	对客户所提供的关心及关注的程度	
				安全性	指导客户安全用电的主动性和能力	
	客户满意度	总体评价	对供电服务的总体感觉			
		时间发展比较	目前供电质量与去年相比			
			目前服务质量与去年相比			
		同业竞争比较	与其他公用事业相比服务水平			
		客户期望比较	满足客户的期望程度			
	客户抱怨	就供电服务质量最近一年引起抱怨的频次高低				
		抱怨后的投诉频次				
	客户忠诚	行动	增加用电来替代其他能源			
		信心	供电服务质量保持稳定和不断提高可能			
		口碑	向社交群体推荐供电服务质量			

4. 用电客户满意度指标的差异性

电力客户满意度是一种心理评价过程，具有客观性（企业产品质量和服务水平好坏）、主观性（客户个人性格、情绪、爱好等非理性因素）、可变性（企业服务质量变化、客户需求和期望的变化等）、全面性（对企业产品、服务、社会形象、责任心等全面的评价）等四个方面的特点，除此之外，由于电力系统覆盖区域大，各地区经济发展水平不同，用电结构不同，客户文化背景不同，各供电企业的客户满意度存在区域性差异。因此，在已有客户满意度评测模型的基础上，要考虑用电客户满意度指标的地域差异性。

客户管理关系理论指出，客户满意度具有变化性，主要原因是客户的需求和期望是随着客观条件，特别是社会经济、生产技术和文化发展的变化而变化的；另一方面在现代社会，经济和工业技术的发展很快，加上竞争对手的作用，若企业的产品质量和创新没能跟上这种发展而提高，很可能使客户满意的程度下降，因而企业只有持续改进生产和管理方式，不断提高自己的产品质量水平，才能把客户满意程度提高并维持在一定的水平上。因此，如果仅从静态分析的角度来评估客户满意度，那么，获得的客户满意度只能反映当前的一段时期的情况，不能反映出客户满意度的变化情况，即改善或恶化，更没有分析出其变化的可能因素，这就不能满足实际需要。对电力系统而言，用电客户管理是一个循环渐进的过程，供电企业在不同时期对客户的满意度进行调查时，由于各种因素的变化，满意度指标会相应有变化。比如：电网的运行负荷具有季节性变化，使得供电质量（如供电可靠性）在不同时期具有差异性，必然导致客户满意度的变化。在用电量低的季节，供电稳定，电能质量高，客户对供电可靠性的满意度就比较高；而逢冬夏用电高峰期，电力供应不足，可能会采取限电措施，客户对供电可靠性的满意度就会降低。此外，供电企业采取技术改造措施来提高电网的输电和配电能力、员工精神面貌和服务态度或好或差，这些变化反映了供电企业服务的改善或恶化程度。如何来量化这种变化关系，正确反映供电企业在提升用户满意度策略的正确性和有效性，虽然基于以上的模型和方法可以对一次用户满意度调查结果进行分析，得到一个综合性的用户满意度指标，以此来确定客户对企业产品或服务的满意程度。但是这仅能反映了一定时期客户对企业的满意情况，不能系统地评测客户满意的变化以及导致这些变化的主要因素。因此需要从动态系统的角度来分析和评价客户的满意度，正确反映满意度指标的变化。

三、用电客户满意度测评过程

为了得到电力行业的用户满意度指数，首先是通过问卷调查测评出用户对每个基础指标的满意度，将其加权值平均得到各大类指标的用户满意度指数，进一步得到该地区供电企业的用户满意度指数。

1. 确定调查方式与范围

（1）客户满意度指数测评指标体系的建立。

首先要了解"用电客户满意度指数模型"。该模型主要由六种变量组成，即客户期望、客户对质量的感知、客户对价值的感知、客户满意度、客户抱怨、客户忠诚。其中，客户期望、客户对质量的感知、客户对价值的感知决定着客户满意程度，是系统的输入变量；客户满意度、客户抱怨、客户忠诚是结果变量。

客户满意度测评指标体系分为四个层次。

第一层次：总的测评目标"客户满意度指数"，为一级指标。

第二层次：客户满意度指数模型中的六大要素——客户期望、客户对质量的感知、客户对价值的感知、客户满意度、客户抱怨、客户忠诚，为二级指标。

第三层次：由二级指标具体展开而得到的指标，符合不同行业、企业、产品或服务的特点，为三级指标。

第四层次：三级指标具体展开为问卷上的问题，形成四级指标。

测评体系中的一级和二级指标适用于所有的产品和服务，实际上要研究的是三级和四级指标。

（2）指标的量化。使用态度量表。客户满意度测评指标主要采用态度量化方法。一般用李克特量表，即分别对 5 级态度"很满意、满意、一般、不满意、很不满意"赋予"5，4，3，2，1"的值（或相反顺序）。让被访者打分，或直接在相应位置打钩或画圈。下面是用李克特量表测评客户对某产品质量满意程度的实例：有时候会遇到许多定量的测评指标，而这些指标又不能直接用于李克特量表。为方便数据信息的搜集和统计分析，必须将这些指标转化成李克特量表所要求的测评指标。其转化的方法是，将指标的量值恰当地划分为 5 个区间，每个区间对应于李克特量表的 5 个赋值，这样就实现了指标的转化。

确定测评指标权重。每项指标在测评体系中的重要性不同，需要赋予不同的权数，即加权。加权方法除了主观赋权法以外，有直接比较法、对偶比较法、德尔菲法、层次分析法，企业可以依据测评人员的经验和专业知识选择适用的方法。

2. 确定被测评对象

客户可以是企业外部的客户，也可以是内部的客户。对外部客户可以按照用电结构、负荷特性来分类，所以应该先确定要调查的客户群体，以便针对性地设计问卷。

3. 抽样设计

样本的抽取方法可以分为两大类：随机抽样和非随机抽样。

（1）样本量的确定，原始公式为

$$n = p(1-p)/[D^2/Z^2 + p(1-p)/N]$$

式中：p 为目标总体的比例期望值；当事先缺乏对 p 比例的估计时，一般采用最保守的估计法，即 $p=0.5$；D 为置信区间的半宽，在实际应用中就是容许误差，或者调查误差，这里取 3%；Z 为置信水平的 z 统计量，这里取 95% 置信水平的 z 统计量为 1.96；N 为总体人口数。

从以上公式可以看到，当 N 较大时，则 $p(1-p)/N$ 的值为 $4.166\,67E-07$，小到可以在统计学上忽略不计，即总体人口的增加对样本量增加的要求的影响很小。所以，通常情况下，对于推断城市总体的调查，一般使用以下公式计算样本量。

（2）简化公式为

$$n = Z^2 p(1-p)/D^2$$

4. 问卷设计

问卷设计是整个测评工作中关键的环节，测评结果是否准确、有效，很大程度上取决于此。问卷设计总的原则是：在一定成本下获得最小误差的电力客户有效数据。

下面介绍问卷的设计方法和步骤。

（1）问卷的设计思路。首先，明确客户满意度指数测评目的是了解客户的需求和期望，调查客户对质量、价值的感知，制定质量标准；计算客户满意度指数，识别客户对产品的态度；通过与竞争者比较，明确本组织的优劣势。其次，将四级指标转化为问卷上的问题。最后，对设计好的问卷进行预调查，一般抽取 30～50 个样本，采用面谈或电话采访形式，除了了解客户对产品或服务的态度，还可以了解其对问卷的看法，进行修改。

（2）问卷的基本格式。问卷一般包括介绍词、填写问卷说明、问题和被访者的基本情况。以下分别举例说明。

1）介绍词。

尊敬的电力用户：

我们是电力用户调查组，受国家电网公司委托对其下属供电公司进行有关供电服务品质的调查，希望您能协助我们共同完成调查，我们将按《中华人民共和国统计法》的有关规定予以保密，调研资料仅供研究之用。

谢谢您的合作！

感谢您的参与和配合！对于每份有效问卷，我们将赠送一份实用的礼品给答题者。

2）填写问卷说明。为了使答卷规范，便于整理和统计，一般提出答题的要求，如：请在您认为合适的项目方框内打"√"，或在划横线处填写文字。

3）问题。问卷中的问题可分为封闭式、开放式和半开半闭式三种。

①封闭式的问题。

a. 是非题。一般采用"是"或"否","有"或"无"的答题方式。

例：您是否使用智能电表？是、否

b. 多选题。给出三个或更多答案，被访者可选一个或多个答案。

您最希望的电费收取方式是：

营业厅、银行、手机

②开放式。不给出答案，由被访者自由发表意见。

你最希望报修的便捷方式。＿＿＿＿＿＿＿＿

您认为智能电表对方便用电有什么帮助？＿＿＿＿＿＿＿

③半开半闭式。常见的是在封闭式的选择后面，增加开放式的回答。

贵单位在什么时候收到供电公司的停电通知书？

未收到、停电前1天、停电前一周、停电前一个月、＿＿＿＿＿＿＿

（3）问卷调整。问卷的初稿发给国家电网公司有关部门的专业人士，确认是否包括所需信息以及信息将如何获得，并组织专家进行座谈，以进一步修改和调整客户满意度指标和调查问卷初稿。

（4）问卷试测。为测试问卷的信度即调查结果的一致性，拟采用交错法即针对某一客户群体设计两份问卷，每份使用不同的问题，但测试的是同一属性的问题，然后根据两份问卷的测试结果的相关系数计算问卷信度。

为测试问卷的效度即能否达到测试的目的，要通过预调查，深度访谈测试问卷内容、测试方式是否符合测试对象的属性。

5. 实施调查

企业可选择第一方、第二方或第三方进行客户满意度调查，但这三种方式的客观性、可靠性、经济性存在差异。相对来说，委托第三方进行客户满意度调查比较客观、科学、公正，可信度较高，但费用也高，用电客户满意度调查采用第三方调查的方式。采用的调查方法主要有面访调查法，电话调查法、深层访谈、神秘访谈、拦截访问。

6. 调查数据汇总整理

收集问卷后，应统计每个问题的每项回答的人数（频数），及其所占被访者总数的百分比（频率），并以图示方式直观地表示出来。如果没有统计软件，一般可以直接用 Excel 中的柱形图或饼图等。另外，还应了解问卷设置的测评指标对总体评价的影响程度。如果设定总体评价大于或等于 80 的为满意评价，小于 80 的为非满意评价，可以分析单项测评指标（如产品耐用性）的频数和频率对总体评价有何影响。如产品耐用性测评频率高时，是否总体评价偏向"满意"，反之，偏向"不满意"。也可以用 Excel 的柱形图或饼图等表示。

7. 计算客户满意度指数，分析评价

结构方程建模（Structural Equation Model，SEM）是一种将多元回归和因素分析方法有机地结合在一起，以自动评估一系列相关关联的因果关系的多元统计分析技术。它与多元回归有相似的用途，但功能更强大，是复杂条件下数据分析的一个理想手段。结构方程模型 SEM 是评价理论模型与经验数据一致性的新型方法。SEM 程序主要具有验证性功能，研究者利用一定的统计手段对复杂的理论模式加以处理，并根据模式与数据关系的一致性程度对理论模式做出适当评价，从而证实或证伪研究者事先假设的理论模式。另外 SEM 允许其因变量之间可以有相关性，因为这些相关性并不影响整体模型路径的分析结果，因此它比一般线性模式统计程序更有突出的优越性。

有多种软件可以用来分析结构方程模型，比较流行的是 LISREL、EQS、AMOS 和 Mplus。鉴于快速方便、形象化的特点，可采用 AMOS 软件或 LISREL 来实现 SEM 模型的验证过程。

在进行客户满意度计算过程中，结合偏最小二乘回归（PLS）进行分析，用这种方法计算客户满意度指数能够消除各个测评指标之间的多重影响关系，获得准确性较高的客户满意度指数。

客户满意度指数测评的最终目的在于寻求客户满意度指数的因素，并针对这些因素进行改进，以提高客户满意度指数。面对如此繁多的测评数据和信息，拟采用水平标杆对比、优先改进矩阵（如图 8-7 所示）、服务短板等进行分析。

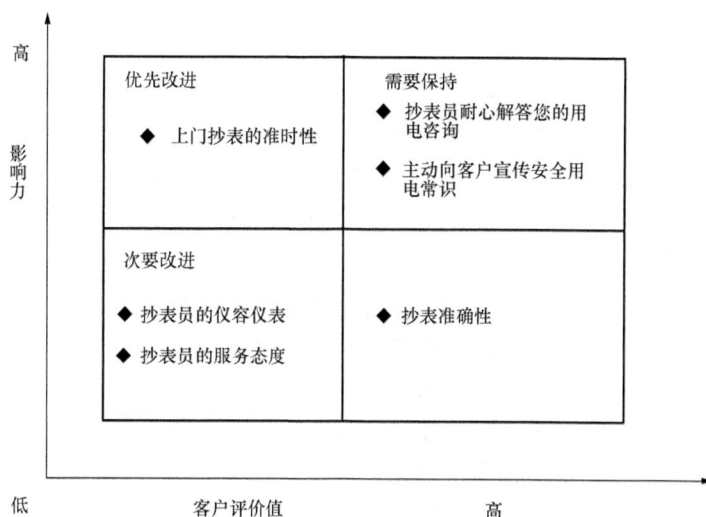

图 8-7　优先改进矩阵分析法

8. 编写客户满意度指数测评报告

客户满意度测评报告的一般格式是题目、报告摘要、基本情况介绍、正文、改进建议、附件。

正文内容包括测评的背景、测评指标设定、问卷设计检验、数据整理分析、测评结果及分析。

9. 改进建议和措施

按照测评结果，制定详细的措施计划，把报告中提出的改进建议落实到相关部门和责任人，以达到持续改进，增强客户满意度的目的。

第三节　客户抱怨管理

客户对用电服务失误会产生不满情绪，而不满意的情绪容易激起抱怨，客户感到不满的时候，并不一定都会直接向"95598"进行反映。客户的抱怨行为主要表现为沉默抵制、负面口碑、直接向企业抱怨、向客户协会等第三方投诉等四种类型。其中，沉默抵制、负面口碑和诉诸法律等抱怨行为不但无助用电服务识别和改进问题，更会损害到企业形象，而客户直接面向企业的抱怨行为却蕴涵着对企业非常有价值的信息，为企业提供一个改善问题、重新获得客户信任的机会。从客户的角度看，客户在感到不满意时，向企业进行直接抱怨是最好的精神发泄方式，因为抱怨对象是与客户不满直接相关的，即使客户抱怨没有得到很好的解决，不满情绪的直接表达已经可以使其得到一定程度的释放，客户也会因为营业员的倾听而留存一些好感。对于负面口碑方式来说，抱怨对象与客户不满没有直接关系，也无助于问题的实际解决。沉默抵制是计划通过不再接受服务而在行动上实现发泄，客户的不满情绪并没有得到实际上的释放，精神发泄的效果远不如直接抱怨和负面口碑，因此，其品牌形象感知、满意度以及再次接受服务倾向都是最低的。而现实是，不满意的客户向电力企业直接抱怨的比例很少；而保持沉默的却高得多。这一切可以说明客户对用电服务不满意时并没有直接反映出来，而是大量的问题被掩盖，这也无助于用电服务及时发现问题与解决问题，不利于电力企业自身形象的提高与完善。

一、客户抱怨

客户的抱怨是客户对用电服务失望的结果，客户口头或书面的投诉，甚至自言自语的牢骚都是抱怨。一个客户的抱怨可能代表着其他更多没有说出口的客户的抱怨，因为许多客户认为与其报怨，还不如停止或减少双方的接触和业务往来。这就更突显出正确地处理并预防客户抱怨，妥善地做好补救及时化解客户抱怨的重要性。

（1）客户抱怨的内涵。对于客户不满意是否是客户抱怨的决定要因，目前还有不同的认识，一些人认为，客户抱怨是由客户不满意引起的，并将客户抱怨界定为不满意感受导致的行为，没有这种不满意的感受，抱怨就不是真正的抱怨，而只是"博弈"行为或"谈判"手段，它直接反映了客户的真实需求，以及用电服务中存在的缺陷。但也有人认为，客户不满意并不是引起客户抱怨的主要或根本原因，电力企业客观失误，如供电质量、员工服务态度和回应及时性问题，才是引起客户抱怨的主要动因。因此，将用电客户抱怨界定为电力企业的客观失误引起客户的情绪性反应。实际上，电力企业的主观或客观失误是造成客户不满意的主要因素，而客户抱怨是客户表达不满意的信号，因此二者没有本质的区别，客户抱怨是对用电服务主观失误或客观失误产生不满意或不愉悦的心理或行为反应。这些反应既可以是忍耐、抑郁、抵触等心理隐忍活动，也可以是投诉、攻击、报复等行为表现活动。

（2）客户抱怨为服务补救提供方向。也许有人会认为，客户抱怨只会对电力企业产生"负面反应"，如将不满意感传播给他人、向"95598"或相关机构投诉，增加了用电服务的处理成本或有损电网形象等。但事实上并非如此，客户抱怨中往往蕴藏着非常有价值的信息，让用电服务有可能充分了解自身的不足与问题所在，抱怨资料是"真实瞬间"设计、服务质量控制与管理方法改进的重要信息源泉，有助于企业营销为客户提供更为满意的产品与服务，针对客户抱怨中提出的问题，用电服务可以有针对性地予以改进和提高，也给营销活动提供了服务补救的机会，从而避免出现因缺陷扩散而产生更大的损失。直接抱怨的客户，一般都是企业的忠诚客户。他们对用电服务和电网信誉充满着信心，也充满着期待。因为忠诚，他们对用电服务过程出现问题给予了较大程度上的包容与理解。他们会积极主动地将自己遇到的不满意的问题告诉管理者或营业员，并提出解决问题的方法与建议。忠诚客户会自觉地维护电网形象与声誉，主动地把自己满意的理由告诉身边的亲朋好友，而成为用电服务最好的口碑效应传播者。这类客户给用电服务带来的都是正面影响。当然，用电服务仅仅注意到客户抱怨的重要性是远远不够的，要想更为有效地提高满意度水平，还取决于用电服务对客户抱怨的处理是否恰当，如果对客户抱怨的处理采取回避、拖延、敷衍或置之不理的态度，必然会使直接抱怨的客户感到失望，对企业失去信心，并且一些人还会将这些不愉快的经历讲述给他人，为企业带来负面的口碑，更有严重者会求助于第三方的保护，将给企业带来更大的损失。如果企业能够采取积极的态度对客户的抱怨进行有效管理，如向客户道歉、调查服务失误的原因、对客户进行慷慨的补偿等，能大大提高客户对企业的满意度。

（3）客户抱怨能够给企业产生学习效应，有利于企业实施服务改进、成本节约、市场拓展等。

学习效应是指企业通过客户抱怨与客户构建深度的客户关系，从而有利于用电服务拓展检验、精确其有关市场环境（竞争者、客户、渠道、能源供应商等）、电力产品、用电服务过程及其趋势的各种类型的知识，而这些知识将有助于用电服务提高市场预测的准确性，更好地满足客户需求和发现新的市场机会。用电服务应该树立"从客户抱怨中学习"的理念和建立相应的学习机制，通过学习效应优化服务流程、降低客户服务成本，从而建立能源市场竞争优势。客户抱怨能够优化企业形象，有利于用电服务建立和提高富有亲和力与体验感的品牌价值。随着用电客户消费体验化和品牌化趋势的发展，电网品牌成为企业"区隔"竞争者和"锁定"客户的关键要素。企业如果能够积极倡导和应对客户抱怨，并妥善处理客户抱怨提出的各种问题，不仅该客户会因信任而忠诚于电网企业，也会让其他客户感到用电服务是负责任的、值得信赖的企业，从而有利于企业改善形象，提升品牌价值。因此，积极面对和处理客户抱怨有利于建立和维持客户对电网品牌的归属感，有利于电网品牌资产的累积。可见，客户抱怨或许短期内会给用电服务增加抱怨处理成本或缺陷扩散风险，但就长期而言，客户抱怨能够给企业带来客户忠诚、学习效应、品牌增值等各种直接价值或衍生价值。因此，对用电服务来讲，应该对客户抱怨持积极态度，建立客户抱怨预警系统、畅通客户抱怨渠道、建立客户抱怨处理系统、完善客户抱怨跟踪机制等措施，妥善处理各种客户抱怨，增加企业的客户资产和增强企业的竞争优势。

二、客户抱怨的形成原因

客户产生抱怨的直接原因是因为客户不满意，而造成客户不满意的原因又是多方面的。

1. 客户期望和服务感知存在差距

客户的期望在客户对企业的产品和服务的判断中起着关键性作用，客户将他们所要的或期望的东西与他们正在购买或享受的东西进行对比，以此评价购买的价值。在一般情况下，当客户的期望值越大时，接受服务的欲望相对就越大。但是当客户的期望值过高时，就会使得客户的满意度越小；客户的期望值越低时，客户的满意度相对就越大。可见，客户的期望对电力产品和用电服务的判断起着关键性作用。客户期望是一把"双刃剑"，如电力企业优质服务年活动提出的"八项承诺"，它一方面是电力企业吸引客户的动力；另一方面又给企业的工作建立了一个最低标准。管理客户期望值的失误主要体现在两个方面："海口"承诺与隐匿信息。而如果用电服务许下"我们几乎可以满足您所有的要求"的"海口"承诺，给客户设立了很高期望但自己却无法满足，肯定会使客户失望，客户就可能因此提出抱怨。所以，企业应该适度地管理客户的期望，提出的承诺要适当，而且一经提出就必须兑现，以避免当期望管理失误时，导致客户产生抱怨。隐匿信息是指在用电宣传材料中过分地宣传服务产品的某些性能，故意忽略一些关键的信息，转移客户的注意力，导致客户在消费电力服务过程中有失望的感觉，因而产生抱怨。

2. 客户对"真实瞬间"服务不满

在用电服务过程中，无论是在营业厅服务、"95598"服务、现场服务、外部媒介转入等服务方式时发生的"真实瞬间"，还是发生在用电报装及变更、抄表收费、故障抢修、用电检查、电能计量、投诉举报、咨询查询、业务宣传、电力需求侧管理等具体业务时发生的"真实瞬间"，导致客户不满的原因依次为营业员的主动行为、服务系统出错时营业员的反应和营业员对客户要求未能很好的满足。其中最重要的是营业员的主动行为，造成营业员"真实瞬间"服务失误的主要原因包括意识、角色、技能、火候和职责等原因。

（1）意识障碍。营业员的意识偏差体现在多方面，一些营业员习惯于逃避客户，一方面是自信心缺乏的表现，另一方面则是认为由于客户的光顾，自己才被使唤得手忙脚乱、腰酸背痛。把客人看成了干扰和破坏自己安逸的对手，从内心萌发讨厌客人的念头。当然所提供的服务自然是劣质而难以让人满意的。

（2）角色障碍。在"真实瞬间"的互动过程中营业员需要扮演多种角色，即服务的提供者、问题的解决者、客户的倾诉者……这些决定了营业员除了要扮演好侍者的角色外，还要承担智者、哑者等不同的角色，多个角色混合为营业员的"表演"制造了很大的麻烦，而且要不断地切换适应不同客户的需求，由于服务惯性导致角色互换过程中出现的偏差，往往直接影响服务质量，造成客户抱怨。

（3）技能障碍。真实瞬间的互动过程中营业员熟练的技能是提供优质服务的基础，营业员的操作不仅仅是停留在单一的层次上，而是眼、嘴、手、腿有机的组合，但是在服务的过程中由于服务时间、服务经历、营业员个性等多方面的影响，很难完美地结合，这就为提供优质服务带来了巨大的阻碍，同时营业员自身的懒惰、拖沓、傲慢等作风都极易造成客户抱怨，再者服务系统出错时，营业员没有能力或没有意愿采取某些合理的补救行动，将引发客户的严重不满，此时，客户不满意的并不是企业在核心服务提供上出了问题，而是不满意营业员的反应方式。

（4）火候障碍。在"真实瞬间"服务过程中火候的把握尤为关键，营业员提供热情的服务会让客人感觉受到重视，但是当热情度超过一定程度的"真实瞬间"服务，足可以让客户产生恐惧。

（5）职责障碍。在"真实瞬间"的互动过程中营业员必须妥善处理日常事物以及毫无征兆的突发事件，而对于事件的处理上必须快捷、准确，但是一线营业员权限的模糊严重影响了问题处理的灵活性，不知道面对问题时自己应该怎么做、如何做？就更谈不上及时、准确地处理，这也是避免客户抱怨最棘手的问题之一。

3. 客户感受差异造成的抱怨

客户感受差异是指客户所感受的服务水平与实际提供的服务水平的差距，产生这个差距的主要原因有：管理层从市场调研和需求分析中所获得的信息不准确；管理层从市场调研和需求分析中获得的信息准确，但理解偏颇；用电服务没有搞过什么客户需求分析；与客户接触的一线员工向管理层报告的信息不准确，或根本没报告；企业内部机构重叠，妨碍或改变了与客户接触的一线员工向上级报告市场需求信息。

质量标准差距是所制定的具体质量标准与管理层对客户的质量预期的认识而出现的差距。这种差距产生的原因有：企业规划过程中产生失误，或者缺乏有关的规划过程；管理层对规划过程重视不够，组织不好；整个企业没有明确的奋斗目标；高层管理人士对服务质量的规划工作支持不够。

服务传递差距是指用电服务与传递过程没有按照企业所设定的标准来进行。造成这种差距的主要原因有：标准定的太复杂、太僵硬；一线员工没有认可这些具体的质量标准，例如在提高服务质量必须要求员工改变自己的习惯行为的情况下，员工就可能极不愿意认可这样的质量标准；新的质量标准违背了现行的企业文化；服务运营管理水平低下；缺乏有效的内部营销；企业的技术设备和管理体制无助于一线员工按具体的服务质量标准生产。

用电服务传播差距是指营销宣传中所做出的承诺与企业实际提供的服务不一致。造成这种差距的原因有：企业没能将用电服务传播计划与服务运营活动相结合；企业没能协调好传统的市场营销和用电服务运营的关系；企业通过信息传播宣传介绍了服务质量标准细则，但实际的用电服务滞后，达不到这些质量标准；企业存在着力图夸大自己的服务质量的冲动，结果传播出去的信息往往向客户允诺的质量太高、内容太多。

服务质量感知差距是指客户体验和感觉到的服务质量与自己预期的服务质量不一致。这种差距出现的原因有：客户实际体验到的服务质量低于其预期的服务质量或者存在服务质量问题；一些营业员或一些环节口碑较差；企业形象差；服务失败。

4. 客户自身的原因

这里主要指的是客户自身的性格，以及客户进入用电服务过程时的情绪状态。性格和情绪往往会决定一个人的行为方式。有的客户对事情的要求比较苛刻，在服务过程中就比较容易产生抱怨。因让客户等待时间过长、营业环境卫生状态不佳、营业厅内音响声音过大，都是造成客户不满、产生抱怨的原因。而且，这种情况下的抱怨往往没有明确指向，一触即发。当然，对环境不满意是客户抱怨的必要条件，但不是充分条件。在不满意的情况下，客户可能保持沉默并继续光顾，也可能向亲戚朋友诉说他们不满的经历，以便宣泄不满的情绪，而向企业提出抱怨只是其中的一种选择，如果抱怨需要特定的有关服务知识以及沟通技巧，而客户缺乏这些能力和知识，客户将不会抱怨。

虽然由于客户自身的原因造成客户抱怨，在不同用电目的和不同地区，客户抱怨率存在明显区别，但总体上处在较低水平。当然，客户抱怨是否升级为客户投诉，以及客户选择投诉的强度和方式，关键是看客户自身的驱动机制和用电服务的预应能力。客户的驱动机制包括客户的性格特性、自我意识、技术偏好、应对能力、投诉处理预期、投诉路径及成本等因素，例如就自我意识而言，自我意识强的客户在面对不良服务时，比自我意识较低的客户会对服务进行更加消极的评价，同时还会产生负面口碑，甚至进行投诉；而公共意识强的客户也会产生消极评估和消极口碑，但他们不倾向于投诉，而是制造负面口碑以发泄不满。有的客户服务消费惰性大，更倾向于习惯性服务，他们在不满的情况下也不大会提出抱怨；此外，年龄、收入、教育、职业、果断性、自信心等也会影响客户的抱怨行为。

用电服务的预应能力包括企业的服务承诺、对服务过失的补偿标准及其流程、营业员的友善态度等。例如，营业员在客户接触时态度更为友善，将大大弱化客户将抱怨升级为投诉的可能性；相反，恶劣的服务态度将会极大地刺激和强化客户投诉的可能。此外，目前客户维权意识的增强和投诉渠道的便捷，也增强了客户将抱怨转化为投诉的可能性。客户权益保护的法规宣传和社会鼓励、"95598"光明服务工程的实施、全面落实"三个十条"（国家电网公司供电服务"十项承诺"、国家电网公司员工服务"十个不准"和国家电网公司调度交易服务"十项措施"）和信息披露的发展、第三方组织的增多等都会使用电服务面临越来越多的口头投诉、书面投诉、电话投诉和电子邮件投诉等。

三、客户抱怨处理

随着生活品质的不断提高，用电客户对用电服务的需求相应提高，从而对用电服务营业员的专业要求也明显提升。作为用电服务员工，在与客户交流的过程中总会或多或少地遇到客户的抱怨，有些抱怨是客户真实想法的反映，而有些抱怨却是客户的托词。若用电服务员工不能很好地处理客户的抱怨，就会很容易造成客户由抱怨到投诉的升级。

1. 处理客户抱怨的原则

（1）树立"客户第一"的观念。只有有了"客户第一"的观念，才会有平和的心态处理客户的抱怨，真心实意为客户着想，尽量满足客户的合理要求。对客户的咨询、投诉等不推诿、不拒绝、不搪塞，及时、耐心、准确地给予解答，实行首问负责制。使客户得到满意的答复是处理抱怨所追求的最终目标，但在处理抱怨过程中，要正确把握好火候，原则性的问题要用委婉的语气明确告诉客户"这样是做不到的"，而不能一味地迁就客户，否则就会使企业的利益受损。

（2）不与客户争辩。这其实是第一条原则的延伸，就算是客户失误，也不要与之争辩，即使存在沟通障碍产生误解，也绝不能与客户进行争辩。当客户抱怨时，往往有情绪，与客户争辩只会使事情变得更加复杂，使客户更加情绪化，导致事情恶化，客户的意见无论是对是错，营业员都不能表现出轻视，语气也不要太生硬，要给客户留足面子，他才会觉得企业是重视自己的抱怨的。

（3）快速解决问题。既然客户已经对用电服务产生抱怨，那就要及时处理。对于客户所有的意见，必须快速反应，最好将问题迅速解决或至少表示有服务补救的诚意。快速服务补救是妥善处理客户抱怨或客户投诉的有效办法，服务补救是当客户因用电服务发生缺失而感到困扰或抱怨时，企业为使客户达到其期望的满意度而做的努力过程。

（4）换位思考。站在客户的立场上看问题。不要人为地给客户下判断，客户是因为信赖你，觉得你可以为他解决问题才向你求助的，你只是他们的发泄对象，并不是你得罪了他们。关注客户感受，设身处地理解客户感受、关注客户的需求，尽管他的要求可能过分，也要以积极热情的态度去做解释，要注意控制自己的情绪和言行，避免激化矛盾。

（5）处理客户抱怨的错误行为。处理客户抱怨的常见错误行为有：争辩、争吵、打断客户、教育、批评、讽刺客户；直接拒绝客户；暗示客户有错误；强调自己正确的方面、不承认错误；表示或暗示客户不重要；认为投诉、抱怨是针对个人的；不及时通知变故；以为用户容易打发；语言含糊、打太极拳；怀疑客户的诚实；责备和批评自己的同事、表白自己的成绩；为解决问题设置障碍（期待用户打退堂鼓）；假装关注，虽然言语体现关心，却忘记客户的关键需求；在事实澄清以前便承担责任、拖延或隐瞒。

（6）处理客户抱怨的正确行为。处理客户抱怨的正确行为有：令用电客户感到舒适、放松；语气平和，让用电客户发泄怒气；表示理解和关注，并作记录；体现紧迫感；如有错误，立即承认；明确表示承担替客户解决问题的责任；同用电客户一起找出解决办法；如果难以独立处理，尽快转给相应部门或请示上司。

2. 处理客户抱怨的程序

处理客户抱怨的程序包括确认问题、分析问题、互相协商和处理及落实处理方案。

(1) 确认问题。认真仔细，耐心地听抱怨的客户说话，并边听边记录，在对方陈述过程中判断问题的起因，抓住关键因素。尽量了解抱怨或不满问题发生的全过程，听不清楚的，要用委婉的语气进行详细询问，注意不要用攻击性言辞，如"请你再详细讲一次"或者"请等一下，我有些不清楚"。把你所了解的问题向客户复述一次，让客户予以确认。了解完问题之后征求客户的意见，如他们认为如何处理才合适，有什么要求等。

(2) 分析问题。在自己没有把握情况下，现场不要下结论，不要下判断，也不要许下承诺。最好将问题与营业员协商一下，或者向企业领导汇报一下，共同分析问题。问题的严重性，到何种程度？你掌握的问题达到何种程度？是否有必要再到其他地方作进一步了解？如听了个别客户代表陈述后，是否应具体到每一个用户，如果客户所提问题不合理，或无事实依据，如何让客户认识到此点？解决问题时，抱怨客户除要求服务补偿外，还有什么要求？

(3) 互相协商。在与营业员或者与公司领导协商得到明确意见之后，由在现场的营业员负责与客户交涉协商，进行协商之前，要考虑以下问题：供电公司与抱怨客户之间，是否有长期的供用电关系？当你努力把问题解决之后，客户有无消除不满并满足客户要求的迹象？争执的结果，可能会造成怎样的满意与不满意口传的影响（即口碑）？通过协商了解，客户的要求是什么？是不是无理要求或过分要求？用电服务方面有无过失？过失程度多大？作为供电公司意见的代理人，要决定给投诉或不满者提供某种补偿时，一定要考虑以上条件，如果属用电服务过失造成的，对受害者的服务补偿应更多一些；如果是客户方面的过失造成的不合理要求，应依法服务，大方明确地向客户说明拒绝的理由，但要注意与客户协商时的言词表述，要表达清楚明确，尽可能听取客户的意见和观察反应，抓住要点，妥善解决。

(4) 处理及落实处理方案。协助有了结论后，接下来就要作适当的处置，将结论汇报公司领导并征得领导同意后，要明确直接地通知客户，并且在以后的工作中要跟踪落实结果，处理方案中有涉及公司内部其他部门的，要将相关信息传达到执行的部门中，如应允客户故障抢修、现场勘察的，要通知仓管及施工部门，如客户要求特殊用电的，应按有关规定通知相应的智能部门，相关部门是否落实这些方案，用电服务一定要进行监督和追踪，直到客户反映满意为止。

3. 处理客户抱怨的方法

(1) 为客户创造"诉苦"渠道。聪明的营业员不会让客户把"苦水"往自己的肚子里咽，而是要让客户把"苦水"向自己都倒出来。如果客户不向营业员把"苦水"都倒出来，那么就可能会向亲朋好友、其他客户、企业领导、媒体、政府执法部门说出自己的抱怨，后者就体现为客户投诉，会给用电服务带来更大被动，还可能使企业的形象受损；客户的抱怨就会如病毒一般快速扩散，使潜在客户不"上钩"，老客户也纷纷"倒戈"。可见，看似小小的抱怨，却很可能会点燃熊熊烈火，甚至"烧毁"电网公司的品牌。因此，用电服务必须给客户创造倒出心中"苦水"的渠道，让他们的抱怨能说出来，并且是直接向企业说，而不向"外人"说，把一切问题解决在"家里"。其实，沟通渠道很多，诸如可通过"95598"用电客户服务呼叫中心、网站接受客户抱怨，在营业厅设客户服务接待处，接受客户的抱怨与投诉。还可以在用户手册、供电服务说明书等标明客户服务电话及通信地址，以实现顺畅沟通。另外，用电服务还可以通过活动主动收集客户意见或了解客户抱怨，诸如"客户问题有奖调查"、"客户意见座谈会"、"客户回访"等形式，主动把问题收集上来并逐次解决。企业不能经意或不经意地"积累"客户的抱怨，客户的忍耐是有限的，量变必然要导致质变。如果客户的愤怒真的"爆发了"，场面可能也就难于收拾了。客户抱怨有很多种类型，不同类型的客户抱怨处理起来复杂程度不同，方法也不同。有些客户抱怨，只要提高用电服务质量就可以了，而有些客户抱怨需要向客户提供补偿才能解决，当然补偿可能包括物质补偿与精神补偿。

（2）遵循化解客户抱怨的逻辑关系。要想化解客户抱怨就必须在操作上有一个逻辑，首先在情绪、心理等方面转变客户的思想，然后再为客户提供某种服务保证，让客户心理上获得平衡，最后企业要改善或提高服务质量，或者在其他要素方面做出适应性调整，如反应速度、服务环境等，以获得客户满意。其实，在这个过程中有两个关键点：一是沟通；二是快速。沟通得越"透"，反应得越快，对用电服务就越有利。一般采取四个基本步骤来化解客户抱怨。第一步是淡化客户对企业的抱怨，即通过细致耐心的"思想工作"，让客户的情绪得以控制，愤怒得以舒缓，心情得以改善，使客户抱怨不至于继续加重。这一步主要是用电服务通过诚恳的态度、和善的语言、动人的诚意来争取客户对企业的理解，为进入下一步争取机会。第二步是用电服务要找到客户抱怨点，搞清客户为什么抱怨，以及客户有哪些要求。如果对客户的要求能立即回复，就不要耽搁，把问题解决在现场一线。如果不能立即解决，也要给客户一个可以"忍受"的等待期限，并提供一些相关的服务保证，让客户静候"佳音"。第三步是用电服务要围绕客户抱怨进行认真研讨，研讨内容包括客户抱怨是否合理，企业是否有必要解决，因为总有一些客户抱怨不现实或者属于无理要求；以及客户合理的抱怨，用电服务是否有能力解决，如何解决。若可以解决，要立即着手制定解决方案。第四步是解决方案出台后，第一时间与客户进行沟通，并提供解决方案，让客户听到来自企业的好消息。同时，企业要立即着手落实并兑现在解决方案中的政策、承诺与补偿，让客户抱怨得到最终化解。

（3）从"客户抱怨管理"到"服务补救"。与"沉默抵制者"沟通对用电服务而言，客户抱怨毕竟是被动的，何况还有大多数的不满意客户保持着沉默。因此，用电服务应该积极主动地与客户沟通，特别是要让沉默的客户也能表达自己的不满，这就需要从传统的"客户抱怨管理"到采取"服务补救"措施。客户抱怨管理有一个非常明显的特点，即只有当客户进行抱怨时，用电服务才会采取相应的措施，安抚客户。这种"不抱怨不处理"的原则，将严重影响客户感知服务质量和客户满意，从而影响客户忠诚。但服务补救则不同，它具有主动性特点，要求用电服务员工主动地去发现服务失误并及时地采取措施解决失误，这种前瞻性的管理模式，无疑更有利于提高客户满意和忠诚的水平。

（4）妥善处理第三方抱怨，变"公关危机"为"公关宣传"。第三方抱怨与客户其他抱怨方式不属于同一个层级，客户一般不会在感到不满意时首先想到第三方抱怨，而往往是在直接抱怨没有成功时才会考虑这种较为极端的方式。第三方抱怨其实是一种严重的"公关危机"，处理不当，将大大损害电力企业的形象。用电服务在处理可能影响到新闻媒体、社会大众、消费大众等改变电力企业形象评估的事情时，一定要站在公共关系大局的角度来衡量得失，决不能以一时的利益来衡量。对在"公关危机"中发表的声明以及随后所采取的行动应有充分的准备，唯有向公众说明服务失误的性质以及企业所采取的补救措施，才能使人们觉得企业的行为是积极的，以此化"公关危机"为"公关宣传"。

（5）引导客户直接抱怨。在调查中发现，向电力企业直接投诉的抱怨客户，只有一部分是通过"95598"用电客户服务呼叫中心投诉的，其他客户可能向电力企业的领导直接投诉、向营业厅值班人员反映、利用电力部门的投诉箱反映问题。"95598"用电客户服务呼叫中心作为热线，按理应该成为主要的投诉渠道，而现实中为什么没有得到充分利用呢？调查发现，很多客户知道"110"、"112""119"，而根本不知道"95598"。因此，电力企业应向社会加以广泛宣传，更好地让社会和广大用电客户了解、认识抱怨的渠道，才能发挥"95598"电力服务热线应有的功能和作用。

4. 处理客户异议的方法

（1）转折处理法。是处理客户异议的常用方法，即营业员根据有关事实和理由来间接否定客户的意见。应用这种方法是首先承认客户的看法有一定道理，也就是向客户做出一定让步，然后再讲出自己的看法。此法一旦使用不当，可能会使客户提出更多的意见。在使用过程中要尽量少地使用"但是"一词，而实际交谈中却包含着"但是"的意见，这样效果会更好。只要灵活掌握这种方法，就会保持良好的洽谈气氛，为自己的谈话留有余地。例如客户提出营业员的称呼过时了，营业员不妨这样回答："小姐，您的记忆力的确很好，这种称呼是几年前流行的，很多人和您的想法一样，我想您是知道的，这样称呼是出于对您的尊重。"这样就轻松地反驳了客户的意见。

（2）转化处理法。是利用客户的反对意见自身来处理。客户的反对意见是有双重属性的，它既是用电服务的障碍，同时又是一次营销机会。营业员要是能利用其积极因素去抵消其消极因素，未尝不是一件好事。这种方法是直接利用客户的反对意见，转化为肯定意见，但应用这种技巧时一定要讲究礼仪，而不能伤害客户的感情。此法一般不适用于与缴费有关的或敏感性的反对意见。

（3）以优补劣法。又叫补偿法。如果客户的反对意见的确切中了电力产品或用电服务中的缺陷，千万不可以回避或直接否定。明智的方法是肯定有关缺点，然后淡化处理，利用用电服务的优点来补偿甚至抵消这些缺点。这样有利于使客户的心理达到一定程度的平衡，有利于使客户做出满意评价。当用电服务环节确实有些问题，而客户恰恰提出："智能电表计量不准时"，营业员可以从容地告诉他："这种电表的确和机械电表不同，计量进度要高得多，但它的确给用户带来很多方便，只是有些功能现在还没使用，而且公司还确保这种电表不会多收您一分钱。当然，如果您还是觉得老电表可靠，可以给您换装机械表。"这样一来，既打消了客户的疑虑，又以性能优势鼓励客户使用智能电表。这种方法侧重于心理上对客户的补偿，以便使客户获得心理平衡感。

（4）委婉处理法。营业员在没有考虑好如何答复客户的反对意见时，不妨先用委婉的语气把对方的反对意见重复一遍，或用自己的话复述一遍，这样可以削弱对方的气势。有时转换一种说法会使问题容易回答得多。但只能减弱而不能改变客户的看法，否则客户会认为你歪曲他的意见而产生不满。营业员可以在复述之后问一下："我理解您的说法确切吗？"然后再继续下文，以求得客户的认可。比如客户抱怨"实行居民阶梯电价后电费比去年多了，这不是变相涨价吗！"营业员可以这样说："是啊，实行阶梯电价对一些生活富裕用户，电费比起前一年确实高了一些。"然后再等客户的下文。合并意见法，是将客户的几种意见汇总成一个意见，或者把客户的反对意见集中在一个时间讨论。总之，是要起到削弱反对意见对客户所产生的影响。但要注意不要在一个反对意见上纠缠不清，因为人们的思维有连带性，往往会由一个意见派生出许多反对意见。摆脱的办法，是在回答了客户的反对意见后马上把话题转移开。

（5）反驳法。是指营业员根据事实直接否定客户异议的处理方法。理论上讲，这种方法应该尽量避免。直接反驳对方容易使气氛僵化而不友好，使客户产生敌对心理，不利于客户接纳营业员的意见。但如果客户的反对意见是产生于对用电服务的误解，而你手头上的资料可以帮助你说明问题时，你不妨直言不讳。但要注意态度一定要友好而温和，最好是引经据典，这样才有说服力，同时又可以让客户感到你的信心，从而增强客户对服务的信心。反驳法也有不足之处，这种方法容易增加客户的心理压力，弄不好会伤害客户的自尊心和自信心，不利于提高客户满意度。

（6）冷处理法。对于客户一些不影响用电服务的反对意见，营业员最好不要反驳，采用不理睬的方法是最佳的。千万不能客户一有反对意见，就反驳或以其他方法处理，那样就会给客户造成你总在挑他毛病的印象，而是应该耐心倾听找症结。面谈中把更多的时间留给客户，看上去客户似乎是主动的意见发出者，而营业员是被动的接受者。其实不然，心理学家大量研究证明："说"与"听"两者相比，听者有利。因为交谈中听者思考的速度大约是说者的五倍。因此善于倾听的营业员可以有充分的时间，对客户真实的需求、疑虑进行准确的鉴别和判定，及时捕捉各种购买信号。当客户抱怨你的同行衣服不合体时，对于这类无关服务的问题，都不予积极回应，转而谈你要说的问题。营销专家认为，在实际用电服务过程中80％的反对意见都应该冷处理。但这种方法也存在不足，不理睬客户的反对意见，会引起某些客户的注意，使客户产生反感。且有些反对意见与客户满意度关系重大，营业员把握不准，不予理睬，有碍服务，甚至造成客户抱怨。因此，利用这种方法时必须谨慎。处理客户的异议有两条"铁规"必须遵守，即"不打无准备之仗"、"永远也不要与客户争辩"。因此，营业员不妨针对常见异议，编制一本标准解答的异议"秘籍"，记熟它并不断在实践中润色、修改和提高。而面对客户的异议时，也不要试图争辩以证明自己是对的，把"对不起"常挂嘴边，效果会更令人满意。

此外，在与客户的对话中，营业人员还应该注重一些细节，如解答异议适可而止，专业营业员应当是电力产品专家，但并不意味着要主动告诉客户自己所知道的一切。因为滔滔不绝反而会使客户厌烦，而且客户得到的信息越多，他需要考虑的时间越长。服务应当简明扼要，针对客户的需求点对症下药，有助客户尽快做出满意决定。回应异议细思量，营业员在回答客户异议前应有短暂停顿，让客户觉得你的回答是经过思考后说的，而不是随意敷衍。对于客户提出的异议，营业员要回答得清楚而有条理，最好能够给出几种解决方案供客户选择，促使用电服务进入下一个程序。

第九章 销 售 电 价

第一节 销售电价及测算相关问题

一、销售电价及其结构

销售电价是指电网经营企业对终端用户销售电能的价格，由购电成本、输配电损耗、输配电价及政府性基金四部分构成。购电成本指电网企业从发电企业（含电网企业所属电厂）或其他电网购入电能所支付的费用及依法缴纳的税金，包括所支付的容量电费、电度电费。输配电损耗指电网企业从发电企业（含电网企业所属电厂）或其他电网购入电能后，在输配电过程中发生的正常损耗。输配电价指按照《输配电价管理暂行办法》制定的输配电价。政府性基金指按照国家有关法律、行政法规规定或经国务院以及国务院授权部门批准，随售电量征收的基金及附加。

在我国销售电价实行政府定价，统一政策，分级管理。各级政府价格主管部门负责对销售电价的管理、监督。在输、配分开前，销售电价由国务院价格主管部门负责制定；在输、配分开后，销售电价由省级人民政府价格主管部门负责制定，跨省的报国务院价格主管部门审批。政府价格主管部门在制定和调整销售电价时，应充分听取电力监管部门、电力行业协会及有关市场主体的意见。居民生活用电销售电价的制定和调整，政府价格主管部门应进行听证。各级政府价格主管部门和电力监管部门按各自职责对销售电价进行监督和检查，价格主管部门对违反法律、法规和政策规定的行为依法进行处罚。

单一制电价和两部制电价是我国现行销售电价的基本电价制度，两部制电价制度是按用户的用电度数和用电容量分别计收电度电费和基本电费。电度电价是指按用户用电度数计算的电价；基本电价是指按用户用电容量计算的电价。我国各省两部制电价在各类用户中的实施范围各不相同，但大工业用户均执行两部制电价。除了这两种基本电价制度，其他形式的电价制度，如分时电价、枯丰季节电价也有实施。据统计，我国大部分省级电网实行峰谷分时销售电价，执行电价比例越过半数。同时，在一些水电资源较丰富的电网已开始实行丰枯季节销售电价，但此类售电量的比例相对较低。

我国现行目录电价类别有居民生活电价、非居民照明电价、大工业和普通工业电价、大工业电价、商业电价、农业生产、贫困县农业排灌电价和趸售电价等8项。居民生活、农业生产用电，实行单一制电度电价。工商业及其他用户中，受电变压器容量在100kVA或用电设备装接容量100kW及以上的用户，实行两部制电价；受电变压器容量或用电设备装接容量小于100kVA的实行单一电度电价，条件具备的也可实行两部制电价。而两部制电价由电度电价和基本电价两部分构成。同时，对各类用户，根据电压等级不同，又分别制定电压等级差价，各类用户的电压等级差价水平不等，但从总体上看，各类用户的销售电价随着电压等级的上升，电价水平呈下降趋势。

二、销售电价定价方式

电力市场定价方式主要有三种：政府定价、协议定价和竞争形成价格。具体采用的定价方式可以根据不同的市场阶段确定。目前在电力市场输配售没有分开的情况下，用户没有选择权，销售电价还是采用政府定价的方式。供电侧放开后，供电商竞争零售电能，发电商和大用户与供电商可以进行双边交易、协商定价。销售电价只是针对没有选择权或不使用选择权的用户制定。

（一）政府定价

电力工业具有自然垄断性，因此政府定价这种方式是必不可少的。政府定价有利于国家的宏观调控，保持物价稳定，抑制通货膨胀，避免电力企业获得超额垄断利润。

政府定价采用直接手段和间接手段两种方式，目前电力市场化的国家在实际操作中的政府定价形式主要有以下两种。

（1）在一定时期内没有购电选择权的小型电力用户的售电价格，仍由政府制定。其电价采用上限限制方式，按照"RPI－X"这一规定的公式进行调整。其中 RPI 是零售物价指数，X 反映对电力工业效率提高的要求或预测。不同地区电力公司确定的 X 值不尽相同，一般在 0～2.5 之间，以反映地区间资源等方面的差别。

（2）对发电企业的报价进行限制。抑制由于上网电价的大幅度波动对销售电价的影响，保障销售电价相对稳定。

（二）协议定价

随着电力场中双边贸易逐步开展，买卖双方将采用协议定价方式。协议定价是买卖双方通过签订购销协议的方式，在合同中对商品的购销价格经过双方协商一致后在合同中进行规定，在实际结算时以此价格为标准。协议定价方式又称合同定价方式。

协议定价可以有效反映电力商品的真实价值，而且可以反映电力商品的供求关系，并自动调整电力市场中有关市场主体之间的经济利益关系，具有公平性和灵活性。

协议定价可以保持电价的平稳性，防止电价的快速波动。这主要是因为协议的确定对未来某一段时间的电价予以规定，一般情况下协议双方是不能违约的，这样就使得电价在这一段时间内会保持相对稳定。

（三）竞争形成价格

零售市场形成后，终端消费用户可以直接参与竞争，购买所需电能。一般来说，大用户直接参与市场，具有选择权的小用户不直接参与市场竞争，而是由一些代理商代理在零售市场参与竞争。作为买方的大用户和用户代理商的价格在市场中竞争形成。竞争形成价格有两种竞争方式：同价竞争和报价竞争。

同价竞争可以是买方给出一个可以接受的价格，多个卖方在相同的价格条件下竞争；也可以是卖方给出一个可以接受的价格，多个买方在相同的价格条件下竞争；还可以是第三方规定买卖双方的交易价格，多个买方和卖方在相同的价格下竞争，以降低成本作为竞争的手段，而不是利用价格优势竞争。

报价竞争是利用价格优势来竞争，可以是多个卖方报价，买方根据报价的高低，实行低价先买。报价竞争一般适应于多个卖方或多个买方的交易方式。报价竞争是一种自由竞争交易方式，充分反映市场供求对价格的影响，各竞争主体也处于公平竞争的状况，但采用竞争报价应避免垄断。

三、销售电价定价原则

销售电价是向终端用户售电的价格，它与一般商品的零售价格内涵接近，是该商品生产消费流通过程中所发生的费用在终端用户间分摊的价格。制定销售电价的原则是坚持公平负担，有效调节电力需求，兼顾公共政策目标，并建立与上网电价联动的机制。具体定价原则主要包括以下几个。

（1）反映成本的原则：指销售电价水平能反映发电、输配电、供电环节的实际成本。

（2）公平负担的原则：指通过销售电价体系，能够根据用户不同的用电需求，公平地将供电成本分摊到各类用户。

（3）反映需求的原则：是指销售电价的结构和水平能够合理反映市场需求结构和供需关系，给用户提供合理的价格信号。

（4）透明的原则：销售电价面向的是终端电力用户，应满足各类用户对电价制订透明度的要求。

（5）相对稳定的原则：电价调整应当兼顾社会承受能力，在一定时期内保持相对稳定。

（6）兼顾公共服务政策的原则：指销售电价制定要兼顾国家产业政策，并向低收入者提供最基本的服务。

（7）可操作的原则：指销售电价定价过程中，要考虑销售电价的操作成本的高低，越精细、复杂的销售电价体系，其需求的计量等方面的操作成本投入越高。

四、销售电价测算相关问题

目前我国各省实行统一销售电价，销售电价测算可按以下步骤进行。

（一）供电成本测算

供电成本是指供电企业在向用电客户供电过程中所发生的全部费用，它是制定销售电价的基础和主要依据，所以销售电价定价首先要进行供电成本测算。供电成本可以分为：与容量（kVA）或负荷需量（kW）成比例的容量成本，与用电量（kW·h）成比例的电量成本。因此，在供电成本测算环节，不仅包括供电成本总水平的测算，还应该进行容量成本和电量成本的分配比例测算，以便进行两部制定价。

（二）电价结构设计

1. 用户分类

按照公平负担的原则，销售电价的制定除了保证供电成本的全部回收的同时，还要实现供电成本在各用电客户中的公平分配。由于销售电价面向的终端用户数量繁多，且各个用户的用电具有随机性，不可能逐一实现对每个用户的分别定价。所以，必须对用户进行归类，同类用户执行统一标准的电价。

用户分类的合理性，直接影响供电成本的公平分摊。考虑上面分析的影响供电成本的主要因素，根据用户的受电电压、最大需量、负荷率等用电特性不同进行归类，用电特性相似的用户执行同一类目录电价。

2. 分类用户间成本分摊

用户分类体系建立，根据各类用户用电特性的不同测算各类用户应分摊的供电成本。对于电量成本可直接根据分类用户的用电量比例分摊，而容量成本在各类电力用户中的合理分摊是销售电价制定的关键。

3. 电价制度选择

确定各类用户应该分摊的容量成本和电量成本后，根据用户最大需量的大小，确定该类用户是采用单一制电价还是两部制电价。对于小用户，出于考虑电价实施操作的可行性，选择单一制电价作为基本电价制度；对于大用户，则选择两部制电价作为基本电价制度，以反映电价中的容量成本和电量成本的构成。

4. 确定两部制用户的基本电费分摊比例

由于电力行业属于资金密集型行业，并且在发、输配电环节容量成本占总成本的比例较大，为了减少成本回收风险，以及合理反映电价中的成本构成，销售电价中采用两部制电价作为基本的电价制度，即销售电费收入由通过基本电价回收的容量电费和通过电度电价回收的电量电费构成。需要说明的是，两部制用户的基本电费占总电费的比例，不能根据供电成本中容量成本占总成本的比例关系确定。这是因为，对于发电和输配电企业的容量成本不能全部通过销售电价中的基本电费回收，容量成本中有一部分要转移到电量电费回收。这种分摊机制，一方面能一定程度保障容量成本的回收；另一方面能有效激励发电、输电企业提高效率，促进电力资源整体优化配置。

（三）电价水平测算

对于单一用户，其电价水平根据其分摊的总费用（包括分摊的供电成本、销售利润、价内税金，以及用电量）测算该类用户的单一电量电价水平；对于两部制用户，首先根据其分摊的单位容量成本、基本电费占容量电费的比例测算基本电价水平，然后根据其分摊的总电费、用电量、基本电费测算电度电价水平。

第二节　供电成本测算

一、影响供电成本的因素

销售电价回收的电费收入包括供电成本、销售利润和价内税。其中，供电成本是形成销售电价的基础。供电成本由电力销售企业支付的购电费用、输配电费用和企业向终端用户销售电能过程中自身的成本构成。

影响供电成本的因素主要有以下几个。

（一）供电量

供电量反映电力企业供给最终用户电量的多少。供电量的多少直接影响供电成本中的变动成本。

（二）最大需量

最大需量为电力用户的最大电力需求，即电力用户的负荷。最大需量是影响供电成本的主要因素。为了满足用户的最大需量，必须保证一定的发电容量和输配电容量，因此，电源建设的投资与系统的最大需量密切关联。同时，电网建设的投资为了满足一定的容载比，也与用户的最大需量密切关联。

（三）用电时间

用户在不同的时间增加电力需求，对系统成本的影响是不同的。高峰时间用电，增大系统短期边际容量成本；低谷时间用电，不增大系统的边际容量成本，其容量成本低。不同类型的机组单位发电成本不同，水电机组的单位边际发电成本比火电机组低，而火电机组的单位容量成本低于水电机组。因此，在枯水季节用电，火电容量比重大，其成本高；在丰水季节用电，火电容量比重小，其成本低。

（四）负荷率

负荷率为各类用户在该时段的平均负荷与最大负荷之比。用户的负荷率描述的是用户用

电负荷的不恒定性，即用户用电的波动性，某类用户某时段的负荷率计算公式为

$$f = p_{ave}/p_{max} \qquad (9-1)$$

式中：f 为某类用户某时段的负荷率；p_{ave} 为该类用户在该时段的平均负荷；p_{max} 为该类用户在该时段的最大负荷。

各类用户在各时段具有不同的负荷请求，因此具有不同的负荷率。有些用户如三班制的大工业用户，负荷曲线平稳，负荷率高，随着负荷率的增高，用户用电量增大，固定成本分摊到每度电的费用下降，即平均单位成本下降。这些用户如居民和商业用户，由于负荷曲线峰谷差较大，负荷率低，是造成系统峰谷差的主要因素，所以其应承担的平均单位成本高。

（五）负荷分散率

某类用户在某一时段的分散率定义为该类用户在该时段的最大负荷与该类用户中各用户的最大负荷之比。用户的分散率描述的是用电时间的不重叠性，即用户用电的不同时性。一般研究各类用户在系统高峰时段的分散率，某类用户某时段的分散率计算公式为

$$d = p_{max}/\sum p_{imax} \qquad (9-2)$$

式中：d 为该类用户某时段的分散率；p_{max} 为该类用户在该时段的最大负荷；p_{imax} 为该类用户中用户 i 在该时段的最大负荷。

分散率的大小与用户数和分类数有关。分散率对用户供电成本影响很大，在每个用户最大需量已定的条件下，分散率越低，电网需要的建设投资越小。由此，电力企业的供电成本分摊到每个用户的数额是否精确合理，取决于对负荷分散率估计的精确程度。

用户的分散率与负荷率之间存在着一定的关系，通常用户的负荷率越高，其分散率也越高，用户负荷率与分散率的关系通过负荷实测可以得到负荷率—分散率关系，如图 9-1 所示。

为了达到精确、合理地分摊容量成本，对负荷率—分散率的研究应首先按时段来划分，一般分为高峰、白天、夜间三个时段。

（六）受电电压

处于不同受电电压等级的用户承担不同电压等级的容量成本。用户需要承担发电及高一级输配电容量成本和用

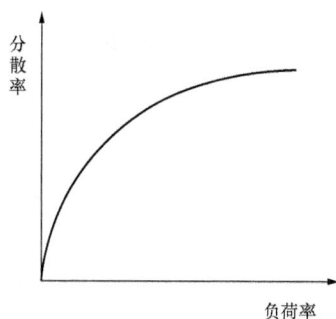

图 9-1 负荷率—分散率关系图

户所在的本级输配电容量成本。用户所处的受电电压等级影响系统的输电损耗，高压网的用户只承担高压网损，低压网的用户不仅承担低压网损，而且要承担高压网损。

（七）供电可靠性

用户不同的用电需求导致不同的供电成本。用户降低供电可靠性相当于在一定程度上减少发、输电容量。用户出于本身的缺电成本高，对供电可靠性要求高，电网为满足用户的高可靠性要求而多支付固定成本。如双路电源供电，以保证在电网设备故障时不切断或少切断该用户。因此，高可靠性需求的用户必须承担较高的电价。

（八）功率因数

在相同的供电量条件下，低功率因数的用户所占用的电气设备容量较大，高功率因数的用户所占用的电气设备容量较小，由此，高功率因数的用户需分摊的固定成本较少。同时，

在相同的供电量条件下，低功率因数的用户，引起电网电流较大，从而增加了电网的线路损失，即增加了变动成本。一般情况下，往往是各种因素交叉作用，影响供电成本，见表9-1。

表 9-1 影响因素与成本的关系

影响因素	主要影响的成本因素	影响因素	主要影响的成本因素
供电量	变动成本	分散率	固定成本
最大需量	固定成本	售电电压	变动成本、固定成本
用电时间	变动成本、固定成本	可靠性	固定成本
负荷率	变动成本、固定成本	功率因数	变动成本、固定成本

二、供电成本测算方法

销售电价的制订必须保证供电成本的回收，并使供电成本在各用户中合理负担。供电成本的测算方法主要有会计成本法。

会计成本定价是一种常用的、传统的定价方法，电力企业会计记录与财务报表中出现的成本分录（包括要分配给股东的盈利在内）来核算供电成本。美国电价主要按会计成本进行核算，但其在电价结构设计上引入了一定的标记成本定价理念，即按照用户的用电特性进行分类。

会计成本测算步骤如下。

（1）选择电价设计测算年。

（2）确定该年内要通过电费收回的分电压等级的各种成本的总和（包括容量成本和电量成本）。

（3）计算供电成本，计算公式为

$$c_s = c_b + c_t \tag{9-3}$$

式中：c_s 为供电成本；c_b 为购电成本。即购电费，计算公式为

$$c_b = c'_b + c''_b \tag{9-4}$$

式中：c'_b 为购电容量电费；c''_b 为购电电量电费；c_t 为各电压等级输配电成本，即各电压等级支付的输配电电费，计算公式为

$$c_t = c_{ts} + c_{tup} = c'_t + c''_t \tag{9-5}$$

式中：c_{ts} 为本级电压需回收的输配电成本；c_{tup} 为高一级分摊到本级需回收的输配电成本；c'_t 为该电压等级输配电容量成本；c''_t 为该电压等级输配电电量成本。

（4）计算单位平均容量成本，计算公式为

$$Ac_{sr} = c_{sr}/R_S \tag{9-6}$$

式中：Ac_{sr} 为单位平均容量成本；c_{sr} 为供电容量成本，计算公式为

$$c_{sr} = c'_b + c_t \tag{9-7}$$

式中：R_S 为供电容量。

（5）计算单位平均电量成本，计算公式为

$$Ac_{sd} = (c_s - c_{sr})/L_S \tag{9-8}$$

式中：Ac_{sd} 为单位平均电量成本；L_S 为供电量。

第三节 销售电价结构设计

一、用户分类

(一) 合理的用户分类体系的意义

科学、合理的用户分类体系,是实现销售电价合理定价的重要前提。

首先,用户分类是供电成本分摊的前提。电力用户按照科学标准进行分类,对实现供电成本合理、有效、公平分摊具有重要意义。销售电价面向的是电力消费的终端用户,根据前述负荷特性对供电成本的影响分析,用户不同的消费方式会造成系统对其供电成本的不同。对于电能产品,由于电力供应是资金密集型行业,供电成本资金量大,且面向的电力终端用户规模巨大,无法逐一进行成本分摊,因此必须对数目巨大的电力用户进行归类。

其次,用户分类与市场需求结构密切挂钩。用户的分类体系决定了销售电价的体系结构,而销售电价的体系结构直接连接电能的需求结构。一个合理的商品价格体系不仅能将不同类型消费者的需求信息反馈给生产者,而且能够把生产者信息传递给消费者。对于电能产品来说,销售电价体系结构不仅要具有向供电企业和政府定价部门反映市场需求结构的能力,同时,还应该能够实现对市场需求结构的有效调整。因此,用户的分类体系的合理性直接影响销售电价结构体系对市场需求结构的反映能力,以及调整影响能力。

(二) 国外用户分类体系简介及经验借鉴

销售电价的分类受到电价政策的影响,不同经济制度的国家有不同的电价政策,在同一国家、同一地区、不同时期也有不同的电价政策。世界各国普遍在销售电价中采用分类电价,但是不同国家的分类标准和形式不同。目前世界上的分类形式有以下几种。

(1) 按行业分类。这种分类法结合了各国的行业分类标准,考虑了行业用电的平均特征,同时有利于国家协调各行业的利益分配关系。

(2) 按供电电压等级分类。处于不同供电电压等级的电力用户的供电设备的使用效率不同。因此,供电成本存在电压等级差别。

(3) 按照用电设备的容量和用电量分类。这种分类方法区分大用户和一般用户,对大用户采用较科学、精细的电价类别,对一般用户则采用简便易行的电价类别。

(4) 按照用电负荷率进行分类。供电成本在高峰和低谷时有差别,负荷率越低,差别越大,为了合理分摊电力成本,不同负荷率的用户采用不同电价。

(5) 按照电能用途分类。例如抢险救灾、临时用电、贫困地区用电等。

从表 9-2 可以看出,各国的用户分类形式各有特点。

(1) 各国分类标准的选取各不相同。

(2) 按行业和按电压等级分类是应用比较普遍的分类标准。

(3) 按容量分类和按负荷率分类也有一定程度的采用,一般都与按电压等级分类形式结合使用。

(4) 各国在进行用户分类时,对各种分类标准采用的先后顺序存在差异。基本分为两种趋势:一种是以电压等级作为基础分类标准,然后按行业(或用电持性指标,如负荷率)进行二次分类;另一种是先以用户的行业属性作为基础分类体系。

(5) 分类标准的实施范围要有针对性的设置,需要综合考虑计量、电费抄收等方面的技术支持力量，分类标准实施的可行性以及电价执行的操作成本等问题。一般对小用户、低压用户考虑按行业分类，对大用户、高压用户则需要考虑按用户的用电特性（如电压等级、用电容量、负荷率等指标）不同分类，以充分体现用户用电需求的差异性。

表 9-2　　　　　　　　　　　　　　　各国销售电价分类形式

国家	按行业分类	按电压等级分类	按用电容量分类	按负荷率分类	说明
法国		√	√	√	对两部制用户按用电时间（负荷率）分类
美国	√		√	√	对低压小用户按行业分类
英国	√	√			按行业仅分为居民与非居民两类，非居民再按电压等级分类
德国	√	√			对低压用户按行业分类；对高压用户按电压等级分类
日本	√		√		先按行业在按容量分类

（三）用户分类体系研究

1. 用户分类原则

电价结构的设计应尽可能体现供电的成本特点和供求矛盾特点，合理补偿供电成本的同时，充分利用价格杠杆引导电力消费，提供合理的价格信号。影响供电成本及供求关系的是各类用户的用电特性（用电量、最大需量、受电电压、负荷率和分散率等），而不是各类用户的行业特性。因此，根据用户的用电特性进行分类，才可能实现容量成本在各类用户中的公平负担，形成能正确反映市场需求结构的电价结构，让用户知道其使用具有某一特性的电能对系统成本造成的影响。

同时，用户分类还应该考虑销售电价执行过程中的操作成本，对不同类型用户的分类层次要繁简适当。例如，对于用电量小、数量多的小用户在分类上可以采用比较粗的标准，力求简易；而对于用电量较大的用户，则应设计较精细的电价结构，即要求用户分类要细致，充分考虑较大规模各电力用户在消费需求上的差异性。

销售电价制定过程中，需要通过电价回收的总成本由两部分构成，容量成本和电量成本。对于容量成本，由于用户的用电特性与其应承担的容量成本的份额有很大的关系，应通过考虑各类用户用电特性指标的不同，衡量各类用户的容量需求，实现容量成本在不同类用户间的公平负担；电量成本可以直接按照各类用户的电量需求，按比例分摊。

2. 用户分类方法

传统的销售电价结构中用户的分类是按照用户的用电用途划分的。这种分类模式下各类用户按照一定比例分摊容量成本，由于定价时较多考虑行业因素，造成各行业比价关系存在不合理的状况，如存在较大比例的优待用电。

目前国外较先进的做法是采取用户逐级分类体系，体系如图 9-2 所示。

（1）用户的一级分类：根据用户的受电电压等级，对所有用户按电压等级分类。

（2）用户的二类分级：对于同一电压等级的用户，再按最大需量（或变压器装接容量）分类。也就是根据系统内用户需量的大小与用户户数的分布，确定某一最大需量（或变压器装接容量）额度标准，把用户区分为单一制用户和两部制用户。其中，对于单一制用户，由于具有电压等级低、单个用户的用电量小、户数规模大的特点，也可以借鉴国外经验，按照用户的用电用途作简单的划分（如居民用电、商业用电等）。

（3）用户的三级分类：按负荷率大小对两部制用户再分类。对执行两部制电价的用户，考虑其负荷率水平的不同进行分类。其中对于两部制用户中的大用户，考虑到这类用户电量、容量需求大，用户较少，且一般都有较好的计量技术支持等特点，对这类用户需要设计较精确的分类体系，即按考虑负荷率大小，进行较多档次的用户分类。而对于执行两部制电价的低压、小用户则可以适当精简按负荷率大小进行用户划分的分档数目。

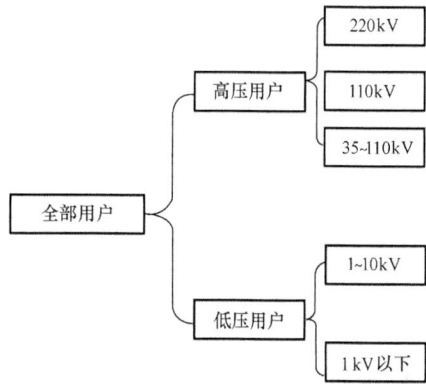

图 9-2 用户逐级分类体系

根据以上三级分类的思想，逐步设计得到一个有利于构建合理销售电价结构体系的用户分类体系，见表 9-3，其中选取 100kVA 作为划分两部制电价用户和单一制用户的容量标准。

二、分类用户间成本分摊

1. 各电压等级的容量成本在各类用户间的分摊

容量成本包括有：发电容量成本、高一级电压输配电容量成本、本级电压输配电容量成本。某一电压等级用户需承担的发电及上一级输配电容量成本根据其在高一级电网的分散率确定，该电压等级各类用户需承担的本级电压输配电容量成本根据本级电网的该类用户的分散率确定。

表 9-3   用 户 分 类 体 系

用户分类			电价制度	单一制电价	两部制电价
高压电力用户	220kV	>100kVA	负荷率特高		√
			负荷率高		√
			负荷率中		√
			负荷率低		√
	110kV	>100kVA	负荷率特高		√
			负荷率高		√
			负荷率中		√
			负荷率低		√
	35～110kV	>100kVA	负荷率特高		√
			负荷率高		√
			负荷率中		√
			负荷率低	√	

用户分类		电价制度	单一制电价	两部制电价
低压电力用户	1~10kV			
	<100kVA	居民	√	
		农业	√	
		其他	√	
	>100kVA	负荷率高		√
		负荷率中		√
		负荷率低		√
	1kV以下			
	<100kVA	居民	√	
		农业	√	
		其他	√	
	>100kVA			√

某电压等级中某类用户承担的容量成本计算公式为

$$C = (C_1 + C_2)d_1 + C_3 d_2 \tag{9-9}$$

式中：C 为该用户应承担的单位容量成本；C_1 为发电单位容量成本；C_2 为高一级电压输配电单位容量成本；d_1 为该电压等级所有用户作为一类用户在高一级电网高峰时段的分散率；C_3 为本级电压输配电单位容量成本；d_2 为该类用户在本级电网高峰时段的分散率。

2. 各类用户容量成本在各时段的分配

不同时段的用户需求对系统容量成本的影响是不同的。容量成本在各时段的平均分配，会造成用户的不合理分摊。

发电容量成本在各时段的分配可按失负荷概率的时间分布来考虑。电力系统高峰时段和非高峰时段的失负荷概率的比例一般为 50%~60% 和 40%~50%。因此，发电容量成本在白天时段按 40% 考虑。输配电的容量成本和本级电压的输配电容量成本在各个时段的分摊比例不同。

由于非高峰时段，一般高一级电压的输配线路的输送容量较小，变电站也没有达到额定容量，故高一级电压的输配电的容量成本考虑在高峰时段分摊 100%，其他时段为零。本级电压的输配线路和变电站的供电用户少、分散率高，本级电压的输配电容量成本在各时段平均分摊。

(1) 某类用户高峰时段单位容量成本计算公式为

$$C_p = C \tag{9-10}$$

式中：C_p 为某类用户高峰时段单位容量成本。

(2) 某类用户平均时段单位容量成本计算公式为

$$C_d = C_1 d_1 \times 40\% + C_3 d_2 \tag{9-11}$$

式中：C_d 为某类用户平均时段单位容量成本。

(3) 某类用户低谷时段单位容量成本计算公式为

$$C_n = C_3 d_2 \tag{9-12}$$

式中：C_n 为某类用户低谷时段单位容量成本。

三、两部制用户各时段的基本电费占容量成本的比例

在两部制的销售电价测算中，基本电价用来回收容量成本，而电量电价用来回收电量成本。两部制用户的基本电费占总电费的比例不能根据供电成本中容量成本占总成本的比例关系确定。这是因为对于发电和输配电企业的容量成本不能全部通过销售电价中的基本电费回收，容量成本中有一部要转移到电量电费回收。因此制定基本电价的关键点就是确定容量成本用基本电价回收的那部分占总容量成本的比例。

根据用户电压等级的不同、需量发生时间的不同、年利用小时的不同、行业特性的不同，应分别设置不同的基本电价水平。各国两部制电价中的基本电费基本上采用按需量计费的形式，反映用户的实际容量需求。我国基本电费多采用按容量计费的形式，无法充分发挥对用户最大需量有效抑制作用。我国目前两部制电价中的基本电价形式单一，各省目录电价均执行统一的基本电价形式，不存在价差。

目前，容量成本在基本电费和电度电费中分摊比例的确定主要有两种方法。

1. 经验分摊法

根据以往的经验，将 70%～100%作为高负荷率，分散率在 80%～90%，这时用户将要承担 80%～90%的容量成本，且转化为电量电费的容量成本的比例为 20%～50%，转化为基本电费的容量成本的比例为 70%～40%。将 40%～69%的负荷作为中负荷率，其分散率为 50%～70%，承担 50%～70%的容量成本，且转化为电量电费的容量成本的比例为 30%～40%，转化为基本电费的容量成本比例为 40%～30%。该方法简单实用，但仅从经验出发，难以令人信服，具有一定的主观色彩。

2. 分散率和负荷率的关系曲线确定法

各类两部制用户在各个时段承担的总容量成本分解为两部分：与负荷率无关的固定费用部分，这部分对应基本电费；与负荷率有关的计入电度电费。

容量成本在基本电价和电度电价中分摊时，首先应考虑具有不同用电特性的用户负荷特性，确定分散率—负荷率关系曲线。然后根据本级电网各类用户在各个时段的负荷率—分散率关系曲线确定容量成本中基本电费的分摊比例（如图 9-3 所示）。

对于负荷水平是 K_1 的用户，在本级电网的负荷率—分散率关系曲线上，可以找到对应的点 A。A 点的分散率为 K_2，过 A 点作曲线的切线，交分散率轴，在该轴上的截距为 K_3，K_3 确定为基本电费占容量成本的分摊比例，则该类用户在某时段的基本电价的计算公式为

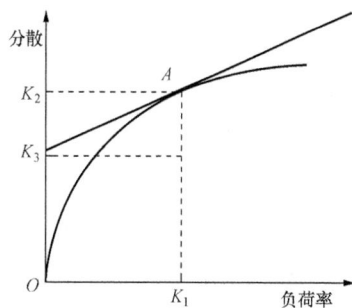

图 9-3 基本电费的分摊比例

$$P_{bi} = C_i K_3 \tag{9-13}$$

式中：P_{bi} 为某类用户在时段 i 的基本电价；C_i 为某类用户在时段 i 单位容量成本；K_3 为某类用户在时段 i 的基本电费占容量成本的比例。

由图 9-3 可见，负荷率越高的用户，其基本电价越高，电度电价越低。反之，负荷率低的用户，其基本电价越低，电度电价越高。可见，具有不同用电特性的用户所承担的容量成本有所不同。

该方法从理论上来说是完美的，但是从定性的角度出发，难以定量分析，确定分散率—负荷率关系曲线有一定难度。

第四节 销售电价水平测算

在销售电价结构设计中，确定了用户分类体系、各类用户采取的电价制度、各类用户之间的容量成本分摊比例，以及两部制用户基本电费占容量成本的分摊比例。最后，综合考虑销售利润和税金进行销售电价的水平测算。

一、单一制用户电量电价水平测算

（1）某类单一制用户高峰时段电量电价计算公式为

$$p_{op} = C_p/(mh \times K_1) + E + \nabla F + \nabla T \tag{9-14}$$

式中：p_{op} 为某类单一制用户高峰时段电量电价；E 为单位电量成本；mh 为每月小时数，一般设为 730；∇F 为单位售电利润；∇T 为单位税金。

（2）某类单一制用户平段时段电量电价计算公式为

$$p_{od} = C_d/(mh \times K_1) + E + \nabla F + \nabla T \tag{9-15}$$

式中：p_{od} 为某类单一制用户平段时段电量电价。

（3）某类单一制用户低谷时段电量电价计算公式为

$$p_{on} = C_n/(mh \times K_1) + E + \nabla F + \nabla T \tag{9-16}$$

式中：p_{on} 为某类单一制用户低谷时段电量电价。

二、两部制用户基本电价及电度电价水平测算

（1）某类用户高峰时段基本电价计算公式为

$$p_{bp} = C_p \times K_3 \tag{9-17}$$

式中：p_{bp} 为某类用户高峰时段基本电价。

（2）某类用户平段时段基本电价计算公式为

$$p_{bd} = C_d \times K_3 \tag{9-18}$$

式中：p_{bd} 为某类用户平段时段基本电价。

（3）某类用户低谷时段基本电价计算公式为

$$p_{bn} = C_n \times K_3 \tag{9-19}$$

式中：p_{bn} 为某类用户低谷时段基本电价。

（4）某类用户高峰时段电度电价计算公式为

$$p_{pp} = C_p \times (K_2 - K_3)/(mh \times K_1) + E + \nabla F + \nabla T \tag{9-20}$$

式中：p_{pp} 为某类用户高峰时段电度电价。

（5）某类用户平段时段电度电价计算公式为

$$p_{pd} = C_d \times (K_2 - K_3)/(mh \times K_1) + E + \nabla F + \nabla T \tag{9-21}$$

式中：p_{pd} 为某类用户平段时段电度电价。

（6）某类用户低谷时段电度电价计算公式为

$$p_{pn} = C_n \times (K_2 - K_3)/(mh \times K_1) + E + \nabla F + \nabla T \tag{9-22}$$

式中：p_{pn} 为某类用户低谷时段电度电价。

第十章 电 费 管 理

电费是供电企业的销售收入，是电力营销工作的最终成果体现。顺利实现电费的全部回笼，获得经济效益，是电力营销的目的，是供电企业健康可持续发展的关键。然而，在现实生活中，用电客户拖欠电费的现象十分普遍，供电企业电费风险随着经济的快速发展，正在逐步加大。

从外部环境看，随着我国社会主义市场经济的逐步完善，我国企业信用意识不断提高，但信用状况仍然不容乐观，在经营过程中普遍存在不恪守信用拖欠账款的现象，甚至个别企业将拖欠供电企业电费作为经营的一种策略。

从供电企业内部看，近年来，供电企业对加强电费回收、防范电费风险的重视程度有了显著提高，把百分之百回收电费作为业绩考核的主要指标，但电费风险管理概念的提出也是近几年的事，风险管理的思想还不深入，还没有形成完善的风险管理体系，风险管理意识还没有转化为科学常态的风险管理实践。在基层供电企业，防范电费风险往往只是电费回收具体工作部门的事，缺乏营销全过程关注和防范电费风险的机制。再者，由于供电企业迫于履行社会责任的压力，往往更加关注供电安全和对客户的优质服务，对存在电费风险的客户，更重视让其用上电，用好电，而采取的防范风险的手段却不足，导致电费风险不断增加。

现阶段一些产品单一、技术落后、管理混乱、设备陈旧的企业在市场竞争中处于劣势，甚至破产倒闭，使得电力购销合同无法正常履行，影响到电费的正常回收，增大了电费回收的难度。《电力供应与使用条例》第三十九条规定："逾期未交电费的，自逾期之日起计算超过 30 日，经催交仍未支付电费的，供电企业可以按照国家规定的程序停止供电"。按此规定，供电企业对欠费户采取停电措施的最快时间，也要待欠费户用电两个月之后。对一些大用户，如果其经营状况出现恶化，而电力企业仍在其用电两个月之后再按照规定采取停止供电措施，供电企业无疑将可能付出沉重代价，造成国有资产的严重流失。

第一节 电力营销全过程电费风险

电力营销是供电企业与客户互动完成电能优质安全可靠供应与使用的全过程，与其他产品的营销有很大的不同。主要原因在于电能的发供用同步，电力营销过程从用电报装、签订供用电合同、电能计量到抄表收费，是一个相对复杂、不可分割的过程。考察电力营销全过程的电费风险，有利于供电企业在新的历史时期，建立全面的电费风险管理体系，各部门协同一致，共同防范电费风险，从而提高供电企业的全面风险管理水平。

一、用电报装过程的电费风险

用电报装是有用电需求的客户向供电企业提出用电申请，供电企业通过现场勘察提出供电方案，双方按未来的产权分界完成各自的供电工程，经验收合格后装设电表、接电用电的全过程。也许有人要问，还没有用电，何来电费风险？这里所谈论的电费风险，除了显性的，还有潜在的。在用电报装过程中，包含了许多潜在的电费风险。

（1）用电项目的合法性。一些较大规模的工业项目，都要经过政府部门的立项审批，拿到批文后才能办理用电报装。但当前许多业主，在未拿到政府批文或未经审批，就开始办理项目用电手续，这其中可能就有国家明令禁止的淘汰项目、不符合国家产业政策的项目以及重大污染项目等。如果供电企业不了解国家政策，不进行认真的审查，供电后一旦客户用电项目遭政府查处，客户已经形成的电费，就有可能无法收回，形成电费损失。

（2）用电客户的资信水平。用电客户的资金实力及信用水平，对未来客户履行供用电合同、按时交纳电费，有直接的影响。在报装过程中，供电企业的客户服务人员，应该通过各种正面的或侧面的手段，了解客户负责人及工作人员的能力水平、项目资金的充裕程度、项目的市场前景、客户的银行信用等级、客户以往的信用状况等各类信息，建立信息充分的客户资信档案，提供给风险管理部门，制定有效的防范电费风险的方案。

（3）用电项目的生命周期。客户申请用电的项目，有些是很大的工业项目，有些是较小的生产作坊，有些还是临时的建设用电，用电项目生命周期的不同，极大地影响着未来的电费风险。因此，供电企业可以根据这一指标的不同，设定不同的风险防范手段。

（4）用电客户所属的行业门类。客户所属的行业不同，其未来给供电企业带来的风险也不同。一般来说，政府部门和国有企业，容易利用一些特殊的影响力，达到短期拖欠电费的目的，但不容易形成电费呆坏账；当前正处于市场上升期的新兴行业，不容易产生电费拖欠，而一些夕阳产业，则容易带来较大的电费风险。

二、供用电合同签订过程的电费风险

目前的供用电合同，均为格式合同，合同中有专门针对电费方面的条款，如执行的电价政策、交费时间等，都与未来的电费风险状况息息相关。在后续用电过程中，因用电业务变更等原因，还可能产生一些供用电合同的修改及补充事项，这些修改和补充，也会影响电费的回收。

（1）供用电合同签订的及时性。按照规定，在客户用电之前和供用电合同到期之前，供电企业都要与客户完成供用电合同的签订工作。如果客户已经用电后合同久拖未签，或老合同已经到期新合同未及时订立，其间发生电费拖欠问题时，供电企业就失去了用合同主张自己权利的手段。

（2）供用电合同内容的准确性。供电企业要根据客户的用电性质、负荷等级、用电容量、预计未来电费风险的大小，与客户约定基本电价、电度电价、功率因数调整电费标准、每月抄表时间与次数、交费期限与结算次数等许多涉及电费的内容，这些内容的政策性很强，供电企业必须十分重视这些内容的准确性，这些细节一旦发生错误，就会造成电费的风险问题。

（3）供用电合同的完整性。客户在初次签订供用电合同后，可能由于一些用电业务的变更，使合同不需重签但部分内容需更改，由此形成合同的补充条款。这些条款的形成，仍然要依照正规合同的签订原则和程序，进行协商和双方签字认可，作为原合同的一部分，妥善管理。如果涉及电费的补充条款订立不严肃，使补充条款未成为正式合同的有效组成部分，就有可能产生电费风险。

三、电能计量过程的电费风险

电能计量是收取电费的"一杆秤"，电能计量的公平准确与否，严重影响着电费。

（1）电能计量的技术可靠性。电能计量装置的设计、装设、应用，有一套严格的技术规范和标准，如电能计量装置的误差范围、准确等级、二次回路的电阻值、装置装设的工艺标准等，这些技术问题很容易产生电费风险。随着诸多科技含量更高的电能计量装置进入电网，技术性风险会更大。

（2）电能计量的管理有效性。电能计量装置在日常运行过程中，有严格的运行维护管理规定，如标准装置定期送检、计量装置周期轮换、现场校验、日常检查、故障处理等，如果未按管理标准所要求的去执行，装置的准确性就无法保证，有可能造成多计或少计电费，从而产生电费风险。

（3）电能计量信息的准确性。电能计量装置的信息，直接参与电费的计算，信息错误带来的就是电费错误。电能计量环节必须准确记录电能表的起度、互感器的变比、表计装设日期等，并确保准确传递到下一个营销环节，才能保证电费计算的准确。

（4）电能计量的窃电风险。电能计量装置装设在用电客户处，其可靠性、防窃电性能的好坏，关系着窃电风险的大小。还有些客户与供电企业的工作人员勾结窃电，因此对与计量装置相关的附属装置，如计量器具的封印及封印钳、计量箱（柜）的锁及钥匙等，供电企业必须加强管理，从技术上防范窃电风险。

四、抄表收费过程的电费风险

人员的责任风险、操作风险是形成抄表收费过程电费风险的主要原因。

（1）电费管理风险。随着供电企业信息化进程的强力推进，电力营销信息系统越来越先进，但平常的抄录电能表数据、电费审核、信息系统操作，还必须由人工来完成。由于人员的技术水平低或责任心不强，造成人为的疏忽或过失，就会形成电费风险。

（2）营销信息系统的技术风险。电费海量数据的存储、电费的计算、电费的收取及报表管理，IC卡表售电，都要由计算机营销系统来完成。营销信息系统的技术故障、突然失电、病毒攻击、黑客攻击等，都会造成系统的功能缺失或完全丧失，使电费不能正常计算发行，或电费不能正常收取，或电费整体出错等，以致形成电费风险。

（3）客户信用风险。由于用电营销传统上采取的是"先用电、后交钱"的交易模式，客户用电后，不按供用电合同规定的交费时间、不按已用的电费数额向供电企业交纳电费，电费风险就产生了。在收费环节上客户拖欠电费风险，是电费外部风险的最主要、最重要和最大的部分。

（4）社会经济环境风险。由于外部经济环境的变化，导致供电企业的某一部分或某一类型客户受经济形势的拖累，缺乏流动资金或资金链断裂，无法正常交纳电费而产生电费风险。由美国次贷危机和欧债危机引发的全球经济危机，对我国的实体经济产生了严重影响，许多企业减产、停产，形成了前所未有的风险，就是一个很好的社会经济环境风险的例子。

第二节 电费风险要素的构成

电力营销全过程电费风险可以按照电力营销的业扩报装、电费安全、现场服务、自动化系统等业务模块进行分类，进行电力营销全过程电费风险识别，如图 10 - 1 所示。

电费风险要素的构成

业扩管理风险
- 用电项目审核风险
- 业扩资料管理风险
- 供用电合同签订风险

电费安全风险
- 抄表风险
- 核算风险
- 收费风险
- 欠费风险
- 专业管理风险

现场服务风险
- 人员管理风险
- 装置装拆风险
- 装置检验试验风险
- 异常处置风险

自动化系统风险
- 系统故障风险
- 网络安全风险
- 应用程序风险
- 应用数据风险
- 运行管理风险

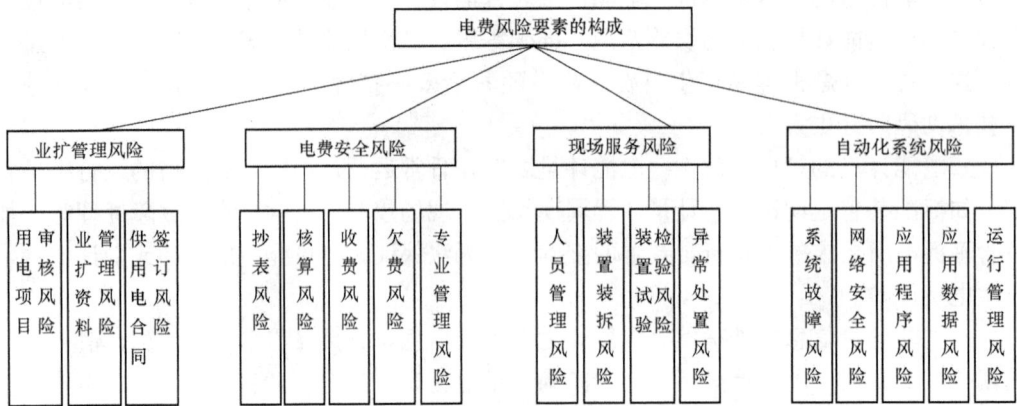

图 10-1　电费风险要素构成

一、业扩管理风险要素

（1）用电项目审核。在供电企业中，业扩是第一道环节，对于申请用电的项目，供电企业有进行审核的职责。对于政府规定限制的用电项目、未经政府主管部门批准或手续不全、批复程序不合法的用电项目，供电企业是不能受理其用电申请的。如果供电企业对客户提交的申请材料把关不严，导致违反国家产业政策，有可能在将来的正常用电过程中，客户因违反国家产业政策而被政府强制关停，形成无法正常缴纳电费的风险。另外，客户提供的工商注册、税务、个人身份证明、法人代表文件等相关资料与用电申请主体不一致或不完整，供电企业也必须要求客户整改后才能受理申请，否则将来在正常用电过程中发生电费纠纷，供电企业可能无法正常主张电费权利。

（2）业扩资料管理。如果对客户的业扩资料管理不当，导致业扩申请、现场勘查、供电方案制定及答复、签订供用电合同、装表接电等环节的资料不完整，则在供用电合同履行过程中，如果发生供电企业与客户对电费有关事项的争议或纠纷，供电企业因原始材料不完整带来电量电费结算错误，而使供电企业处于被动不利的局面。

（3）供用电合同签订。供电企业如果未与客户签订供用电合同，或供用电合同已签订但必要的附件不完整（如电费结算协议），在正常用电过程中可能发生电费回收难、合法的权利得不到主张等电费风险。如果不具有独立承担民事责任资格的公司内设部门、筹建处或是政府的所属部门直接作为用电方主体，申请签订供用电合同，一旦其所属的法人单位不予追认，其所签订的供用电合同无效，合同权利义务无法实现。由委托代理人签订供用电合同，但委托代理人没有出具授权委托书，或使用虚假伪造的授权委托书，一旦用电方不予认可，合同无效，等于没有签订供用电合同。供电企业与不合法企业签订的供用电合同，其所载权利将得不到法律保障。如果合同内容不是公司意思的真实表达，或合同的有些内容约定较含糊，或合同条款与实际不符，或未按法规要求起草合同，在出现合同纠纷时会发生不利于供电企业的条款解释，供电企业的权利得不到有效保障。

二、电费安全风险要素

（1）抄表风险。如果供电企业抄表人员抄表不到位、估抄、漏抄、串抄、错抄，或自动抄表系统在采集、集中、传送、倒入过程中发生数据差错，或因现场抄表环境复杂、计量装置安装不规范而引起抄录电量差错，客户可能以实际使用的电量与抄录的电量不符合为由拒交电费。长期的抄表差错，很容易发生电费损失。如果工作人员在为新装客户建立抄表册信息时，出现未建、错建或未及时纳入相应抄表册，或在调整抄表册信息时，出现误销户、误调整抄表信息等情况，就可能造成客户用电量一段时间或长期得不到抄录，引起电费损失。如果设备实际 TA 变比、变压器容量等与铭牌不符，就可能造成少计电量、损失电费。

（2）核算风险。如果电费计算程序的计算规则、与电费计算相关的标准代码不符合国家的有关规定，或与电费计算相关的电价代码、参数选错，或结构性的电价调整时电费计算规则的变更不符合国家有关规定，或业务传票处理、归档不及时，或未严格按照有关暂停、减容的规定计收基本电费，或未严格执行国家规定的分类电价、擅自增加或减少价外收费项目、不严格按照调价时间调整电价，就容易发生较大数量的同类客户的电费差错，客户可能以电费计算有错为由拒绝交纳电费，使供电企业遭受经济损失。

（3）收费风险。供电企业没有按照规定程序进行通知缴费或催收电费，将造成电费不能及时足额回收。不按规定执行电费违约金管理要求，将造成客户电费违约金被多收、少收、挪用或侵吞。在收取电费时收到假币，或走收电费过程中、电费资金保管过程中，电费被抢劫或挪用截留，造成电费损失。电卡表收费信息被篡改，或设置存在问题，或本身存在质量问题，有可能造成电费纠纷和欠费风险，影响电费正常回收。陈欠电费台账混乱，或非法核销电费呆坏账，将造成陈欠电费不能及时催收和回收。

（4）欠费风险。客户由于国际或国内经济环境恶化、国家宏观调控政策或产业政策调整、不可抗力、自身经营不善等因素，被关停、破产、重组、改制，如被列入限期关停目录的客户，执行差别电价的淘汰类、限制类客户，不能严格执行重组计划或重组失败的客户，受不可抗力影响关停的客户，容易形成资金短缺，电费支付能力下降，形成电费欠费，影响电费回收。客户在正常经营中产生经营状况恶化，或利用破产、关停等假象或者其他手段，或因缴费意识淡薄，恶意拖欠电费，造成电费不能及时、足额回收。供电企业没有及时掌握政府拆迁计划或应对不及时，导致拆迁户拆迁完毕后不知去向，或拆迁户恶意隐匿去向，造成拆迁户的电费无处催收，形成电费呆坏账。客户临时用电结束后不办理延期或正式用电手续，并不知去向，造成欠费无处催收，形成电费呆坏账。供电企业对欠交电费、违约用电的客户采取停电措施时，受地方政府干预而无法予以停止供电，或供电企业从稳定大局出发暂停对欠费客户进行停电，或对停电后可能导致重大安全隐患的客户不能采取停电措施时，将导致客户欠费金额持续增加，电费回收压力加大，有可能形成电费呆坏账。

（5）专业管理风险。供电企业未按照抄表工作、核算工作的管理要求开展抄核工作，如未按规定安排抄表例日、抄表与换表流程冲突、未定期核对、维护卡式表、远程抄表系统、集抄系统、未建立电费等电费参数设置管理规范、未按规定进行电量电费退补、核算时限超过工作标准规定等，造成电费差错或电费纠纷，影响正常的电费回收。抄表、核算、收费岗位混岗，不同岗位之间的工作得不到有效的监督，最终影响电费业务工作质量，造成电费损失。电费账户没有做到专户储存、专人管理、定期核对，造成电费资金账户失去监督，发生电费资金被挪用截留或电费损失。工作人员在电费抄表、电费计算、发票开具、呆坏账处理、违约金收取、电费退补等过程中利用职务之便谋私利，造成电费损失。

三、现场服务风险要素

（1）人员管理。供电企业对员工的日常职业道德教育与管理缺失，导致出现现场作业人员与用电客户相互串通，实施修改电量、更改电能表时钟、不补电量或少补电量、实施窃电等违规违法行为，造成电量电费差错和损失。

（2）装置装拆。电能计量装置二次回路或电能表接线错误，造成电量电费差错和电费损失。新装表时未向客户确认新装电能表的初始电量，或在现场更换电能表时未与客户共同抄录和确认被换电能表底度电量，导致客户对电能表底度电量不认可产生电费纠纷，影响电费回收。

（3）装置试验检验。对现场电能计量装置的现场试验项目不全，发生电量结算纠纷，影响电费回收。在电能计量装置室内检定中，因检定设备准确度不够，或检定程序、方法不适当，或检定人员不具备资格，造成计量装置检定结果偏差，为未来运行带来潜在的电量结算纠纷，形成电费风险。

（4）故障处置。电能计量装置发生故障时，供电企业工作人员未和客户共同对故障现象予以签字确认就排除故障，导致客户事后否认故障现象，使产生的差错电量电费无法足额回收。现场发现计量装置、变压器柜锁具、封印缺失等情况，作业人员未及时发现窃电并向客户进行确认，导致电量电费损失。发现客户有窃电嫌疑，在现场取证不足或手续不合法，导致电量电费无法追补，形成电损失。

四、自动化系统风险要素

（1）系统故障。营销数据库主机、数据存储设备、应用服务器主机、接口服务器主机、备份服务器、网络安全设备故障；操作系统因漏洞、病毒和黑客攻击或人为误操作；数据库管理系统故障、数据文件损坏、人为误操作等，造成营销管理业务中断，应用数据损坏，影响电费回收正常进行，严重时造成客户电费信息无法恢复形成电费损失。

（2）网络安全。网络链路中断、网络设备损坏、网络被非法入侵、恶意攻击、病毒攻击、网络堵塞等，造成营销管理业务中断，应用数据损坏，影响电费回收正常进行，严重时造成客户电费信息无法恢复形成电费损失。数据在传输过程中因丢包或受到监听被篡改，造成部分电费、账务等重要业务数据错误，影响电费回收。负控终端、远程抄表等数据采集过程，数据丢失或传输错误，对电费计算、电费回收产生影响。

（3）应用程序。系统应用程序损坏、电费程序错误、程序更新或发布过程出现故障、新程序本身存在漏洞和错误、应用系统配置错误或不合理、系统操作人员违规或错误操作等，造成部分营销业务中断、业务数据出错和收费错误，影响电费回收。

（4）应用数据。系统中没有对数据访问设定权限或权限设定不规范，与电费相关的需长期保存的各类历史业务数据因各类故障引起缺失或丢失，引起营销业务数据重大错误，影响电费回收。

（5）运行管理。非系统管理人员操作主机、数据库，或系统管理员对主机、数据库、应用系统日常运维误操作，导致不同等级的信息安全事故，造成全部或部分营销业务服务中断，应用数据完全或部分丢失且不可恢复，影响电费回收。

第三节 电力营销全过程电费风险控制

一、电费风险控制类型

风险控制是风险管理活动的一个重要环节。它是在复杂的内、外部环境中针对企业所存在的风险要素,管理者对控制对象有目的地施加作用,从而达到降低风险的不确定性和减少损失的目的。

为了有效地实现风险管理的目标,在识别和评估风险的基础上,风险管理者必须采用适当的风险控制策略,最小化风险造成的损失。根据风险控制的目标,制定风险控制的基本思路是:

(1) 设法降低风险事故发生的概率。

(2) 设法降低风险事故发生后所造成的损失。

(3) 在不能有效地降低风险发生概率,也无法降低风险损失的情况下,确定风险转移策略。

常用的风险控制策略有风险避免策略、损失控制策略和风险转移策略。

风险避免策略是指在风险调查预测的基础上,对预计存在的风险和发生的可能性采取不承担风险或放弃已承担风险来避免更大的风险发生。实施风险避免策略,主要有三种方式:一是彻底避免,即拒绝承担某种风险。例如,客户申请用电时,如果发现其用电项目不符合国家的产业政策,未来项目生命周期不长时,可以拒绝受理其用电申请,避免日后的电费风险;二是中途放弃,即终止承担某种风险。供电企业对欠费实施停电措施,应是一种中途放弃的策略;三是改变条件,主要指改变生产活动的性质、工作地点和工作方法等。例如由远程集中抄表系统取代原来的人工抄表,可以减少抄表差错的发生,降低抄表风险发生的可能性。采用风险避免策略,只有在对风险的识别和衡量有完全把握的基础上才能实施。需要注意的是,避免了一种风险,可能会伴随新的其他风险的产生。

损失控制策略是常用的风险控制策略,指风险事故发生前努力降低风险发生的可能性,并在发生损失后尽力减少风险损失程度的控制技术。损失控制不同于风险避免。

风险转移策略是指有意识地将风险损失与损失有关的财务后果转嫁给其他单位和个人承担。在电费风险控制中,常用的风险转移策略是合同转移、银行票据转移。合同转移是指客户找到有实力的单位或个人作为其电费担保人,在协商一致的基础上,与供电企业一起签订保证书或担保合同,担保人对客户不履行缴费义务而导致供电企业的损失负有偿还义务。票据转移是指将客户作为电费缴纳的商业汇票作为货款转付给有业务往来的其他单位的一种做法。

主动型的风险自留也是一种风险控制策略,它是指在某种风险无法回避也不可能转移或因冒风险可获得较大利益时,企业自行承担风险损失。提取坏账准备金就是企业通用的主动型风险自留措施。

二、电费风险控制策略

按照风险控制的基本策略,随着社会发展、法制健全、技术进步和员工素质的提高,电费风险控制的手段日趋多样化,对同一种风险根据实际可以采取不同的风险控制策略,有效地减少了电费风险的发生,同时,新的风险也会不断出现。在目前的水平上,电费风险控制的基本手段见表 10-1。

表 10 - 1　　　　　　　　　　电费风险控制的基本手段

编号	风险及风险因素	风险控制策略及手段			
		风险避免策略	损失控制策略	风险转移策略	主动风险自留策略
1	自然风险				提取坏账准备金
2	宏观经济风险	对风险大的客户中止供电	实行优惠电价、向客户进行电费补贴、延长电费缴纳期限等		
3	电费抄表风险	应用远程抄表系统、集中抄表系统、卡式表等	加强抄表人员业务技能培训、加强稽查和考核、轮换抄表区域	成立抄表公司，分包抄表业务	
4	电费核算风险	应用电费信息系统	制定并严格执行工作标准和管理要求、加强工作质量考核		
5	电费收费风险	取消走收电费方式、开发多种缴费平台、电费违约金由计算机系统管理	加强各工作环节核查、检查、制定卡式表管理标准并严格执行、加强与银行的合作、加强缴费终端管理	金融系统代收电费、利用业务往来提前变现商业汇票	
6	专业管理风险		加强工作质量管理、规范工作流程、合理设置工作岗位并定期轮岗、电费账户专户专管等		
7	人员管理风险		加强人员职业道德教育、加强作业监督稽查力度		
8	客户信用风险	拒绝受理用电申请、中止供电、安装预付费电表、负控装置电卡表	实行电费回收预警及客户信用等级管理、改变电费结算方式、行使不安抗辩权	办理电费担保、质押、抵押	提取坏账准备金
9	装置试验、检验、装拆风险	使用全自动试验仪器	加强人员培训、制定作业指导书并加强稽查		
10	异常、故障处置风险		提高装置可靠性、制定并严格执行业务流程		
11	供用电合同签订风险		使用标准合同、建立合同审查制度、坚持先签合同后供电、做好合同续签及重签工作		
12	自动化系统运行风险	使用性能更好的软、硬件设备、建立容灾系统	加强自动化系统运行监控管理、加强运维团队培训		
13	电费职务犯罪风险	违规人员调离电费岗位	加强人员法制教育、完善管理制度、强化牵制审批制度、加强监督等		
14	干预停电风险	装设卡式电表、负控电表	加强与政府部门的沟通与联络、严格按程序停电		

三、做好电费回收的基础工作

(1) 加大宣传力度。广泛宣传《中华人民共和国电力法》、《电力供应与使用条例》等有关法律法规中供用电双方的权利和义务，以及电力部门有关电费回收的规定。通过广播、电视、报纸等多种媒体强化"电是商品"的意识，使电费回收的法律、法规、管理制度家喻户晓；召开用户座谈会、设立宣传点，对辖区用户进行电费回收政策宣传，提高用户自觉按时交费意识。对交费意识不强，想拖欠的"难缠户"、"钉子户"，深入到户进行重点宣传；对长期不按时交费的"刁蛮户"，利用新闻媒体给予曝光。

(2) 保证电能质量。安全优质的电力供应事关用户的生产效益和生活质量，电能质量差，供电不正常，会给用户带来不必要损失，造成供、用电双方关系紧张，影响到与用户的和谐关系，有的用户还会依此拒交电费，提出赔偿经济损失的要求，给企业的信誉和电费回收带来不利影响。因此，一定要采取有力措施，确保电网安全、电力供应和电能质量，为电费回收打下良好的基础。

(3) 方便用户交费。方便用户，增加营业网点，完善银行联网收费工作，同时实行多渠道回收电费。加强同代收单位的沟通和监督，保证居民交费渠道通畅。

(4) 规范经营，严格制度。签订并严格执行供用电合同和电费协议，按有关电力法规制定详细的电费回收实施细则；加大考核力度，制定有效的管理办法，把电费回收与站（所）负责人、收费人员的工资挂钩，责任到人。实行电费担保，供电企业应要求用户联系其他经济实体进行电费责任担保，由供、用双方及担保单位签订司法部门认可的担保合同，一旦用户出现欠费现象，可找担保单位负责交费。也可由政府担保，在用户交不齐电费时，由政府出面将欠费抵供电企业应交的税金。

(5) 建立电费预警机制。企业因产业结构的调整和市场经济竞争的日趋激烈，亏损或倒闭破产，会使电费成为呆账、坏账。因此，要加强对企业的监督与分析，建立预警机制。对风险较大的企业要严密跟踪经营情况和用电情况，改月底、年底集中催费为日常随欠随催，不惜用停电催欠等方式，避免死账的出现，防患于未然。

(6) 采用新的催、交费方式。①语音催费。建立营销信息系统，安装电费语音催费系统，对没有及时交纳电费的用户进行提醒，提高电费回收率；②电费保证金。电费保证金（预付电费）和电费储蓄能够有效地防止拖欠电费，既保证了用户的利益不受损害，又减少了用户的交费次数，方便了用户；③预购电。扩大预付费电卡表用户，增加预购电范围。用户需用多少电能量就预先购买多少钱的用电卡，用完后可继续购买；④技术停电。提高负荷管理系统覆盖面，对于适合停电催交电费的用户，进行远方用电控制，可节省人力和时间。

四、制定内部风险控制措施

(1) 建立电费内控岗位授权制度。对内控所涉及的各岗位明确规定授权的对象、条件、范围和额度等，任何组织和个人不得超越授权做出风险性决定。

(2) 建立电费内控报告制度。明确规定报告人与接受报告人，报告的时间、内容、频率、传递路线、负责处理报告的部门和人员等。

(3) 建立电费内控批准制度。对内控所涉及的重要事项，明确规定批准的程序、条件、范围和额度、必备文件以及有权批准的部门和人员及其相应责任。

(4) 建立电费内控责任制度。按照权利、义务和责任相统一的原则，明确规定各有关部门和业务单位、岗位、人员应负的责任和奖惩制度。

（5）建立电费内控审计检查制度。结合内控的有关要求、方法、标准与流程，明确规定审计检查的对象、内容、方式和负责审计检查的部门等。

（6）建立电费内控考核评价制度。应把各业务单位风险管理执行情况与绩效薪酬挂钩。

（7）建立电费欠费风险预警制度。对欠费风险进行持续不断的监测，及时发布预警信息，制订应急预案，并根据情况变化调整控制措施。

（8）建立健全以总法律顾问制度为核心的企业法律顾问制度。大力加强供电企业电费法律风险防范机制建设。

（9）建立电费重要岗位权力制衡制度，明确规定不相容职责的分离。主要包括：授权批准、业务经办、会计记录、财产保管和稽核检查等职责。对内控所涉及的重要岗位可设置一岗双人、双职、双责，相互制约；明确该岗位的上级部门或人员对其应采取的监督措施和应负的监督责任；将该岗位作为内部审计的重点等。

第四节　电费回收策略

一、常见电费回收方式

1. 柜台坐收

"到供电所去交电费"，这种方式的最大优点，就是顺应了广大客户的传统观念，按照客户的习惯思维方式，在柜台进行一对一的、一手交钱一手给票的交易，客户有疑问可以当面询问，大多数客户愿意采用这种方式，这种方式的主要特点是定点、定时。

但这种方式也存在一些不便。一是收费高峰期间，营业厅人满为患；二是找零问题复杂；三是定点定时收费，因交费时间的冲突、路途太远、忘记交费时间等问题给客户带来一定程度的不便；四是现金管理不便。

2. 上门走收

目前存在的上门走收方式，是电费回收和优质服务工作的共同需要，与以前的走收方式相比已经发生根本变化。

其优点表现在：服务和收费可以同时进行，特别是方便了一些特殊客户群体，如农村行动不便的老人以及白天整日在外干活的农户。

但是，上门收费也存在不容忽视的几个方面的问题：资金安全存在风险；供电企业需要投入大量的人力；管理不便。走收电费，需要先打印出电费发票；一旦上门收费遇到仍然不能收到电费的客户，这一户有可能到下月或更久才能收回，其电费违约金无法处理；四是如果走收客户太多，给企业内部营销管理上造成很大漏洞。

3. 电费划拨

银行联网划拨电费，就客户而言，避免了每月到供电营业所交费的麻烦；就供电企业而言，提高了电费回收率，规范了电费资金的管理；就银行而言，增加了其存款余额，增强了与其他银行的竞争力。

但实施十几年来，能坚持下去并取得持久效果的并不多。究其原因，具体有以下几个方面：客户在交费的时候不能取得发票，心理上不容易接受；电费抄表、催费、停电的流程设计没有随着客户交费方式的变化而变化；续存、丢折、换折过程中的问题。客户第一次可能存有多月电费，但续存时，多数客户只愿意存入当月电费金额，催交工作难度较大。客户丢折、换折以后，没有及时到供电营业所办理重新登记账号的手续，造成原有账号不能划拨，继而影响到正常用电；银行积极性降低。居民电费储蓄金额小，笔数多，加之银行相应的激励措施没跟上，导致基层银行职员对电费储蓄客户的服务质量逐步降低。另一方面，从2005年起，一些省、市供电公司组建了电费管理中心，电费资金划转速度加快，资金在当地银行滞留时间短，也是影响银行积极性的一个因素；成本问题。由于客户数量巨大，需要付给银行一大笔手续费。

4. 银行实时代收

银行柜面实时代收的长处表现在：方便了客户缴费；增加了收费点的数量，减轻了供电企业柜台收费的压力。但从近年来各单位的运行情况看，存在的问题也不少：银行拒收现象较为普遍；电力客户在交费的同时可能会咨询很多电价政策、电费等方面的问题，银行职员不可能给予明确答复；技术层面的问题，实时联网收费的前提，是银行及供电方的网络系统以及双方的通道、防火墙等设备完全正常，任何环节的故障，都会造成业务中断；再就是网络安全问题，既然可以实时访问，就不可避免地会发生网络数据安全方面的问题。

5. 农村电费买断制

电费买断制，就是每月的电费发票开出来以后，农电工按照所管辖台区的电费合计，一次性垫付资金全额买回电费发票，再由农电工自己设法收回电费。

其有利的一面表现在：一是供电企业电费回收风险降到最低，保证电费每月结零；另一方面，农电工的责任感和工作积极性得以大大增强。

其不利的一面也是显而易见的：一是风险问题。万一发生不可控的、非人力可以解决的电费呆死账，应该由企业承担而不是农电工；二是服务问题。迫于经济利益的压力，农电工在收费时可能会不择手段，甚至出现不按程序停电的事件；三是虽然暂时缓解了电费回收的表面问题，但掩盖了深层次的问题。买断以后，除了管片的农电工知道以外，管理者无法对欠费结构、欠费原因进行深入分析。

6. 电费预交、预付费装置

电费预交和预付费装置的细微差别在于手段不同，前者是行政手段，而后者是技术手段。但其基本原则是一致的，就是采取先付费后用电的收费方法。显然，这种方式规避了风险，对于回收电费的效果是十分明显的。运行经验表明，电费预交或预付费装置采用越多的地区，电费回收率越高。

但是，由于部分电力法规的部分条款已经滞后于目前的市场经济环境，目前这种方式的争议仍然存在，争议焦点集中在：根据目前的电力法规，客户后用电先交钱是否合法。

7. 分期结算

从2004年四季度开始，一些省份实施电费分期结算方案。原则上，月电量100万kW·h的客户、电费缴纳信用等级为"C"及以下的客户、有窃电记录的客户以及有担保的高压临时用电客户，实行分期结算方式。这种方式的优点明显，而且《供电营业规则》明确规定："对月电量较大的用户，供电企业可以按用户月电费确定每月份若干次收费，并于抄表后结清当月电费。收费次数由供电企业与用户协商确定，一般每月不少于三次"。运行经验表明，这种方式可减少供电企业在途资金量，在一定程度上杜绝了电费回收的呆、死账的发生，规避了经营风险，确保了大客户的电费如期结零。对于大客户电费回收，应该提倡分期结算方式，但在操作过程中，必须及时修订供用电合同，明确规定分期结算次数、日期以及结算方式。

8. 社会化收费

社会化收费，是指借助社会化组织（或个人）的力量为供电企业回收电费。这里的社会化组织，是指银行以外的其他社会组织或个人。如在甘肃省"西河模式"中，针对农村电费回收工作，已经实行了社会化收费。其主要做法是以债权出让的方式，与中标的个体户签订《农村代收电费协议》，按每份发票 0.5 元付报酬。社会化收费的另一种方式与银行实时代收相似，如社会化商业机构代收、超市或商场的 POS 机等社会化收费主要解决城市收费柜台和收费人员不足、客户交费难、成本过高等问题，在一定程度上可以提高电费回收率。

但这种方式同样需要防范资金风险、网络技术安全问题以及服务质量问题。

9. 电信点代收电费

中国电信服务站代理电费收取可以规避农村电费走收工作所带来的人身安全和资金安全风险，可以节省人力资源，以及提高电费回收率和客户满意度。

10. 银联 POS 机刷卡交电费

从 2006 年 10 月开始，厦门电业局各营业厅开始办理银联 POS 机刷卡交电费业务，已得到广大客户的认可。该交电费方式一方面避免了客户携带大量现金；另一方面由于不需找零而缩短了办理时间，这也是规避电力企业资金风险的有效措施之一。

11. 其他收电费方式

除上述几种收费方式以外，已经进入人们视线的收费方式还有很多，比如：网上银行、电话银行、POS 机自动交费、电费充值卡等，这些方式的推出，将为客户提供更多的选择余地，同时，也进一步减轻了供电企业传统收费方式的压力，有利于逐步解决目前普遍存在的收费难问题。

二、重点用户的电费催交

1. 居民

随着"四到户"的实施，居民用户的数量增加，用户的情况千差万别，增加了收费的难度。电力企业一方面要增加催缴力度，另一方面应细分用户、尽可能了解居民用户信息，如个人电话、家庭情况等，针对不同的情况，采取不同的措施。

有的居民用户不交费主要是因为长期外出打工、出差在外或工作忙、生意忙、没有时间等，要通过各种渠道及时和他们取得联系，由亲朋好友代交或汇款，并建议其预存电费，按月扣除。

对于孤寡老人、残疾人或行动不便者，可根据具体情况实行上门服务。对于附近没有营业网点或代收点的用户，每月定时定点收费，并说服其预存电费。

经过采取措施，居民用户绝大多数是能够及时交费的，但也有极少部分人欠费或恶意欠费，在晓之以理、施之以礼后，坚决依法停电。

对拆迁地区，加强与拆迁公司和房地产开发公司的联系，就拆迁地区电费结算和回收办法进行沟通和协调，保证拆迁地区用户的电费回收。

2. 出租房、门面户

随着市场经济的发展，大量租房户和个体经营户出现。由于其经营状况不稳定，经常出现空、关户的情况，还存在房主与租房者、前租房者与后租房者经济责任不清造成的拒交和少交现象，给电费回收带来意想不到的困难。针对这种情况应采取以下措施：①推行磁卡表，让其先购电，后用电；②加强与街道居委会、派出所等部门的沟通，努力与房主取得联系，密切关注用电户的情况，抓住有利时机进行催缴；③及时了解租房户、门面户的变化，对离开者要求其结清电费，对新来人员进行"电是商品"的宣传，要求其按时交费。

3. 企业

帮助用户解决困难，为用户排忧解难，把用户当朋友，建立良好的供用电关系。对于有较好发展前景，经营遇到暂时困难的用户，及时了解用户欠费的原因，延伸优质服务方式和范围，帮助其解决实际困难。比如有的用户产品滞销，供电企业在有可能的情况下应利用接触面广的优势，帮其开拓市场。如果用户出现用电事故，影响到经济效益，进而影响到电费的上交，供电企业就应全力以赴处理事故，恢复用电，将损失降低到最低程度。

对一些欠费次数较多的用户，要认真进行调查分析，找出原因，制定针对性的措施。①有的企业为了自身利益，设立多头账户，躲交电费。对于这样的用户，应严格依照电力法规，自逾缴之日起，每天加收违约金，不让欠费户有利可图。对于经常欠费的，在停电范围的，坚决停电；②企业因经济效益不好造成欠费，应及时与用户签订不动产（土地、配电设备等）担保协议。一旦企业破产，使电费成为有财产担保的债权，避免由于用户破产带来的损失；③对租赁承包企业、个体经营户，应与电力使用方、电力资产或房产所有者签订电费担保协议，注明发生承租人死亡、出逃或非法经营被司法部门追究责任，电费无法清偿的情况下，欠费由担保人承担。

根据电力法规，供电企业可按大用户月电费确定，分若干次预收费，并于抄表后结清当月电费。因此，对大用户改为每 10 天抄表一次、开票一次、结算一次，督促大用户及时交纳电费。

4. 小客户

小客户在县供电企业所有客户中所占的比例非常高，是县供电企业电力销售服务工作的重点。小客户按其装接用电容量的大小划分，包括居民生活用电客户、商业用电客户、非生活用电客户、普通工业用电客户、农业生产用电客户。因此，小客户具有点多面广的特点，涉及用电的方方面面，由此而产生的电费应收账款也涉及千家万户。所以说，小客户电费应收账款具有多样性。

由于小客户涉及面广，用电类别不一致，用电情况也不统一。同类用电客户其用电量的多少也不一样，经营和经济状况也不尽相同。小客户还具有多变和不确定的特点，随着客观因素变化而变化的特点。要确保小客户电费及时回收，就必须充分了解小客户用电复杂性特点。

由于按照现行电费核算模式，小客户的电费结算都是每月一次。从抄表、核算、收费整个电费结算流程，都必须是每个月重复一次。面对每月大量的简单重复劳动，给供电企业带来巨大的经营风险和服务风险。看似单纯的抄表收费工作实际隐藏着很大的风险，充分认识小客户电费回收的重复性，对于规避供电企业的经营风险和服务风险具有重要意义。

三、促进电费回收的法律手段和非诉讼手段

1. 运用督促程序来实现电费回收

督促程序，又称支付令程序，是指法院根据债权人申请，以支付令催促债务人限期履行债务的程序。督促程序是以支付令催促债务人履行债务，债务人若在法定期限不提出异议又不履行债务的，支付令即具有强制执行的法律效力。督促程序具有方便、快速、及时、经济

的优点，适宜解决权利义务关系明确的债权债务纠纷。

为规范使用督促程序，可在供用电合同补充条款中进行约定，如约定用户欠费时应签订《电费欠费确认协议》。对于该协议，可事先根据《中华人民共和国民事诉讼法》及最高人民法院《关于适用督促程序若干问题的规定》，设计成支付令要求的形式，不留缺漏，在用户即使签订欠费协议也不能及时结清电费的情况下，可通过督促程序催讨欠费。

2. 运用电费债权的保全来确保电费回收

债权的保全就是要通过电费债权人的适当干预，将欠费债务人的可用财产维持在正常状态，包括代位权和撤销权两种。可能受到危害的电费债权，都必须是到期债权，即债权已到清偿期但债务人尚未履行的债权，债务人不但没有履行到期债权，反而还恶意减损自己的责任财产。为保护债权人利益，法律允许突破债的相对性，赋予债权人代位权。

所谓代位权，是指因债务人怠于行使到期债权，对债权人造成损害的，债权人可向法院请求以自己的名义代位行使债务人债权的权利。法律允许债权人突破合同相对性直接对第三人行使权利，主要是为了防止债务人恶意损害到期债权，造成责任财产流失，给债权人利益带来危害。因此，供电企业可依照《中华人民共和国合同法》第七十三条规定的精神，在满足以下几点条件时行使代位权：第一，用户拖欠供电企业电费，已逾缴费期限但仍未交纳；第二，用户对其他人也存在到期债权，但怠于行使，具体表现为不通过诉讼或者仲裁等方式积极主张权利；第三，用户的行为危害了已拖欠的电费债权。因此，在电力用户拖欠电费的情况下，而其还怠于行使对他人享有的到期债权从而危害了电费债权，我们可以通过行使代位权来追回电费。

3. 运用抵消权来实现电费回收

所谓抵消，是指双方互负债务时，各以其债权充当债务进行清偿，而使其债务与对方的债务在对等额度内相互抵消的履行制度。抵消是法律为降低交易成本、确保债权顺利实现而设立的，有法定抵消和合意抵消两类。《合同法》第九十九条规定："当事人互负到期债务，该债务的标的物种类、品质相同的，任何一方可以将自己的债务与对方的债务抵消，但依照法律规定或者按照合同性质不得抵消的除外。当事人主张抵消的，应当通知对方。通知自到达对方时生效。抵消不得附条件或者附期限。"为法定抵消。《合同法》第一百条规定："当事人互负债务，标的物种类、品质不相同的，经双方协商一致，也可以抵消。"为合意抵消。

实践中，可以通过供用电合同与用户约定合意抵消的条件和范围，如有些多经企业与某用户发生业务往来，可通过"三角债"的方式抵偿电费。例如，某公司拖欠供电企业巨额的电费，多次催缴也未能得到有效清偿。根据政府有关部门要求，该公司又属于当地政府淘汰之列，该笔电费存在很大风险。追偿欠费中，供电企业获悉，其下属多经企业与该公司有业务往来，而且还有几十万元账款尚未支付。在营销、多经和法律工作人员的共同策划下，供电企业、欠费公司和多经企业三方签订了债务抵消协议。该协议约定，多经企业对该欠费公司的货款、该欠费公司对供电企业的欠费和供电企业对多经企业的工程款，三方协商同意抵消约定的数额，剩余款项各方应尽快支付给各自债权人。至此，该笔欠费得到了圆满处理。所以，如果操作得当，也可在其他用户之间相互抵消。

4. 运用不安抗辩权来保障电费回收

所谓不安抗辩权，是指在合同的履行过程中，先履行义务的一方在对方财产、商业信誉或者其他与履行能力有关的事件发生不利于合同目的实现的重大变化时，可以终止履行合同义务的权利。这种权利的行使，不需要借助对方的意思表示和合作，也不必经过诉讼或者仲裁程序，当事人在符合法定条件时，可自己行使这种权利。

（1）适用不安抗辩权的法定条件。不安抗辩权指当事人互负债，有先后履行顺序的，先履行的一方有确切证据表明另一方丧失履行债务能力时，在对没有履行或者没有提供担保之前，有权中止合履行的权利。规定不安抗辩权是为了切实保护当事人的合法权益，防止借合同进行欺诈，促使对方履行义务。《合同法》第六十八条列举了三种典型的后履行方可能丧失履行能力的情形：①经营状况严重恶化；②转移财产、抽逃资金，以逃避债务；③丧失商业信誉。同时规定了"有丧失或者可能丧失履行债务能力的其他情形"的兜底性条款，防止出现法律漏洞。电力营销实践中，绝大多数供用电合同的履行符合本法定条件。

供电企业可以在用户存在上述丧失或可能丧失履行能力的情形时，行使不安抗辩权，中止履行向该用户供电的义务，以及时避免更大的损失。对于用电大户而言，供电企业行使不安抗辩权较之"停电催费"等其他措施更能凸显其优越性。有的用电大户每月的电费就多达几百万元，如果供电企业对其实施"停电催费"，不但程序繁琐，而且周期较长，到供电企业对其依法正式中止供电时，该用户可能已欠费达上千万元了。

（2）行使不安抗辩权的注意事项。供电企业对于用户出现经营状况恶化等严重危及其履约能力的情形要提供确切的证据加以证明。对没有确切的证据而中止供电的，供电企业则应负违约责任（参见《合同法》第六十八条第二款）。此外，《中华人民共和国民事诉讼法》第六十四条第一款以及《最高人民法院关于民事诉讼证据的若干规定》第一条也有相似的规定。

因此，供电企业在行使不安抗辩权时，要注意证据的收集与保存，必要时可以进行公证或申请法院诉前证据保全，也可以依据有关法律的规定及时请求政府有关部门进行现场勘察、制作调查笔录等。

（3）区分暂时中止供电与解除供用电合同二者适用的情况。根据《合同法》第六十九条的规定，供电企业行使不安抗辩权将可能产生两种不同的效力，即中止供电或解除供用电合同。

首先，供电企业在用户丧失或可能丧失履约能力时，应当先暂时停止向其供电，而不能直接解除供用电合同。一旦用户提供了适当的担保时，则不安抗辩权即归于消灭，供电企业应依合同约定继续履行供电的义务。

其次，供电企业中止向用户供电后，用户既没有在合理期限内恢复履约能力，又没有提供适当的担保，此时，根据《合同法》第六十九条的规定，供电企业有权解除供用电合同，并可依法向欠费户追讨尚未缴清的电费。

5. 运用担保手段来保障电费回收

首先，《中华人民共和国担保法》（以下简称《担保法》）第二条规定："在借贷、买卖、货物运输、加工承揽等经济活动中，债权人需要以担保方式保障其债权实现的，可以依照本法规定设定担保。"据此，在我国担保适用于借贷、买卖、货物运输以及加工承揽四类合同。而供用电合同系买卖合同，完全适用于《担保法》。因此，在控制电费风险方面可引入担保制度，从而有效地实现用户信用增级，控制电费风险的发生。

其次，目前在我国《担保法》中规定的担保方式有五种，即保证、抵押、质押、留置和定金。在实际运用中，与供电企业密切相关的担保方式主要有保证、抵押和质押三种。在实际运用这三种担保方式过程中，要注意一些符合担保方式的条件。保证从合同的性质决定了保证主体必须是第三方，即供用电合同之外的第三方。在实际操作中，供电企业对于保证人的审核可以设定若干实施细则，以确保第三方有为欠费户偿还的能力。确定保证人后，供电企业与之应签订保证合同，或让其在有关保证条款的供用电合同上签字盖章。而抵押担保，是指由欠费债务人或第三人为担保电费债务的履行，向债权人提供财产，当债务人不履行债务时，债权人有权就此财产卖得的价金优先受偿。这种形式可以应用于：当资信恶化的用户交纳电费及违约金后，无法向供电企业提供人的担保，但该用户有一些物权，利用这些物权为电费债权提供担保。质押担保，是指供用电合同中的债务人或第三人，为担保电费债务的履行，向债权人转移占有动产或权利，当债务人不依约履行债务时，债权人可从中优先受偿的一种担保形式。总之，以上抵押和质押的运用，还必须考虑抵押物和质押物是否合法、设立抵押和质押的时效，以及依照《担保法》和《中华人民共和国物权法》规定需要登记的抵押物，应履行登记手续，确保对抗权。

6. 破产清算中的电费处理

对于进入破产程序的企业，其欠费一般很难全额追回。因为破产宣告前形成的欠费属于破产债权，如果没有适当的担保，往往会形成坏账。但是，根据《破产法（试行）》第三十四条及最高人民法院《关于贯彻执行〈中华人民共和国破产法（试行）〉若干问题的意见》第66条规定，破产财产管理、变卖、分配所需费用，包括清算组的必须费用，应从破产财产中优先拨付。因此，在破产企业财产清算清偿过程中，电网企业应与清算组重新签订供用电合同。

这样清算组照明等办公用电发生的电费就属于破产清算的必须费用，应另外支付，可以最大限度减少电费损失，避免雪上加霜。

选择诉讼与非诉讼程序前，也可以根据经济和谦抑原则，先采取其他方式，如通过律师函催交、通过电力管理部门或者村民委员会协调等方式。

7. 执行程序中的电费债权

一般而言，有偿还能力的欠费用户在电网企业提起诉讼后，多数会依照法院判决及时结清电费。对那些已经判决但仍不愿交纳电费的用户，必要时应当进入执行程序。进入执行程序的电费债权，要注意提出申请的时间和参与分配这两个问题。

根据《民事诉讼法》第219条规定，申请执行的期限，双方或者一方当事人是公民的为1年，双方是法人或者其他组织的为6个月，期限从规定履行期间的最后一日起计算。电费债权在判决履行期间仍未实现的，电网企业应及时提出执行申请。对于那些有履行能力而不履行的，还应提请法院采取强制措施，保障电网企业的合法利益。《民事诉讼法》第102条第6项及《刑法》第313条规定，对于已经发生法律效力的裁定、判决，拒不执行的，可根据情节轻重对当事人处以罚款、拘留，甚至追究刑事责任。

参与分配是在执行程序开始后，申请执行人以外的债权人，因债务人财产不足以清偿债权时，向法院申请就所有债权公平受偿的法律制度。债权的平等性决定了没有担保的债权不存在优劣之分，因此，已取得执行依据或者正在诉讼中的电费债权可根据最高人民法院《关于人民法院执行工作若干问题的规定（试行）》，对那些财产不足的欠费用户，适时提出参与分配，以减少损失。

8. 非诉讼方式解决电费纠纷

根据《民事诉讼法》、《仲裁法》等规定，通过非诉讼方式解决电费纠纷，主要有督促程序和仲裁程序。

（1）利用督促程序。督促程序，又称支付令程序，是指法院根据债权人申请，以支付令催促债务人限期履行债务的程序。债务人如果在法定期间不提出异议又不履行债务，支付令即具有强制执行的法律效力。

督促程序具有方便、快速、及时、经济等优点，适宜解决权利义务关系明确的债权债务纠纷。

（2）通过仲裁程序。仲裁是指争议双方在争议发生前或后达成协议，自愿将争议交给第三者做出裁决，双方有义务执行的争议解决方法。我国有劳动仲裁和经济仲裁之分，前者是必经的前置程序，后者是当事人可自主选择的方式。仲裁与诉讼在电费纠纷解决上并没有实质区别，因为仲裁也可通过法院进行财产保全，加大电费清偿的保险系数。

9. 其他方式解决电费纠纷

由于通过诉讼及非诉讼方式清偿欠费都存在时间较长、成本较高等缺点，因此，在选择诉讼与非诉讼程序前，也可以根据经济和谦抑原则（谦抑原则又称必要性原则，是定罪的基本原则之一。它是指立法机关只有在该规范确属必不可少——没有可以代替刑罚的其他适当方法存在的条件下，才能将某种违反秩序的行为设定成犯罪行为），先采取其他方式，如通过律师函催交、通过电力管理部门或者村民委员会协调等方式。

（1）通过律师函催交欠费。律师函是指律师接受客户委托，就有关事实或法律问题进行披露、评价，进而提出要求，以达到一定效果的专业法律文书。在实际工作中，很多电费纠纷未必都要提请法院解决。

电费拖欠纠纷一般权利义务关系比较明确，事实清楚，不存在疑难问题。用户拖欠电费也未必都是出于恶意，如果电网企业通过法律顾问发出律师函，催促用户及时交纳电费及违约金，很多纠纷还是能够在公堂之外妥善解决的。

（2）通过电力管理部门协调。通过行政调解方式解决电网企业与用户之间的供用电合同纠纷，也不失为一条有效的渠道。目前，电力管理部门主要有县级以上政府经济主管部门以及各级电力监管部门，对于有些行政机关、国有企业等发生的欠费，可以尝试通过电力管理部门从中协调，达成还款协议。

（3）通过村民委员会协调。处于偏远地区的村民如果存在欠费问题，有时难以用法律的手段有效解决。在乡土熟人社会环境中，基层组织的力量和影响往往更加有效，可考虑通过村委会协调催交。

第十一章　可再生能源电力营销

第一节　可再生能源电力及其技术发展水平

可再生能源是指在自然界中可以不断再生、永续利用的能源，具有取之不尽、用之不竭的特点，主要包括太阳能、风能、水能、生物质能、地热能和海洋能等。可再生能源对环境无害或危害极小，而且资源分布广泛，适宜就地开发利用。相对于可能穷尽的化石能源来说，可再生能源在自然界中可以循环再生。

一、太阳能

太阳能一般是指太阳光的辐射能量，在现代一般用作发电。在化石燃料减少的情况下，人类才有意识地进一步发展太阳能。太阳能的利用有光热转换和光电转换两种方式。

（1）太阳能光伏。光伏板组件是一种暴露在阳光下便会产生直流电的发电装置，由几乎全部以半导体物料（例如硅）制成的薄身固体光伏电池组成。由于没有活动的部分，故可以长时间操作而不会导致任何损耗。简单的光伏电池可为手表及计算机提供能源，较复杂的光伏系统可为房屋提供照明，并为电网供电。光伏板组件可以制成不同形状，而组件又可连接，以产生更多电力。近年来，天台及建筑物表面均会使用光伏板组件，甚至被用作窗户、天窗或遮蔽装置的一部分，这些光伏设施通常被称为附设于建筑物的光伏系统。

（2）太阳热能。现代的太阳热能科技将阳光聚合，并运用其能量产生热水、蒸汽和电力。除了运用适当的科技来收集太阳能外，建筑物也可利用太阳的光和热能，方法是在设计时加入合适的装备，例如巨型的向南窗户或使用能吸收及慢慢释放太阳热力的建筑材料。

二、地热能

地热能是由地壳抽取的天然热能，这种能量来自地球内部的熔岩，并以热力形式存在，是引致火山爆发及地震的能量。地球内部的温度高达 7000℃，而在 80～100 英里的深度处，温度会降至 650～1200℃。透过地下水的流动和熔岩涌至离地面 1～5km 的地壳，热力得以被转送至较接近地面的地方。高温的熔岩将附近的地下水加热，这些加热了的水最终会渗出地面。运用地热能最简单和最合乎成本效益的方法，就是直接取用这些热源，并抽取其能量。

地热发电实际上就是把地下的热能转变为机械能，然后再将机械能转变为电能的能量转变过程。目前开发的地热资源主要是蒸汽型和热水型两类，因此，地热发电也分为两大类。

地热资源按温度划分。中国一般把高于 150℃ 的称为高温地热，主要用于发电。低于此温度的叫中低温地热，通常直接用于采暖、工农业加温、水产养殖及医疗和洗浴等。截止到 2005 年底，世界地热资源开发利用于发电的总装机容量为 8900MW，地热水直接可利用，年利用总量约达 72 622GW。

三、水能

水能是运用水的势能和动能转换成电能来发电的方式。水的落差在重力作用下形成动能,从河流或水库等高位水源处向低位处引水,利用水的压力或者流速冲击水轮机,使之旋转,从而将水能转化为机械能,然后再由水轮机带动发电机旋转,切割磁力线产生交流电。以水力发电的工厂称为水力发电厂,简称水电厂,又称水电站。水能主要用于水力发电,其优点是成本低、可连续再生、无污染,缺点是分布受水文、气候、地貌等自然条件的限制大。水容易受到污染,也容易被地形、气候等多方面的因素所影响。

四、风能

风能(Wind Energy)是因空气流做功而提供给人类的一种可利用的能量。空气流具有的动能称为风能。空气流速越高,动能越大。人们可以用风车把风的动能转化为旋转的动作去推动发电机,以产生电力,方法是透过传动轴,将转子(由以空气动力推动的扇叶组成)的旋转动力传送至发电机。到 2008 年为止,全世界以风力产生的电力约有 94.1 百万 kW,供应的电力已超过全世界用量的 1%。风能虽然对大多数国家而言还不是主要的能源,但在 1999 年到 2005 年之间已经成长了四倍以上。

五、生物质

生物质是指利用大气、水、土地等通过光合作用而产生的各种有机体,即一切生命的可以生长的有机物质通称为生物质。它包括植物、动物和微生物。

广义概念:生物质包括所有的植物、微生物以及以植物、微生物为食物的动物及其生产的废弃物。有代表性的生物质如农作物、农作物废弃物、木材、木材废弃物和动物粪便。

狭义概念:生物质主要是指农林业生产过程中除粮食、果实以外的秸秆、树木等木质纤维素(简称木质素)、农产品加工业下脚料、农林废弃物及畜牧业生产过程中的禽畜粪便和废弃物等物质。

六、潮汐能

潮汐能是指海水潮涨和潮落形成的水的势能,其利用原理和水力发电相似。潮汐能是以势能形态出现的海洋能,是指海水潮涨和潮落形成的水的势能与动能。它包括潮汐和潮流两种运动方式所包含的能量,潮水在涨落中蕴藏着巨大能量,这种能量是永恒的、无污染的能量。

潮汐发电与普通水利发电原理类似,通过出水库,在涨潮时将海水储存在水库内,以势能的形式保存,然后,在落潮时放出海水,利用高、低潮位之间的落差,推动水轮机旋转,带动发电机发电。差别在于海水与河水不同,蓄积的海水落差不大,但流量较大,并且呈间歇性,从而潮汐发电的水轮机结构要适合低水头、大流量的特点。

可再生能源发电技术发展水平评价见表 11-1。

表 11-1　　　　　　　　　　可再生能源发电技术发展水平评价

发电技术类别		技术发展水平
水电		技术成熟,与煤电比较,价格竞争力较强
风电	并网型	技术较为成熟,市场和产业体系初步建立,处于商业化发展初期,估算成本略高于煤电成本
	离网型	技术较为成熟,我国已建立世界最大的小风机制造产业和市场

续表

发电技术类别		技术发展水平
太阳能发电	并网光伏	技术较为成熟，制造业较为发达，成本高于煤电成本，处于商业化发展初期
	离网光伏	技术较为成熟，制造业较为发达，成本高于煤电成本
	热发电	技术不成熟，处于研发和示范阶段，成本高于煤电成本
生物质发电		发电技术类型多样，大部分技术成熟，成本高于煤电成本，处于商业化发展初期
地热能发电		技术成熟度不够，处于试点示范阶段
潮汐能发电		技术成熟度不够

第二节　中国可再生能源电力发展的障碍分析

一、发展可再生能源电力的意义

1. 有利于优化电力市场结构

传统电力工业是由"资源—产品—废物"所构成的物质单向流动的发、输、配电过程。这一生产与流通过程，形成以煤电为主的单一的电力市场结构，目前，煤电装机仍占全国总装机容量的71％，其发电量约占全国总发电量的79％。此种结构难以满足我国改革与发展中的各行各业对电力的需求，更难满足生活日益好转的城乡居民对电力的多样化需求，特别是对清洁能源的需求。因此，电力市场从潜在需求出发，呼唤进行可再生能源电力营销，促进可再生能源电力的发展，以调整与优化电力市场结构，逐步形成以可再生能源电力为主的多种电源并存的电力市场结构。

2. 有利于电力工业的可持续发展

以煤电为主的发、输、配电过程，是一种通过将煤电资源变成废物来实现电力经济数量型增长的不可持续发展的模式。资源短缺与环境污染的压力，制约了电力工业的可持续发展。因此，以煤电为主的单一电力市场呼唤进行可再生能源电力营销，形成由"资源—产品—可再生资源"所构成的物质循环流动和综合利用的发、输、配电过程。其主要优势为：①可无止境利用可再生能源发电，包括不断开发新的可再生能源及其循环利用，以解决传统的以煤电为主的化石能源短缺问题，促进电力工业的可持续发展；②可再生能源发电，不排放或很少排放废气、废水、废渣，可形成电力工业发展与环境优化的良性循环机制；③可实现低消耗、高效益。无论电源与电网，在建设与生产运营中都需要占用或消耗包括土地、水资源、各种原材料等资源及煤炭、石油、天然气等各类能源。可再生能源电力营销的实质，就是不断追求用最少的资源成本与环境成本获得最高的经济效益和社会效益，以实现电力工业的可持续发展。

3. 有利于优化人类生存环境

当今人类面临的四大环境问题是大气烟尘、酸雨、温室效应和臭氧层破坏。传统电力工业的发展中污染物的排放，对造成上述环境问题息息相关，是当今社会关注的热点问题。我国是世界上第二温室气体的排放大国，如果没有有效的控制措施，预计到2020年，我国的二氧化硫和氮氧化物的排放量将分别达到4000万吨和3500万吨，比环境容量分别超出1600万吨和1900万吨。实施可再生能源电力营销，逐步提高可再生能源电力产品的比重，降低煤电比重，减少废气、废渣、废水等"三废"污染物的排放，有利于优化人类生存环境，保持人与自然、人与社会的协调发展。

4. 促进了市场营销理论与实践的新发展

市场营销理论诞生于 20 世纪初，它是西方发达国家市场营销实践经验的科学总结。近100 年以来，它经历传统市场营销、现代市场营销、社会市场营销三个发展阶段。传统市场营销宣传以企业为中心的生产观念、产品观念、推销观念；现代市场营销宣传以市场需求与竞争为导向，以顾客为中心的整体市场营销，包括产前、过渡、销后营销的全过程；社会市场营销在综合现代市场营销主要观点的基础上，强调以社会利益为中心的顾客、企业、社会三者利益的紧密结合与协调发展。在社会市场营销理念的指导下，产生了可再生能源市场营销的新理论，可再生能源市场营销是指确保人、企业、社会的协调发展，优化人类生存环境的营销。可再生能源电力营销开辟了可再生能源市场营销的新领域，促进了市场营销理论与实践的新发展。

二、中国可再生能源电力发展的障碍分析

1. 价格高

目前可再生能源电力发展的最大障碍在于价格。可再生能源电力的上网电价大大高于煤电上网电价，而且各个地区也存在较大差别。若从生命周期的成本来看，可再生能源电力未必高于矿物能源发电厂。通常矿物能源发电厂因环境污染造成的损失没有计入成本之中，而且矿物燃料电站和核电站需要使用大量的水去生产气体、洗煤和冷却，就中国面临的严重缺水问题而言，无疑存在较大的机会成本。在西欧等国家，矿物能源发电厂都要征收能源税或生态税，因此缩小了可再生能源电力与传统电力之间的差价。

随着可再生能源技术市场的扩大以及国产化的形成，可再生能源的技术成本会逐步下降。与此同时，大多其他的发电技术成本也由于环境要求，燃料费用和其他的技术问题将会逐步提高。但从目前的状况看，可再生能源电力市场的形成与扩大仍需要政府公共政策的支持。

2. 可再生能源资源地区分布不均

从可再生能源资源的地区分布看，太阳能主要分布在大兴安岭向西南、经北京西侧、兰州、昆明，再折向西藏南部一线以西、北地区。水能我国主要分布在西南、中南（长江三峡、西江中上游）和西北黄河上游地区。我国陆地可利用风能资源 3 亿 kW，加上近岸海域可利用风能资源，共计约 10 亿 kW，主要分布在两大风带：一是"三北地区"（东北、华北北部和西北地区）；二是东部沿海陆地、岛屿及近岸海域。另外，内陆地区还有一些局部风能资源丰富区。我国地热资源以中低温为主，适用于工业加热、建筑采暖、保健疗养和种植养殖等，资源遍布全国各地。适用于发电的高温地热资源较少，主要分布在藏南、川西、滇西地区，可装机潜力约为 600 万 kW。可再生能源资源多分布在经济落后、交通闭塞的西部省份，当地较低的能源需求和较低的支付水平限制了可再生能源的发展；而支付水平较高，能源需求不断增长的东部及沿海发达城市往往缺乏可开发利用的可再生能源。

3. 现有电力管理体制不利于可再生能源的跨省交易

现有的电力体制不利于可再生能源的跨省交易。东部省份从地区利益出发，往往倾向于从西部地区购买价格低廉、污染严重的煤电。内蒙有着丰富的风能资源，2010 年，内蒙古风电发电量达到 199.24 亿 kW·h，但基本上只能在当地电网销售。因为国家电力公司在内蒙古电网内只有很小的所有权，所以，国家电力公司就不愿意达成把电力从内蒙古送向该地区以外需要电力的中心地区的协议。随着电力供需矛盾缓解，由卖方市场转向买方市场，内蒙已产生大量窝电，影响到风电发展。今后内蒙风电的大发展若只靠内蒙电网自己来消化、分摊风电价差将难以为继。中国现已启动西电东送工程，建议应该鼓励将西部的可再生能源电力输送到东部地区。因为如果东部地区享受了廉价的煤电，却让西部地区承受环境污染的全部成本，这是不公平的。

4. 现有电价形成机制不利于可再生能源高出成本的合理分摊

尽管 1994 年"并网风力发电的管理规定"要求电网允许风电场就近上网，并收购其全部电量。风电场上网的电价，按成本（还本付息）加合理利润的原则确定；并规定高于电网平均电价的部分，采取分摊方式由全网共同承担。但是目前，电力公司提高零售价格需要政府的批准，而且收费在某种程度上是硬性规定的，没必要与生产的成本挂钩。这样，电网也许不能把较高的成本转给消费者（至少在更高收费得到批准之前，可能在时间上会有滞后）。每上一个可再生能源项目都需要政府批准上网电价，需要与电力公司谈判购电协议，需要与政府部门协商提高零售价格，涉及众多部门，交易成本极高，而且不确定性的提高也增加了投资的风险。对电力公司而言，在销售收入基本为刚性的条件下，只能尽量压低成本，所以电力公司拒绝以一个合理的价格从独立投资电厂那里购买电力。

第三节　国际可再生能源电力市场发展的经验

一、澳大利亚的可再生能源电力市场

21 世纪初，面对国内能源产业发展的困境，澳大利亚率先提出可再生能源发展的总体规划——"可再生能源目标"。2001 年 4 月，出台《强制性可再生能源目标》，旨在到 2010 年可再生能源电力达到 9500 千 MW·h。为实施《强制性可再生能源目标》，修订了《可再生能源（电力）法》和《可再生能源（电力）（收费）法》。在《强制性可再生能源目标》和配套法律的推动下，可再生能源特别是风电和太阳能热水得到了有史以来的最快发展。结合发展实践，2009 年 8 月，出台了《可再生能源目标》，确定到 2010 年可再生能源电力占电力总供应的 20%，这一目标是《强制性可再生能源目标》中既定目标的 4 倍。

自 2011 年 1 月起，《可再生能源目标》将可再生能源发展的总体规划分为"小规模可再生能源计划"和"大型可再生能源目标"。《可再生能源目标》及其主要配套法律《可再生能源（电力）法》以可再生能源证书制度为核心内容。《可再生能源（电力）法》开宗明义地规定了三大目标，即鼓励额外的可再生能源电力生产、减少电力部门温室气体排放以及确保可再生能源的生态可持续性发展。三大目标通过签发可再生能源证书和要求电力的特定购买者提交法定数量的证书以获取年度电力来实现。

可再生能源证书分为大规模生产证书和小规模技术证书两类。大规模生产证书是经过认证的合格发电站创制，一份大规模生产证书相当于在发电站电力基准之上生产 1MW·h 可再生能源电力；小规模技术证书是合格的安装太阳能热水器、空气源热泵热水器和小型发电机组的所有者创制，一份小规模技术证书相当于在不使用太阳能信贷证书倍增效应下小型发电机组生产 1MW·h 可再生能源电力或者安装太阳能热水器所置换的 1MW·h 可再生能源电力。

　　如果合格发电站1年的发电量超过其1977年合格可再生能源电力基准，合格发电站的被指定人可以就超额的每1MW·h可再生能源电力创制1份证书。如果1年内超额部分不足1MW·h，但超过或等于0.5MW·h，被指定人依然可以创制1份证书。值得注意的是，如果超额的1MW·h电力属于跨年度或者被指定人在注册吊销期间生产的，则不能创制证书。在计算发电站发电量过程中，使用不合格能源、发电站认证吊销期间以及使用合格的废弃矿井瓦斯但超过2008年废弃矿井瓦斯限制所生产的电力应排除在外。

　　至于证书创制的时间，被指定人可以在最后一部分电力生产后随时创制证书，或者生产电力的当年年底前或之后的任何时间（须经监管机构许可）；并且，被指定人应于次年2月14日前或之后的任何时间（须经监管机构许可）向监管机构提交年度发电申报，其内容应包括年度发电总量、合格能源生产的电力量、证书创制的数量、上一年度证书创制的数量及相关条例要求的任何其他信息。

　　2001年4月1日后安装太阳能热水器的所有者，以每一证书代表1MW·h电力为标准，在安装太阳能热水器后12个月内可以随时创制证书。如果太阳能热水器属于空气源热泵热水器，则仅在其容量不超过425L的条件下创制证书。所有者可创制证书的数量由相关条例确定；在不存在相关条例的情形下，监管机构依据相关法规决定可创制证书的数量。当然，在书面通知监管机构的前提下，所有者可以将创制证书的权利或证书转让给他人。上述相关主体如果没有注册，则不能创制证书。2001年4月1日后安装小型发电站的所有者创制证书与安装太阳能热水器的所有者创制证书的情形基本一致，以每一证书代表1MW·h电力为标准，所有者可以创制证书，证书数量取决于安装小型发电机组的时间。

二、荷兰的可再生能源电力市场

　　1995年荷兰一家电力公司率先启动第一个可再生能源电价项目，1997年，为便于核算，荷兰电力公司之间自发建立一个可再生能源证书交易系统，自1999年起，所有的12个供电公司都向消费者提供可再生能源电力产品，到2000年总电量消费的3%约1.7×10^9kW·h来自可再生能源。

　　2001年7月荷兰政府与能源公司行业协会创建了可再生能源标签颁发系统，该系统为可再生能源电力的开发制定了自愿配额政策，这一配额通过可交易的可再生能源证书系统来实施，并规定用户有购买最低限量的可再生能源电力的义务。这个系统由中央数据库、中央监督机构和发证机关组成。根据计划，每向电网中输入1.0×10^4kW·h的可再生能源电量，厂商就会获得一份"可再生能源证书"，达不到要求的公司或用户要处以罚金。可再生能源证书可以在电力公司之间或电力公司与用户之间进行交易。中央数据库用于记录可再生能源证书的发放、转让登记及其他用途。当可再生能源证书为最终消费者所购买后，将从中央数据库中注销，以保证其不再被重复销售。中央监督机构负责对可再生能源证书交易过程的认证。此外荷兰政府规定，自1998年以来，凡年用电量小于1.0×10^4kW·h的用户购买可再生能源可免交生态税。政府政策的支持、可再生能源标签颁发系统的实施为荷兰的可再生能源电力市场创造了良好的条件，到2002年4月，荷兰全国共有77.5万用户购买了可再生能源电力，占居民电力用户的13%，到2002年年底，荷兰的可再生能源电力用户已经超过100万，可再生能源电力的市场份额在一些地区高达20%。目前，一个全国性的可再生能源电力市场已经在荷兰形成，用户通过网络即可查询到各个可再生能源电力供应商的信息，他们可以任意选择购买可再生能源电力的比例，同时网络上定期公布前25名可再生能源电力用户名单，前 10 名可再生能源电力用户基本上是大型的企业、商业用户，他们所购买的份额大约占到荷兰全国可再生能源电力销售量的 22%，为确保用户购买的可再生能源电力的真实性，世界自然基金还担负起了监督的职能，它负责监督用户所购买的每 1kW·h 的真实性和唯一性。

三、美国的可再生能源电力市场

1993 年美国公用电力公司设计的第一个可再生能源价格项目开始运行。美国各州的电力公司开展了许多可再生能源电力公众参与的项目，这些项目可分为三类。

第一类可称为可再生能源电价项目，即供电公司为可再生能源电力单独制定一个可再生能源电价，消费者根据各自的用电量自由选择购买一个合适的可再生能源电力比例，每 1kW·h 收取一定的额外价格，用以补偿可再生能源电力的高成本。

第二类为固定费用制，即参与可再生能源电力项目的用户每月向提供可再生能源电力的公司交纳固定费用，交纳的费用同用户用电量无关，各个项目交纳的费用不等。

第三类是对可再生能源电力的捐赠，用户可自由选择其捐献份额，捐赠获得的资金可以用于建设新的可再生能源价格项目。从使用的情况来看，第一类项目运行效果较好。

据美国能源部介绍，现在美国大约有半数零售用户能从供电商那里直接购买可再生能源电力产品，其中企业是购买可再生能源电力的大户。据美国环境保护署最新统计数据，目前美国 25 家最大的可再生能源电力用户购买 1 年的可再生能源电力达 1.6×10^6 kW，足够满足约 15 万所民宅当年使用可再生能源的需求。

截至 2003 年，美国已经有 8 个州对零售用户实行可再生能源电力的竞争销售，共促成新增装机容量 694.9MW，待建装机容量 292.9 MW。到 2003 年 3 月，美国已有 300 家电力公司在垄断电力市场中向用户提供可再生能源电力选择，促成新增装机容量 287.3 MW，待建装机容量 138.5 MW。目前已有 34 个州的近 600 家电力公司向用户提供可再生能源电力，年均销售额增长 30%左右。

综上分析可见，公民环保意识的增强、设计良好的可再生能源电力机制、有信誉的独立监督机构的认证、政府的政策支持是可再生能源电力市场成功的关键。

第四节　我国可再生能源电力营销

一、可再生能源电力市场模式的探讨

综观国际范围内可再生能源电力市场机制主要有两个：一个是可再生能源电力自愿认购机制；另一个是可再生能源配额制。前者是用户自愿从供电商处购买经过认证的可再生能源电力，弥补可再生能源高出部分的成本，支持可再生能源发电的发展，其认购的这部分可再生能源电力的高成本只由认购的用户承担；而后者是政府强制性规定电力公司必须在其电力结构中包含一定比例的可再生能源电力，强制性份额内的可再生能源电力的高出成本由全网分摊。我国可再生能源电力市场模式应是可再生能源电力自愿认购机制与可再生能源配额制的结合，分阶段地推进可再生能源电力市场是建设资源节约型、环境友好型社会的重要内容。

1. 可再生能源电力自愿认购机制

在目前电力零售市场全面放开之前，先推进可再生能源电力市场的开放，在省级范围内

采用可再生能源电力自愿认购机制。在运作的过程中，政府部门应率先购买，并加强宣传，扩大公民对可再生能源电力相关知识的了解，鼓励大用户购买可再生能源电力。

可再生能源电力的价格应采用差价定价的原则。即可再生电力电价＝常规能源的上网电价＋电价附加－申请 CDM 所得费用的电价。

上海是我国最先实现可再生电力自愿认购的地区。自 2003 年 6 月上海率先在中国内地启动绿色电力机制示范工程的两年后，通过广泛深入调查研究，终于完成上海绿色电力市场机制的初步框架设计，绿色电力的购买方式才进入公众视野。按照《上海市绿色电力认购营销试行办法》，单位用户以 6000kW·h（度）为一个单位，并以该用户上年度用电量为基准，确定最低认购额度。居民用户每单位为 12kW·h，每年最低认购额度为 100 个单位，即 1200kW·h。居民用户每月只要多支付 53 元，就可以用上可再生能源电力。

2005 年，15 家在上海的企业通过自愿认购的方式成为首批绿色电力的用户，然而随后的第二批自愿认购可再生能源电力单位仅新增了 5 家。2006 年，在上海 22 家认购可再生能源电力的企业中，国有企业占 1/3，其余的均为外商投资企业。同年开始的个人可再生能源电力用户的发展同样缓慢，到 2 月底也才 390 多户。后来，上海电力职工的一次倡议性认购，才使上海可再生能源电力的个人用户数突破了 800 户，购买可再生能源电力的家庭数不到上海全市家庭总数的千分之一。加上 20 家企业用户，上海可再生能源电力的认购总量超过 850 万 kW·h，当年上海绿色电力的发电量超过了 2000 万 kW·h。认购绿色电力的政府部门就上海市闵行区人民政府一家，它认购了 60MW·h（6 万 kW·h），为期一年。到 2009 年，企业认购数量最多的是上海市电力公司和宝钢股份，分别为 120 万 kW·h。认购数额最大的前 20 位企业共认购了 865 万 kW·h，而 2009 年年底上网电量已经超过 9000 万 kW·h，认购量不足 10%。其他企业的认购量都不超过 6 万 kW·h。个人和家庭认购最多的为 1800kW·h，前 20 位认购数额最多的个人和家庭共认购了 1.62 万 kW·h。

上海使用的可再生能源电力主要是风电，每 kW·h 的售价比原来的火电要高出 0.53 元，由于可再生能源电力实行并网销售，因此用户实际使用的并不一定就是可再生能源电力。认购可再生能源电力主要是签协议，这个协议内容主要是你认购的量、认购的时间，跟平时缴纳电费没有什么区别，只不过，在电费单上会增加一个绿色电力项。对绿色用户的激励主要体现在增加他们的荣誉感和提升他们的公众形象方面，主要手段有：一是购买绿色电力的用户可获得市政府有关部门颁发的荣誉证书和奖牌；二是认购量较大的用户可按规定使用绿色电力标志；三是绿色电力用户将有机会通过媒体进行公益宣传。

2. 可再生能源配额制

配额制是一种通过市场机制实现的可再生能源发展政策，是一个国家（或地区）用法律的形式对可再生能源发电量在电力生产总量或消费总量中所占的份额进行强制性规定的一项政策，也是一项支持可再生能源发展的重要政策工具，目标是通过市场机制以最低的成本引导企业开发和利用可再生能源。

强制配额制是要求电力企业必须生产或销售规定比例的可再生能源电量，主要方式是政府对企业生产或销售的可再生能源电量核发绿色交易证书，并通过绿色证书交易市场实现交易。承担配额制的企业既可以通过自己生产可再生能源，也可以通过买入可再生能源证书，或者二者并举履行义务。

可再生能源证书也称为绿色标签，可交易可再生能源证书，以及欧洲的绿色证书，是一种可以在市场上交易的能源商品。由专门的认证机构给可再生能源产生的每 1000kW·h 电力颁发一个专有的号码证明其有效性。也即是说，1MW 电力就是 1 个单位的证书。由于太阳能光伏的特殊性，美国还有专门的可再生太阳能证书（Solar Renewable Energy Certificates）。

可再生能源证书代表了使用清洁能源发电对环境的价值，因此，证书可以与其产生的电力本身分开交易。绿色证书是可再生能源比例标准的重要一环，它借用市场机制形成了一项对使用者的补贴，以此鼓励绿色能源的广泛应用。需要指出的是，与世界性的碳交易不同，绿色证书的市场是一个国内市场，只在实行相应比例标准的地区内交易。

在美国，目前像加州、纽约州等规定每一年全州消费电力的一定比率必须是可再生能源电力（如加州到 2020 年要达到 33%），这构成了绿色证书的主要消费市场；另外，有很多个人用户、大公司为了支持清洁能源事业，也愿意花钱购买。在没有可再生能源比例标准的州份，证书通常以较为便宜的价格卖给这些自愿买主。

在绿色证书交易机制下，电力企业可根据可再生能源生产成本和绿色证书价格，灵活选择合适的可再生能源产量和证书买入数量，从而实现成本最小化；同时，绿色证书交易大幅降低政府可再生能源补贴的确定、调整、筹集和分配等的管理成本。

二、我国可再生能源电力营销思路

第一阶段：采取针对电网公司的强制性市场准入。

我国可再生能源电力发展到今天，装机容量有了长足的发展，多种瓶颈一直是难以解决的问题。买电型模式下的电力用户事实上没有选择的权利，由于可再生能源电力的高价格，电力公司也缺乏提供可再生能源电力产品的动力。在对发电侧实施激励政策的同时，应在销售端采取一定的政策，扩大销售量。通过一定的法律法规强制电力供应商购买一定数量或比例的可再生能源电力产品，使可再生能源发电全额保障性收购不失为一种可行方法。实施时可根据所在电网区域内能接受的可再生能源电力，将可再生能源电力总比重目标分配到两大电网公司，电网公司再制定合理消纳方案，确定输送规划和消纳方案，以及各网省应承担的可再生能源电力消纳指标，这样可再生能源电力并网问题将在一定程度上得以解决。电网公司把消纳一定比例的可再生能源电力作为自己的责任，如果因规划、技术不到位等原因影响可再生能源电力上网的话，政府要规定其进行补偿，以此为可再生能源电力市场需求提供保障，降低可再生能源发电企业的市场风险，保障其经济收益，推动可再生能源电力的发展。

此阶段的特征：电力公司将可再生能源电力的高成本分摊到常规电力产品上或以其他方式消纳，用电客户自身没有清晰感受到可再生能源电力产品的高价格。

第二阶段：实施可再生能源电力自愿认购机制。

通俗解析可再生能源自愿认购机制，就是政府允许、引导并鼓励家庭用电客户及企业客户心甘情愿地以高于一般电价的价格购买并使用可再生能源电力。

通过这种自愿认购可再生能源电力，价格高出常规电价的部分可弥补可再生能源发电高成本，支持可再生能源发电的发展。由于可再生能源电力的环境价值集中体现在生产过程与所使用的资源，因而更重要的是通过自愿认购可再生能源电力，提醒并带动社会公众提高环保意识，提升环境保护的社会责任感，营造关心环境、低碳发展、支持可再生能源电力的良好氛围。

根据需求理论，决定需求量大小的因素主要有两个：一是消费者的偏好。消费者对性能和质量适应自己偏好的产品的效用评价比较高，因而具有较强烈的购买和消费欲望；另一个重要因素是价格与收入之比，即消费者偏好的产品，如果维持高昂的价格，那么就只有极少数高收入者能买得起，只能维持极少的销售量。对于终端电力用户而言，不同类型的电力在使用上没有任何区别。从电力的传输过程看，无论是可再生能源电力还是常规电力，都是通过同一条线路输送给用户。从使用角度讲，电力客户不会偏好可再生电力，况且其价格又偏高。同时可再生能源电力所产生的环境价值属于公共物品，难以在市场中获得体现。因而让电力客户自愿认购可再生能源电力的最大的挑战在于提高电力客户为社会分忧的觉悟，让其接受可再生能源电力的环境价值并愿意以此种方式为改善及保护环境做出贡献。因此电力公司、政府、民间组织一定要进行富有创意的宣传，这种共同的倡导是将环境价值转化为可以交易的市场价值并成为客户自愿认购的基石。

针对我国可再生能源电力市场潜力虽很大，但有效需求不足，多数电力客户环保意识尚未觉醒的情况，要充分利用现代媒体与传媒技术宣传可再生能源电力产品的环保效益及可再生的优势，宣传支持可再生能源企业发展的重要性，让电力客户认识到使用可再生能源电力就是在提高自己的生活质量。

此阶段的特征：认购可再生能源电力的客户是环保意识比较强的、经济条件比较好的，电力客户是分散的，没有区域、行业等特点。

第三阶段：加强目标市场营销。

在上一阶段工作的基础上，电力公司应细分电力用户，选择最容易突破的细分市场作为目标市场，针对目标市场上电力用户的特点，有针对性地宣传可再生能源电力，吸引部分对可再生能源电力具有偏好的企业和个人，在自愿的基础上，进入可再生能源电力市场。然后逐步过渡到其他细分市场，扩大市场份额，最终扩大可再生能源电力在整个电力供应中的市场份额。政府机关、大电力用户可作为优先进入的目标市场，鼓励购买可再生能源电力，支持可再生能源行业发展。

电力公司要采取多种营销方式，加大宣传力度。政府也应安排配套资金，要安排一定量的专门的人员进行营销，提高各类电力客户对可再生能源电力认知度。营销活动也要可持续，不仅仅在认购初期签约的时候进行营销活动，要形成长效营销机制，维持其认购的积极性。

此阶段的特征：认购可再生能源电力的电力用户环保意识明显觉醒，电力用户不再是分散的，明显带有区域、行业等特点，某些细分市场中的多数电力用户已经自愿认购可再生能源电力。即由上一阶段的零散个人或企业客户过渡到某类企业或个人群体客户。

第四阶段：建立针对电力用户的配额市场。

经过前三个阶段的发展，电力用户对发展可再生能源电力的重要性已有了深刻的认识，并且在心理上也能接受可再生能源电力的高价格了，这为建立针对电力用户的配额市场打下了基础。

本市场可采取不同的方式。其一，电力产品打包（常规电力＋可再生能源电力）销售给所有电力用户，当然不同类别的电力用户具体电力产品中的可再生能源电力的比例会有所不同，价格也会不同。其二，每个电力用户购买相应的可再生能源电力，不同类别的客户购买的量可能不同。

此阶段的特征：每个电力用户不管意愿如何，都要承担一定量的可再生能源电力，这已是全社会为可持续发展应承担的义务。

三、中国潜在可再生能源电力需求分析

国外可再生能源电力市场成长的经验给我们提供了极好的借鉴，而且可再生能源电力营销中特有的连锁放大效应告诉我们最重要的是鼓励电力公司尽快启动可再生能源电力计划，从小规模逐渐发展。根据中国的国情，可率先在北京、上海等大城市开始可再生能源电力营销，并为可再生能源电力营销创造良好的市场环境。

可再生能源电力营销是连接可再生能源电力需求与供给的中间环节，是否存在潜在的需求与供给成为能否成功开展可再生能源电力营销的关键。而可再生能源电力营销可以突破省际壁垒，使得不发达地区的可再生能源电力能够输送到发达地区。

从需求的角度来看，需要考虑两个方面，一是消费者的支付能力；二是消费者的支付意愿。就支付能力而言，显然在东部地区率先启动可再生能源电力营销较具可行性。东部地区的北京、上海、广州、深圳等大城市的居民相对收入水平较高，中高收入人群所占比例要大大高于其他城市。这些地区比较集中的跨国企业、国际组织、外国大使馆、政府部门等机构相应也有着较强的支付能力。

由于可再生能源电力营销诉求的是环境的价值，因而愿意为之支付更高价格的消费者应该是对环境或相关问题比较关注的群体，包括个人，也包括企业、国际组织、政府部门等组织。环境问题困扰着中国许多的大城市，如北京的空气污染、沙尘暴、水资源短缺等。随着居民收入水平的提高，对环境质量的要求成为自然，因此这些问题也逐步为公众所关注。

为帮助可再生能源电力产业建立竞争优势，政府应该鼓励北京、上海或广州、深圳等电力公司启动可再生能源电力营销计划，并创造良好的市场环境。比如可首先在北京、上海开展示范。具体措施如下。

（1）鼓励电力公司向用户提供可再生能源电力产品，对可再生能源电力高出普通电力部分的价格给予电力公司一定的定价权，这部分的价格反映的是可再生能源电力的环境效益，可根据市场的需求与可再生能源电力的供给来确定。这部分价格的放开不会影响到电价的稳定，因为用户可以选择，如果价格定得不合理，用户可以不购买。

（2）鼓励电网根据用户的需求以招标的方式选择可再生能源电力供应商，并制定相应的招投标规则，以保证资源得到最优配置，用户获得最大效用。

（3）授权一家有良好公众信誉的第三方组织（可以请国际组织担任）对电力公司的可再生能源电力业务进行监督，前期可考虑建立一个可再生能源电力标志认证的机制，在市场中销售的可再生能源电力产品需要保证遵守由可再生能源电力标志所确定的标准，并定期接受财务方面的审计，主要是针对可再生能源电力业务的审计。这一标准应该由所有利益相关者共同确定，包括电力公司、政府相关主管部门、环境社团、消费者代表、可再生能源电力厂商。由这家获得授权的机构成立一个包括所有利益相关者代表的可再生能源电力委员会，先制定相关标准，经过几轮公开的意见征询形成最终的标准。这一做法的目的在于使可再生能源电力的交易更为透明，从而有利于建立用户信心，因为如果交易不够透明，将会妨碍可再生能源电力市场的成长。

（4）根据可再生能源电力市场发展的情况，可逐步考虑建立可再生能源证书交易系统，以促进跨省区的可再生能源电力交易。考虑到政府正在制定关于强制性市场份额制的政策，也需要建立可再生能源证书交易系统，二者可逐渐结合。

（5）鼓励电力公司向用户披露电力生产的相关环境信息，这有助于帮助用户了解到电力

生产对环境的影响，从而明白购买可再生能源电力的意义。

（6）鼓励国际组织、民间组织参与可再生能源电力的宣传。

（7）鼓励可再生能源电力厂商、投资商积极参与可再生能源电力的宣传。

（8）政府部门带头购买可再生能源电力，国家发改委、科技部（科委）、环保局等部门作为推动可再生能源发展及环境保护的主要政府部门可率先购买可再生能源电力，因为这是最直接的，而且成本最低的对可再生能源电力的支持，对环境保护的支持。

第十二章 需求侧管理

第一节 综合资源规划

一、综合资源规划基本思路

综合资源规划是将供应方和需求方各种形式的资源，作为一个整体进行的资源规划。到目前为止，虽然对其规划方法还没有一个完整确切的表述，然而对它的理解却相去不远。概括地说，它的基本思路是，除供应方资源外，还把需求方提高用电效率减少的电量消费和改变用电方式降低的电力需求视为一种资源同时参与电力规划，对供电方案和节电方案进行技术筛选和成本效益分析，经过优选组合形成对社会、电力企业（公司）、电力用户等各方受益，不仅使成本最低，又能满足同样能源服务的综合规划方案的要求，旨在通过对需求方管理更合理有效地利用能源资源、控制环境质量、减少电力建设投资、降低电网运营支出、激励用户主动节能节电、为用户提供最低成本的能源服务。

不难看出，资源观点、效益观点、实施观点是综合资源规划方法的基本观点。

（1）综合资源规划改变了传统的资源概念，把节电也作为一种资源纳入了电力规划。综合资源规划克服了传统电力规划只注重电源开发，忽视终端用电的倾向，不是把电源开发规划与节电规划分开进行，并把节电规划作为附属于电源开发规划的一个辅助性规划，而是把节电规划与电源开发规划融为一体，并把节电资源与供电资源置于同等地位参与优选竞争，达到合理配置资源的目的。节电不仅仅是弥补电力供应的缺口，更主要的是最经济和最有效地利用能源资源。

（2）综合资源规划改变了传统的电力规划模式，把综合经济效益置于突出地位。综合资源规划克服了传统电力规划只注重部门利益，忽视社会整体效益的倾向。它把电力供应和终端利用界定在一个规划系统之内，以成本效益为准则，以社会效益为主要评价标准，注意协调供需双方的贡献和利益，达到改善社会整体经济环境的目的。实质上，综合资源规划是一个开发、节能、效益、运营一体化的资源规划。

（3）综合资源规划改变了传统电力规划在节电方面的模糊性，把终端节电的实施作为一个重要的规划领域。

综合资源规划避免了重节能规划轻节能实施，规划与实施脱节的倾向。在传统的电力规划中，节能的落脚点通常是在行业或部门的产品单耗上，节能缺乏透明度，仍处于不同程度的"黑箱"状态，增加了节能的不确定性，给实施和效果评价带来了困难。综合资源规划把节能的落脚点放置在终端的具体用能技术设备上，关注的是实实在在的节能节电活动，便于通过需求方管理采取有针对性易于操作的推动政策和技术措施以及相适应的运营策略，使节能规划容易付诸实施。

（一）主要特点

综合资源规划方法更新了单纯注重以增加能源供应来满足需求增长的传统思维模式，建立了以提高需求方终端利用效率所节约的资源同样可以作为供应方最合适的替代资源这样一个新概念。

综合资源规划方法的基本概念，使可供利用的资源显著增加，为供需双方提供了更多的择优机会，能够以最低的社会成本和最佳的群体效益达到经济高效配置资源的目的。

综合资源规划方法从根本上改变了电力工业一直把用户的用电需求作为规划外在因素的做法，使电力部门的职能拓宽到终端用电的活动领域，强化了资源节约的实施能力，对资源配置及其管理方式产生了变革性的影响，把资源开发和利用效果提高到了一个崭新的阶段，是能源规划史上思维方式的一大突破性进展。鉴于它是更适合现代社会发展要求的资源配置方法和管理方式，使现行管理体制和职能更符合不断发展着的市场经济运行机制的要求，可以获得显著的社会效益和群体效益，因此，它引起了全球各界越来越多的重视。随着日益加重的环境压力与科学技术日新月异双重作用的不断加强，需求方可能发掘的资源显著增加，给人类提供了新的资源和财富，成为近年来科学技术进步一个很有影响的领域。

（二）突出优点

根据国外实践经验和我国的试点示范研究来看，综合资源规划方法的突出优点如下。

（1）把能源开发和节约置于同等地位参与优选竞争，能更合理配置和有效地利用能源资源。

（2）可通过需求方管理更有力地激励用户改变粗放型消费行为，主动参与节能节电活动，并获得相应的收益。

（3）在提供同样能源服务条件下，可减少电力建设投资，实施需求方管理节约每 kW 的投资远低于新建电厂的 kW 造价。

（4）可减缓发供电边际成本的过快增长，抑制电价的上升幅度，有利于稳定电价。

（5）可强力推动电网移峰填谷，缓解拉闸限电，改善电网运行的经济性和可靠性、提高电网的运营效益。

（6）可从电网减少的新增电量成本增加额中积累部分节电资金，作为需求方管理的节电投入，以节电收益推动节电。

（7）可减少发电燃料消耗，更有力地遏制环境的恶化，保护人类赖以生存的空间和地面环境，减少二氧化碳、二氧化硫、氮氧化物和烟尘等污染控制费用。

（8）可推动高新节能节电技术产业的发展。有利于开拓潜力巨大的节能节电市场，牵引社会向优质高效方向发展。

二、需求方管理

（一）基本概念

需求方管理是综合资源规划的一项重要内容。重在提高终端用电效率和改善用电方式、提供节电资源，减少对供电的依赖。终端节电资源的发掘，要通过需求方管理来实现。

需求方管理是作为一个新概念纳入综合资源规划的。尽管对它的表述各式各样，其实质内容大体一致。可以认为：需求方管理是电力公司采取有效的激励和诱导措施以及适当的运作方式，与用户共同协力提高终端用电效率、改变用电方式，为减少电能消耗和电力需求所进行的管理活动。由于它是减少用电，从而提供供电资源，有人又把需求方管理称为"负瓦管理"。

因此，需求方管理的有效性和持续性，在于电力公司是否具备一套相适应的运行机制和运行策略。

（二）运营特点

电力公司是实施综合资源规划的主体。需求方管理的运营活动主要由电力公司完成。需求方管理与电力部门传统的用电管理相比，本质上不相同，是管理方式的一种变革。

（1）需求方管理非常强调在提高用电效率的基础上取得直接的经济收益。

需求方管理是一种运营活动，它既讲求效率，更追求效益，效率是效益的基础，效益才是目的，没有效益的节能节电活动将损害社会的整体利益和电力公司及用户的群体利益。只有效益才能激发电力公司和电力用户主动从事节能节电的内在动力。它是使节能节电活动持久开展下去的支柱。因此，任何一项节能节电措施都要给社会、电力公司和用户带来经济收益，既要节电，又要省钱，使电力公司和用户都有利可图。电力公司在运营过程中，在获得允许的节电收益前提下，要采取以鼓励为主的市场手段推动用户主动节能节电，使它们尽可能地减少电费开支，缩短节电投资回收年限。

（2）需求方管理也非常强调建立电力公司与用户之间的伙伴关系。供电系统以输配网络的形式连接千家万户，它具有高度的整体性。其市场竞争机制并不明显，用户对电能几乎没有选择的余地，常常处于求助地位，特别是在电力供应紧张的时候往往给用户带来了过重的负担。事实上，供电和用电是一个整体。电力系统运行的可靠性和经济性集中反映在供电成本上，它在很大程度上取决于用户的消费行为和消费方式，电力公司的一个重要任务就是要千方百计去调动用户改善电网远行效果的积极性和节约用电的主动性。因此，需求方管理要求电力公司和用户，无论是在电力短缺的时候，还是在电力富裕的时候，都要为供电和用电效果付出代价，共同承担风险，共同争得利益。只有在它们之间建立起一种融洽的合作感情，携手相伴，才能在电力开发节电领域取得最大的整体效益，使供需双方获得更大的收益。

（3）需求方管理还非常强调基于用户利益基础之上的能源服务。

电能不是社会的最终产品，它看不见、摸不到，难以储存，实际上是提供动力、热力、制冷、照明等方面服务的产品。优质能源服务是电力公司运营活动的基础，也是用户的根本要求，它不主张强行采取拉闸限电、轮休、倒班等不顾及用户承受能力和经济利益的做法去减少用电需求，更多的是鼓励采用科学的管理方法和先进的技术手段，在不强行改变正常生产秩序和生活节奏的条件下，促使用户主动改变消费行为和用电方式，提高用电效率和减少电力需求，从而既提高了电网运行的经济性，又节省了用户的电费开支。这样，才能使供需双方从需求方管理实践中理解到节能并不意味着以降低生产活力和生活水平为代价，而是一种有价值的社会增益活动。特别对曾饱尝多年缺电之苦的国家和地区来说，那种以降低能源服务水平、牺牲用户利益来挖掘"节能"潜力的做法还记忆犹新，所以把它们从误解和偏见中解脱出来至关重要。能否把用户从被动节能引导到主动节能的轨道中来，是需求方管理成败的一个重要标志。

三、供应方资源与需求方资源

综合资源规划和需求方管理必须划清供需双方的资源，以便于进行整体规划和运营管理。

供需双方的界定和划分是以用户计费电表为界限，按电力流程方向，计费电表以上为供应方，计费电表以下为需求方，即用户计费电表外就是供应方的终点、需求方的始点，供应方终点以下通常称为终端用户，它是需求方管理的对象。

（一）供应方资源

供应方资源是指电力企业可提供给用户的供电资源。它主要包括：

（1）燃煤、燃油、燃气的火电厂，其中包括凝汽式电厂，也包括热电厂、燃气轮机电厂和柴油机电厂。

（2）水电站，其中包括堤坝式水电站、引水式水电站、混合式水电站，也包括抽水蓄能电站、潮汐电站、海洋能电站等。

（3）核电站。

（4）太阳能、风力、生物质发电厂和垃圾电站等。

（5）老电厂的扩建增容。

（6）外购电，其中包括从邻近电网、独立电厂和境外购电。

（7）电力系统发、输、配电效率提高所节约的电力和电量，其中包括减少厂用电、输电和配电损失所节约的电力和电量。

实际上，对一个地区来说，在规划期内有条件地纳入综合资源规划供应方可能增加的资源还是很有限的。

（二）需求方资源

需求方资源指的是用户潜在的节电资源。凡是有用电的地方都存在节电资源，概括起来大体上包括：

（1）提高照明、空调、电动机、电热、冷藏、电化学等设备用电效率所节约的电力和电量。

（2）蓄冷、蓄热、蓄电等改变用电方式所节约的电力。

（3）能源替代，余能回收所减少和节约的电力和电量。

（4）合同约定可中断负荷所节约的电力和电量。

（5）建筑物保温等完善用电环境条件所节约的电力和电量。

（6）用户改变消费行为减少用电所节约的电力和电量。

（7）自备电厂参与调度后电网所减供的电力和电量。

需求方资源的类型比较多，情况也比较复杂，要进行具体鉴别。在综合资源规划和需求方管理中，通常选择那些规划期内可能实施的主要部分。

四、成本效益

（一）基本原则

从发展角度观察，资源开发和利用至少要解决三个问题：一是资源供应必须要保障需求，资源供需平衡才能使社会活动正常有序地运转；二是供需平衡必须置于效率和效益基础之上，以最低的消耗和最小成本支出获得最大收益实现资源合理配置，才能使社会持续健康地发展；三是资源的开发和利用必须讲求贡献和利益，保证整体效益与群体效益的一致性，力争获得最大整体效益的前提下，在各群体间实行合理分配，才能激发实施资源合理配置的社会内在动力。

综合资源规划实质上就是最小成本规划。成本效益是综合资源规划方法的核心，也是规划及其实施的主要评价标准。

由于节电效果不仅使消费者受益，也直接关系到能源供应者的利益和社会的整体经济环境，因此需要各方面付出代价，顾及各方面的效益，要使它们都有利可图。

一般把与综合资源规划和需求方管理有关的群体划分为四个方面：一是社会，它是整体利益的代表；二是电力公司（包括发、供电），它是供应方利益的代表；三是用户，它代表需求方的利益，其中又分为参与者和非参与者，参与者指参与需求方管理计划的用户，非参与者指没有参与需求方管理计划的用户，由于需求方管理计划不止一个，也不是一次性的，参与者和非参与者就不是固定不变的，它们具有相对的性质；四是项目实施中介，它是参与部分节电项目的执行者，如电力公司下属的节电服务公司以及独立经营的节能服务公司、能源服务公司、能源管理公司、能源效率中心等。成本效益分析的最终目的，就是在满足同样能源服务条件下，力图寻求一个包括电力投资和节电投资在内的社会总投资最小、包括电网运营支出和用户电费支出在内的社会总费用最低的总体规划方案，以获得最好的综合经济效益和群体效益。

对需求方管理来讲，任何一项节电措施，只有在社会、电力公司、用户、项目实施中介各方的收益大于成本时，他们才能考虑接受。具体地讲，参与需求方管理计划的用户采用先进技术设备节约电量和降低电力需求，以期在寿命周期内少支出电费，并能在较短的时间内回收节电投资；对电力公司来说，节电一方面减少了高于平均成本的新增电量成本的支出，另一方面又因少售电减少了销售收入，只有减少的支出高于减少的收入才是有利的；对社会来说，只有单位节电成本低于新增电量成本、节电峰荷容量成本低于新建电厂的造价，才能抑制边际成本的过快增长，平稳电价，减少社会的资金投入；对非参与需求方管理计划的用户来说，虽然没有少用电，但如果实际电价低于预期电价，也会从减少电费开支中得到好处。

（二）评价指标

成本效益分析要以量化为中心，确立相应的指标体系。社会、电力公司和用户等有各自的成本形式和利益要求，不可能建立一个统一、单一的成本效益评价指标。

根据国外的实践经验和我们的试点研究，成本效益评价指标主要有以下几个。

1. 可避免电量

可避免电量是综合资源规划中一个特定的概念，是指由于节电使电力系统避免的新增电量。应当指出，不是所有的节电项目都会使电力系统获得可避免电量，如采用蓄冷、蓄热、蓄电技术用于移峰填谷还要求系统增加供电量。

2. 可避免峰荷容量

可避免峰荷容量是综合资源规划中一个特定的概念，是指由于节电使电力系统避免的新增装机容量。在数值上它等于发电端可避免峰荷电力，加上与电网相适应的系统备用容量。

3. 可避免电量成本

可避免电量成本是指由于节电，使电力系统避免的新增电量成本。如果在所规划的电网区界内，除网内的供电外还有外购电，则外购电成本也属于可避免电量成本的一种形式。

4. 可避免峰荷容量成本

可避免峰荷容量成本是指由于节电，使电力系统避免新增装机容量的成本。

5. 单位节电成本

单位节电成本是指节电项目在寿命周期内，节约单位电量的支出费用。当单位节电成本低于可避免电量成本时，就会为社会节省用电花费。

6. 节电峰荷容量成本

节电峰荷容量成本是指节电项目在电厂寿命周期内的支出费用与可避免峰荷容量之比。当节电峰荷容量成本低于可避免峰荷容量成本时，就会为社会节省用电投入的资金。

7. 年纯收益

年纯收益是指实施节电项目的收益与成本之差，是节电项目能否获利的指标。只有电力用户、电力公司和项目实施中介的年纯收益大于零的情况下，该节电项目它们才能考虑接受。

8. 投资回收期

投资回收期是节电项目以各年获利偿还原始投资所需要的年数。为了减少节电投资风险和获得较高的投资回报，总是期望有较短的投资回收期。该指标往往与年纯收益指标配合使用。

五、实施环境

开展综合资源规划和需求方管理计划需要相适应的条件，关键是充分发挥政府、电力公司、电力用户、能源服务公司等各方面的作用，克服在体制、法规、制度、政策方面存在的障碍，创造一个有利于综合资源规划和需求方管理计划的实施环境，方能开通有效的实施途径和寻求具体的操作办法。

（一）政府的作用

政府在综合资源规划的制定和实施过程中起主导作用。政府是社会利益的维护者，关心各方面的利益，更顾及整体利益，以提高社会的运转效益，保障社会健康有序的发展。开展综合资源规划和实施需求方管理计划需要法制和政策的支撑，将牵涉到体制、法规、制度、标准、金融、财税、物价等多个方面，既关系到社会的整体利益，也关系到电力企业（包括发电公司和供电公司）、电力用户、节电产品生产和销售企业、能源（节能）服务机构等各方面的群体利益。也就是说，综合资源规划和需求方管理不单纯是部门和行业行为，更主要的是社会行为，只有在宏观调控指导下充分发挥市场调节的基础作用，才能争得最好的综合经济效益。这就需要政府发挥主导作用，在法制和政策等方面采取强有力的手段，推动采用综合资源规划方法进行电源开发的最小成本规划，运用需求方管理技术促使用户主动节能节电。为此，出于社会效益和更长远的考虑，政府要把开展综合资源规划和实施需求方管理纳入法制轨道并建立相应的体制保障，在节能节电领域全面实行以鼓励性为主的政策，在财政、贷款、税收、价格等方面制定具体的鼓励性条款，在电力公司与用户之间、能源（节能）服务公司与用户之间、电力公司与能源（节能）服务公司之间的节电效益分配进行有机的协调，在实施节能节电计划和运营管理方面，进行有效的监督并提供指导性的信息服务，目的是在满足同样能源服务条件下，减少电力建设投资和减轻社会的环境负担，使电力公司降低预期的运营成本，使用户减少电费支出，使项目实施中介获得合理收益，达到整体效益最高、收益分配合理、参与者受益、非参与者满意的目的。

（二）电力公司的作用

电力公司是实施综合资源规划和需求方管理的主体。电力公司被赋予需求方管理的使命，与电源开发和供电一样把节电纳入日常运营活动，不仅仅因为它是综合资源规划和需求方管理计划的直接受益者，更重要的是它与用户存在着不可分割的运营联系，更了解用户的用电和节电状况，便于沟通用户共同合作采取有效措施和运作方式提高用户执行需求方管理计划的参与率，提供更多的节电资源，争得更大的整体效益。同时，它为电力部门的管理方式由粗放型转入集约型提供了机会，也为电力供应走向市场和步入商业化运营创造了条件。

（1）体制上要明确地把节电列入电力公司的职能范围。电力公司既然是实施综合资源规划和需求方管理的主体，就要突破只管建厂供电的传统职能领域，它一方面要实施电源开发规划，投资于能源开发销售电力，另一方面要实施需求方管理计划，投资于节电销售效率，实现供电与节电运营一体化，才能使综合资源规划得以落实，需求方管理计划得以实现，使节能节电形成持久的良性循环。

电力公司不必担心因实施需求方管理节电会导致减少售电收入，影响收益。因为需求方管理的节电资源是有限的，在通常情况下，电网没有过多的长期富裕容量，不可能只靠节电来满足电力需求的增长，还没有出现以节约用电来完全替代电源开发的先例。在电价比较稳定的情况下，减少新增高成本的供电量，可以抵偿少售电减少的收入。特别是在电力供应短缺的电网，需求方管理不但不会使电网减供电量，减少售电收入，而且是削峰填谷、弥补电力和电量供需缺口、增加收益的最好手段。需求方资源是客观存在的，电力公司的作用在于如何去调动它们成为供应方可替代的资源。

（2）法规制定应鼓励电力公司主动承担实施需求方管理计划。凡是电力公司投资于终端节电，应与供电一样以同等利润计入电费。作为对电力公司的激励措施，实施需求方管理的投资回报率应允许略高于投资电源开发的回报率，以消除电力公司投资于效率的经济障碍，并避免降低需求方管理的实施效果。

为保障电力公司一定的投资回报率，依靠新建高成本电厂来满足用电增长的需要，成本的增加势必要通过抬高供电电价予以补偿。同样，电力公司投资于终端节电，通常的办法也是通过提高供电电价来获得允许的节电投资回报率。由于节电成本远低于新增供电成本，电价增幅将比不实施需求方管理计划的电价增幅低得多。不能认为通过电价完成需求方管理的投资回收机制是推动电价上涨的因素，也不能认为是通过提高供电电价来额外为需求方管理筹集节电资金。恰恰相反，通过需求方管理活动将低成本的节电资源替代高成本的供电资源，抑制了电价的过快增长，使用户获得了低成本的能源服务，这正是需求方管理的一大特殊贡献。允许电力公司获得比新建电厂较高的投资回报率，目的是激发电力公司投资节电实施需求方管理计划的利益动力。不是任何节电措施都列入需求方管理计划，采用低成本的适用节电技术措施是实施需求方管理的基础，它不会因此使供电电价超过新建高成本电厂后的预期电价。

为更好地执行需求方管理计划，把节电纳入正常的运营轨道，要建立起完善的容量和节电投资回收机制与电价制度。整顿和规范电力市场，要严禁受托的电费收缴单位肆意抬高电价。间接收缴电费是增强电力公司服务功能和实施需求方管理的一个经济障碍。最好是建立直达终端用户的电费收缴办法，使终端电价与供电电价趋于一致。

（3）政策上要允许电力公司以财政激励手段推动需求方管理计划的实施。从电力供需角度观察，电力和电量的节约主要来自电力用户，要获得节电的社会效益，就要采取一切必要的市场手段激励用户参与节电活动。财政激励是需求方管理对用户节电响应能力最主要的激励手段，也是需求方管理在运营策略方面的一个重点，政策上要允许电力公司以财政激励手段去实施需求方管理计划。财政激励手段主要包括：在供应方制定面向用户的多种可供选择的鼓励性电价推动用户移峰填谷，如容量电价、峰谷电价、分时电价、季节性电价、可中断负荷电价等；对需求方终端用户，采用节电技术设备的折让销售、节电设备的免费安装、低息无息节电贷款、节电设备租赁、节电效益还贷、节电特别奖励、节电招标等市场手段来鼓励用户提高用电效率，节约使用能源。

　　需求方管理的这种财政激励完全是为驱动用户在更大规模上参与节能节电活动注入经济活力，以鼓励用户在为社会贡献更多的整体效益方面发挥作用，其中也包括对电力公司的效益贡献。这部分激励资金不是把电力公司的一笔收入无偿地转移到用户，而是需求方管理投资的一个主要组成部分，它将通过供电电价予以回收，实质上是以节电收益推动节电。也可以这样理解，电力公司用这笔激励资金在"负瓦"市场上向用户购电，以其花费控制在低于新增电量成本与电网平均电价之差的范围之内而获取投资收益。在电力供应短缺的电网，这笔花费只要低于新增电量成本就会获得收益。财政激励只是企业运营的一种市场手段，这与在商店购物予以"折价"、给予"奖励"、赠予"礼品"等采用的市场促销手段鼓励消费者购物热情在本质上是一码事，谁也不会认为由于这种"让利"销售使店主无利可图，而恰恰是获利的最好时机。这就是为什么售电的电力公司反而以财政激励去鼓励用户节电的根本原因。决不能把电力公司这种财政激励的节电投入视为对用户节电的一种额外的"补贴"、一种无偿的财政资助、一种社会的经济负担，或一种福利性活动。否则，就误解了以市场手段推动节能节电的真正价值，难以摆脱计划经济体制的束缚去大力开拓节能节电市场，难以进入需求方管理的正常运营轨道。因此，只有建立起需求方管理这样的节电投资回收机制，并把它纳入正常的运营范围，才能不为节电资金的筹措而困扰，把节电工作持久有效地开展下去。

　　（4）在电源开发的审批制度中把需求方管理计划纳入法定的审批程序。电力系统是国家实行管制的一个重要部分。作为电力管制的一部分，把电源开发和电力节约视为一个整体纳入审批程序，把需求方管理计划列入其中的审批内容并参加电力电量平衡，使开发与节约紧密地联系在一起，统一筹划，同步实施，把节约落在实处，才能改变电力部门单纯注重依靠增加电力供应来满足需求增长的传统模式，走上资源开发利用集约型管理的轨道。

　　必须摆正能源开发与能源节约的位置，正确理解倡导效率和节约优先的原则，只有把用户终端节电作为电力规划和实施的一个重点领域，才能把需求方管理纳入到电力规划中去。随着社会的进步和发展，能源需求在不断增长，提高能源利用效率所做的贡献还不能满足日益增长的物质和精神文明所需增加的能源消费，即使是科学技术日新月异的飞跃发展，以提高能源利用效率来抵达能源消费"零增长"的理想境界，在相当长的历史阶段内还是可望而不可即的一个美好愿望，在满足能源需求方面能源开发的主导地位不容动摇。倡导效率革命，强调节约优先，正是对过分注重能源开发、严重忽视用能效率的一个矫正，也是对效率和节能在保护资源和环境以及支持社会可持续发展方面所做出的突出贡献的一个强烈响应。石油、天然气、煤炭等可燃矿物资源是当前能源供应的主力，占能源消费总量的90%以上，其储量有限，不可再生，资源耗尽是不可避免的，它们不可能永久作为燃料动力的基础，要推迟其枯竭期的到来，为可再生能源取代它们争取更长的准备时间，只能依靠提高能源利用效率。环境污染是人类最大的公害和最凶狠的"杀手"，正在损害地球的"健康"和威胁人们的生存安全，可燃矿物是当今最大的污染源，效率革命是遏制环境恶化、摆脱先污染后治理最根本最有效的治本办法，也是化害为利的最好途径。出于社会整体利益和更长远的考虑，节能优先就是需求方资源与供应方资源相比，在满足同样能源服务条件下，成本有效且技术可行的效率方案应优先采纳，如同开发石油、天然气、煤炭资源一样去发掘节能资源。节能优先，并不意味着技术可行的需求方效率方案都要比供应方开发方案优先安排，只有在不低于开发方案经济效益的前提下才能优先选择需求方效率方案。节能既要讲求效率，又要讲求效益，要选择合适的节电技术，并不一定是最好的节电技术。这样，才能既避免忽视发掘比供应方资源更经济的需求方资源，又防止不经济的节能项目盲目投入，使需求方管理节能节电计划的实施获得最好的整体效益，并减轻对资源供应和环境保护的压力。因此，能源节约并不排斥能源开发，节能优先并不等于开发滞后，能源开发与能源节约有如车之两轮、鸟之两翼，相辅相成，缺一不可。

（三）能源（节能）服务公司的作用

能源（节能）服务公司是需求方管理的实施中介。为有力地推进规划的实施进程，部分节电项目的执行工作往往由具备资格的节能服务公司、能源管理公司或能源效率中心来承担，协助政府和配合电力公司实施需求方管理计划。

与能源开发不同，节能节电具有广泛分散的特点，节能节电资金来自多方渠道，要动员社会各个群体的力量才能集砂成塔、汇流成川。其中，动员和发挥能源（节能）服务公司的作用，是扩大节能市场、落实需求方管理终端节能计划的一个很有效的途径。

能源（节能）服务公司或者称为能源（节能）管理公司，可以通过为用户提供各种形式的能源服务，包括能源审计、节能诊断、筹集节能投资、节能设计、安装节能设备、操作培训到获得节能节电收益的一条龙服务，与用户共同承担节能投资风险，共同分享节能收益，使节能投资分担和节能收益分享联系起来。同舟共济的运营服务机制既会增强用户参与节能节电的信心和投资于效率的积极性，又会增强能源（节能）服务公司实施节能节电的能力。节能服务公司可以是独立经营的实体，也可以是电力公司下属的一个子公司。

根据发展条件和市场需要，能源（节能）服务公司可大可小，不拘一格。它可以是专业性的，如照明节电服务公司、调速技术节电服务公司、热水器节能服务公司、汽车节油服务公司、门窗保温节能服务公司、热管、热泵节能服务公司等；也可以是综合性的，如热电联产能源服务公司、锅炉（或窑炉）能源服务公司、蓄冷空调能源服务公司、余热回收发电能源服务公司、绝热材料能源服务公司等；还可以是管理性的，在运营方式、市场调查、规划编制、项目可行性、政策法规、效率标准、技术引进、资金筹措、信息交流、人才培训等方面开展咨询和服务，它多半涉足于政府职能机构、公用事业单位，以及行业和大型企业。它们的服务对象除电力公司和能源与电力用户外，也可以是高效节能设备生产商和销售公司，根据其服务功能、服务质量和节能节电效益从中获取应得的利润。高质量的技术和产品以及高水平的服务是能源（节能）服务公司获得成功的根本保证。世界上不少这类性质的公司已经开展了跨国咨询和服务，其中有些公司还专门设置了从事需求方管理的咨询服务部门。

应该提到的是，我国20世纪80年代以来，先后在国家有关部门、省市和行业有关部门成立了200多个节能服务中心，在政府的扶植下主要从事企业能源审计、咨询和测试工作，协助政府能源（节能）主管机构完成节能验收、评比、定级、升级和节能监测等任务。随着政府职能的转变和政企分开后企业效益意识的增强，节能服务中心已逐渐失去依靠政府的支撑开展节能服务活动的基础，相当多的节能服务中心已经无法依靠传统方式的节能服务来维持自我生存和发展的能力。只有摆脱体制束缚，实行公司化改组和商业化运营，提高服务能力，建立共担投资风险、共享节能收益的运营新机制，根据自身的能力建设选择有市场前景的营业领域，利用多年的节能经验和与用户的联系去开拓和扩大节能市场，积极参与终端节能活动，在竞争中赢得自我发展的生机，才是发挥节能服务机构优势的唯一出路。

（四）电力用户的作用

用户是终端节能节电的主体，是节能节电整体增益的主要贡献者。只有用户参与需求方管理计划才能提高终端用电效率节约能源。移峰填谷减少发电装机需求，不但减少了包括发电和输配电在内的电力建设投资，降低厂供电成本，而且还减少了与其相关的燃料开采和燃料运输投资以及环保控制费用。根据深圳需求方管理试点研究结果和国际实践经验，实施需求方管理节电成本仅相当于新增电量成本的10％～50％，大幅度地节省了社会投入的资金。但是，节能节电不是工、农、商、服务业盈利的主要目标，也不是居民用户增加收入的主要来源，用户是否愿意参与需求方管理计划，接受某项节能节电措施，主要取决于其本身能否获得足够大的直接收益。也就是说，在不降低能源服务水平的条件下，成本有效且能获得较高收益的节能节电措施，是用户衡量是否参与需求方管理计划的主要尺度。在市场经济体制下，用户不会主动长久地参与节能而不省钱的活动或甘愿承担节能投资风险去为其他群体做增益贡献，而是要根据政府的决策和电力公司的经营策略通过市场信号予以响应。用户是节能市场的主体，政策上要把鼓励用户节能节电放在首位，在运营活动中要为提高用户的节能节电增益服务，才能激发用户节能节电的内在动力，促进用户更积极主动地参与需求方管理计划，从根本上扭转用户在节能节电方面欲进不前的被动局面。

因此，综合资源规划和需求方管理计划取得成功的关键，在于政府的有力调控和市场驱动力的双重作用。

（五）职能与服务

完成综合资源规划和实施需求方管理计划，必须有相适应的运作机制，各司其职，各尽其责，才能使节能管理和服务工作正常有序地开展下去。图12-1是综合资源规划与需求方管理的职能和服务对象简图。

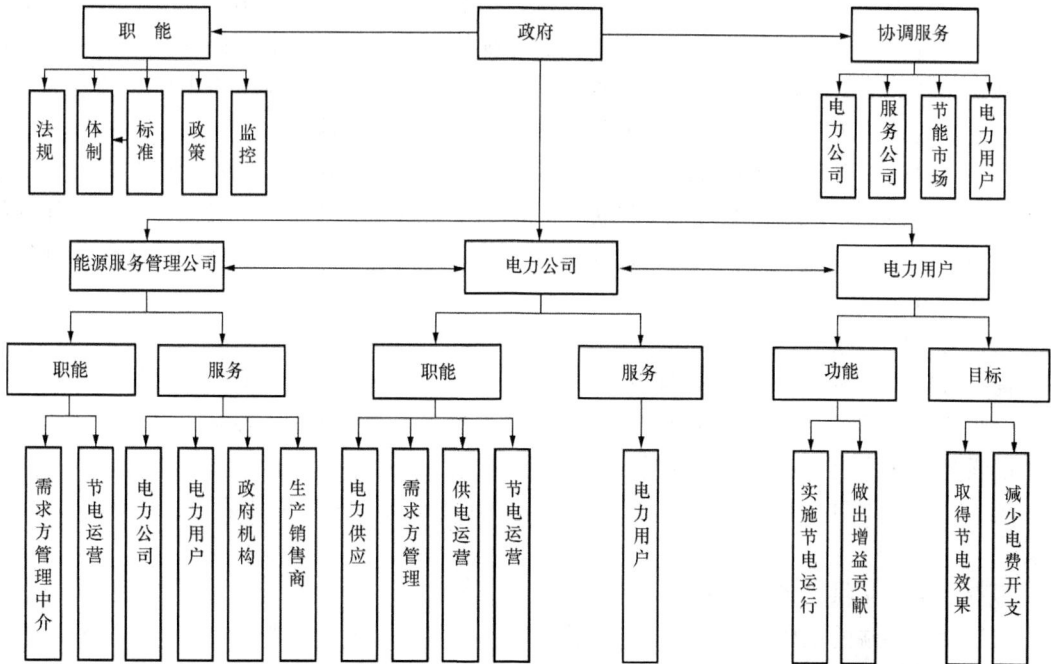

图12-1　综合资源规划与需求方管理的职能和服务对象

第二节　需求方管理技术

需求方管理技术是指为实现需求方管理计划所采取的方法、措施和手段，它要在宏观调控的指导下充分发挥市场调节的基础作用。

一、管理的目标

用户对电能的需求包括电力和电量。电力是用户的用电能力，一般用 kW 表示；电量是用户的用电数量，一般用 kW·h 表示。电力系统要具备相适应的供电能力和供电量，才能满足联入电网各类用户的用电需求，它需要足够的装机容量来供应电力和持续不断地把燃料等一次能源转换为电能供给电量。

需求方管理要考虑两个方面：一方面要力图以较少的新增装机容量达到系统的电力供需平衡，就必须千方百计降低电网的最大负荷，其根本措施就是减少用户在电网峰荷时段的电力需求；另一方面要力图减少系统的发电燃料消耗，就必须设法减少系统的发电量，其根本措施就是使用户更有效地利用能量，在满足同样能源服务的同时减少其用电量。因此，需求方管理的目标，主要集中在用户电力和电量的节约上。

（1）通过负荷管理技术改变用户的用电方式降低电网的最大负荷，取得节约电力、减少电力系统装机容量的效益。节约电力有时会同时带来节约电量的效益，但它并不强调一定要带来节约电量效益，然而往往也会出现相反的效果，如移峰填谷技术通常要多耗电量。

（2）通过用户采用先进技术和高效设备提高终端用电效率减少电量消耗，取得节约电量效益，其中峰荷期间运行的节电设备还可降低电网最大负荷，同时获得节约电力减少系统装机容量的效益，但它并不强调一定要带来这一方面的效益。

因此，需求方管理所获得的节电资源，既包括节约电量，也包括节约电力。虽然节电活动客观上一直存在电量和电力两种效果，然而传统的节电概念往往只局限在节约电量上，没有明确地把节约电力摆在节电的重要位置上。需求方管理注重对这两种节电资源的发掘，并在节电资源的评价中注意一种节电资源可能产生的双重节电效应。

一般来讲，只要是成本有效的节电资源，那么无论是电力还是电量都不应放弃对它们挖掘的机会。实际上，在新建电厂造价昂贵、峰期供电紧张、负荷峰谷差较大的电网，往往把节约电力置于首要位置；在装机容量比较富裕、发电燃料价格高昂、环境约束比较苛刻的电网，更重视节约电量。

二、管理的对象

需求方管理的对象要求具体明确地落实在终端，以便于采取有针对性的实施对策和运营策略。理论上，其范围应包括所有与减少供应方资源有关的终端用能设备，以及与用电环境有关的设施。事实上，包罗万象的需求方管理计划会大大增加设计的难度，降低计划的可行性。通常，根据地区的具体条件和节电目标，在可能实现的管理目标中选择其中的有限部分。

概括起来，可供选择的对象有下列几个主要方面。

（1）用户终端的主要用能设备，如照明、空调、电动机、电热、电化学、冷藏、热水器、暖气、通风等设备。

（2）可与电能相互替代的用能设备，如燃气、燃油、燃煤、太阳能、沼气等热力设备。

（3）与电能利用有关的余热回收和传热设备，如热泵、热管、余热锅炉、换热器等。

（4）与用电有关的蓄能设备，如蒸汽蓄热器、热水蓄热器、电动汽车蓄电瓶等。

（5）自备发电厂，如自备背压式、抽背式或抽汽式热电厂，以及燃气轮机电厂、柴油机电厂、余热和余压发电等。

（6）与用电有关的环境设施，如建筑物的保温、自然采光和自然采暖及遮阴等。

用电领域极为广阔，用电工艺多种多样，在确定具体的管理对象时一定要精心选择。尤其是节能项目一般都投产快，要逐年连续实施，一定要有可采用的先进技术和设备作为实施需求方管理计划必要的物质条件。

三、管理的技术手段

（一）基本概念

为了完成综合资源规划，实施需求方管理计划，必须采取多种手段，这些手段是以先进的技术设备为基础，以经济效益为中心，以法制为保障，以政策为先导，采用市场经济运作方式，讲究奉献和效益。概括起来主要有技术手段、财政手段、诱导手段和行政手段等四种。本节讨论技术手段。

技术手段指的是针对具体的管理对象，以及生产工艺和生活习惯的用电特点，采用规划期内技术成熟、当前就能应用的先进节电技术和管理技术，及其相适应的设备来提高终端用电效率或改变用电方式。如高效节能灯具、高效电冰箱、高效热水器、高效换气机、高效空调器、高效电动机、高效变压器和高效绝热保温技术、蓄冷蓄热蓄电技术、溴化锂制冷技术、远红外加热技术、无功补偿技术、自动控制技术、电动机变频调速技术、余热和余压发电技术、太阳能利用技术，以及能源替代、自备电厂参与电网调度、工艺流水操作、作业程序调度等措施，都可以考虑作为节约电量和电力的技术手段。

（二）改变用户的用电方式

1. 电力系统的负荷特性

电力系统的负荷特性又称电力系统的负荷方式，它每时每刻都在发生变化，通常用负荷特性曲线来表示，主要包括年负荷特性曲线和日负荷特性曲线两种，有的还有周、月和季负荷特性。

年负荷特性基本上有两种：一种是负荷峰期出现在冬季（如图 12-2 所示）；另一种是负荷峰期出现在夏季（如图 12-3 所示）。

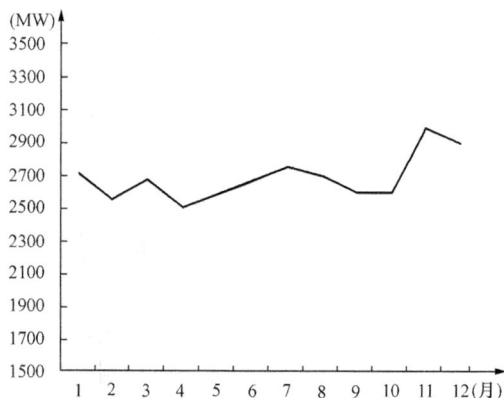

图 12-2 负荷峰期出现在冬季

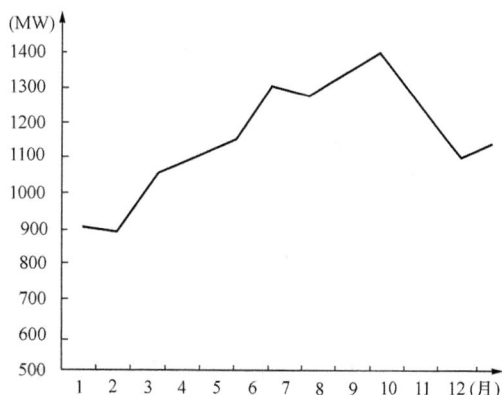

图 12-3 负荷峰期出现在夏季

日负荷特性也有两种：一种是峰期最大负荷出现在夜晚（如图 12 - 4 所示）；另一种是峰期最大负荷出现在白天（如图 12 - 5 所示）。它们的负荷谷期均出现在后夜。

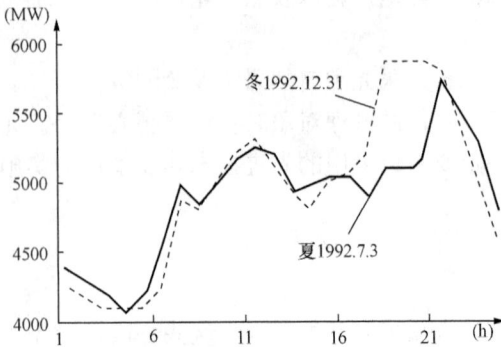

图 12 - 4　峰期最大负荷出现在夜晚

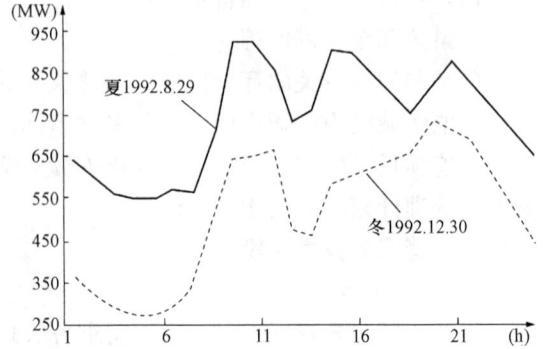

图 12 - 5　峰期最大负荷出现在白天

电力系统的负荷特性与一系列因素有关，主要取决于电网所在地区的经济结构和用户的生产特点，当地的气候条件、生活水平和风俗习惯，以及电网规模等。对一个具有一定规模的电网来讲，电力系统的负荷方式主要是由终端用电方式决定的，要改变电力系统的负荷方式就要改变终端用电方式。由于供电能力不足和线路容量堵塞等拉闸停电的影响，图示的负荷特性不是完全满足终端用电需求的自然负荷特性，否则还要拉大电网负荷的峰谷差距。随着市场经济的发展和人们生活品质的不断提高，电网负荷的峰谷差距还有进一步拉大的趋势。

2. 负荷整形技术

改变用户的用电方式是通过负荷管理技术来实现的，负荷管理技术就是负荷整形技术。它是根据电力系统的负荷特性，以某种方式将用户的电力需求从电网负荷高峰期削减、转移或增加在电网负荷低谷期的用电，以达到改变电力需求在时序上的分布，减少日或季节性的电网峰荷，以期提高系统运行的可靠性和经济性。

在规划中的电网，主要是减少新增装机容量和节省电力建设投资，从而降低预期的供电成本。

负荷整形技术主要有削峰、填谷、移峰填谷三种。

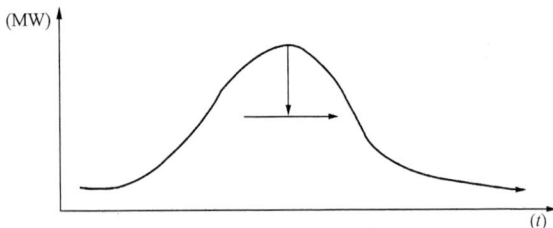

图 12 - 6　削峰

（1）削峰，如图 12 - 6 所示。削峰是在电网高峰负荷期减少用户的电力需求，避免增设边际成本高于平均成本的装机容量，并且由于平稳了系统负荷，提高了电力系统运行的经济性和可靠性，降低了平均发电成本。另一方面，削峰会减少一定的峰期售电量，也降低了电力公司的部分收入。

削峰的控制手段主要有两个：一个是直接负荷控制，另一个是可中断负荷控制。

直接负荷控制是在电网峰荷时段，系统调度人员通过远程或自控装置随时控制用户终端用电的一种方法。由于它是随机控制，常常冲击生产秩序和生活节奏，大大降低了用户峰期用电的可靠性，大多数用户不易接受，尤其是那些可靠性要求很高的用户和设备。负荷的突然衰减和停止供电有时会酿成重大事故和带来很大的经济损失，即便采用降低直接负荷控制的供电电价也不太受用户欢迎，因此限制了这种控制方式的应用范围。对于电力供应严重短缺、大量外购峰荷电力的电网，在失去电力平衡时往往用这种方法削减峰荷，然后对用户予以电价补偿。直接负荷控制多用于城乡居民的用电控制。对于其他用户以停电损失最小为原则进行排序控制。

可中断负荷控制是根据供需双方事先的合同约定。在电网峰荷时段系统调度人员向用户发出请求信号，经用户响应后中断部分供电的一种方法。它特别适合可以放宽对供电可靠性苛刻要求的那些"塑性负荷"，主要应用于工业、商业、服务业等，如有工序产品或最终产品储存能力的用户，可通过工序调整改变作业程序来实现躲峰；有能量（主要是热能）储存能力的用户，可利用储存的能量调节进行躲峰；有燃气供应的用户，可以燃气替代电力躲避电网尖峰；那些对用电可靠性要求不高的用户，可通过减少或停止部分用电躲开电网尖峰，等等。不难看到，可中断负荷控制是一种有一定难度的停电控制，由于这种电价偏低或给予中断补偿，有些用户愿意以较少的电费开支降低有限的用电可靠程度，它的削峰能力和终端效益，取决于用户负荷的可中断程度和这种补偿是否不低于用户为躲峰所支出的费用。

利用时间控制器和需求限制器等自控装置实现负荷的间歇和循环控制，是对电网错峰比较理想的控制方式。它虽然改变了用户的用电方式，但通常并不或较少影响用户的用电模式和服务质量。如空调、风机、水泵、大耗电工艺设备等的间歇或循环控制。但是，它需要有完善的控制系统。削峰控制不但可以降低电网峰荷，还可降低用户变压器的装置容量。

（2）填谷，如图12-7所示。填谷是在电网低谷时段增加用户的电力电量需求，有利于启用系统空闲的发电容量，并使电网负荷趋于平稳，提高了系统运行的经济性。由于它增加了销售电量，减少了单位电量的固定成本，进一步降低了平均发电成本，使电力公司增加了销售收入，尤其适用于电网负荷峰谷差大、低负荷调

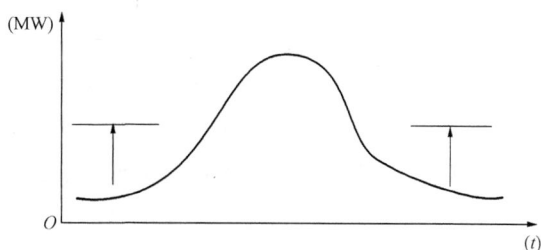

图12-7 填谷

节能力差又压电困难，或新增电量长期边际成本低于平均电价的电力系统。

比较常用的填谷技术措施有以下几个。

1）增加季节性用户负荷。在电网年负荷低谷时期，增加季节性用户负荷；在丰水期鼓励用户多用水电，以电力替代其他能源。

2）增添低谷用电设备。在夏季尖峰的电网可适当增加冬季用电设备，在冬季尖峰的电网可适当增加夏季用电设备。在日负荷低谷时段，投入电气锅炉或蓄热装置采用电气保温。在冬季后夜可投入电暖气或电气采暖空调等进行填谷。

3）增加蓄能用电。在电网日负荷低谷时段投入电气蓄能装置进行填谷，如电气蓄热器、电动汽车蓄电瓶和各种可随机安排的充电装置等。

填谷非但对电力公司有益，用户利用廉价的谷期电量可以减少电费开支。但是，由于填谷要部分地改变用户的工作程序和作业习惯，也增加了填谷技术的实施难度。

填谷的重点对象是工业、服务业和农业等部门。

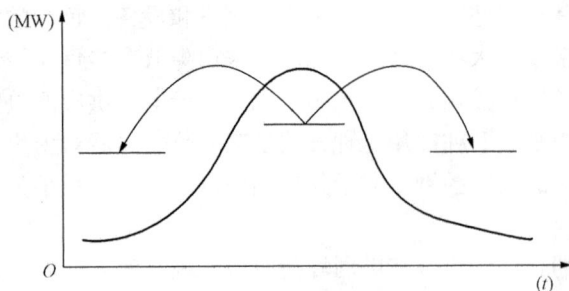

图 12-8　移峰填谷

（3）移峰填谷，如图 12-8 所示。

移峰填谷是将电网高峰负荷的用电需求推移到低谷负荷时段，同时起到削峰和填谷的双重作用。它既可减少新增装机容量、充分利用闲置容量，又可平稳系统负荷、降低发电煤耗。移峰填谷一方面增加了谷期用电量，从而增加了电力公司的销售电量；另一方面既减少了峰期用电量，又减少了电力公司的销售电量。电力系统的销售收入取决于增加的谷电收入和降低的运行费用对减少峰电收入的抵偿程度。在电力严重短缺、峰谷差距大、负荷调节能力有限的电力系统，一直把移峰填谷作为改善电网经营管理的一项重要任务。对于拟建电厂，移峰填谷可以减少新增装机容量和电力建设投资。

比较主要的移峰填谷技术措施有以下几个。

1）采用蓄冷蓄热技术。中央空调采用蓄冷技术是移峰填谷最为有效的手段，它是在后夜电网负荷低谷时段制冰或冷水并把冰或水等蓄冷介质储存起来，在白天或前夜电网负荷高峰时段把冷量释放出来转换为冷气空调，达到移峰填谷的目的。蓄冷中央空调比传统的中央空调的蒸发温度低，制冷效率相对低些，再加上蓄冷损失，在提供相同冷量的条件下要多消耗电量，但它却是有利于电网的填谷电量。

蓄冷技术是一种在用的成熟技术，1993 年深圳中电大厦蓄冷中央空调首次投入运转，实践证明它特别适合于商业、服务业、工业部门以及居民楼区，如大型商厦、贸易中心、酒楼宾馆、公寓、写字楼、娱乐中心、影视院、体育馆、健身房、大型住宅区以及大面积使用空调的电子、医药、纺织、化工、精密制造、食品加工、服装等生产企业。

采用蓄热技术是在后夜电网负荷低谷时段，把电气锅炉或电加热器生产的热能存储在蒸汽或热水蓄热器中，在白天或前夜电网负荷高峰时段将其热能用于生产或生活等来实现移峰填谷。用户采用蓄热技术不但减少了高价峰电支出，而且还可以调节用热尖峰、平稳锅炉负荷、减少锅炉新增容量。当然，它也要多消耗部分电量。蓄热技术也是一种在用的成熟技术，是移峰填谷有效的技术手段，对用热多、热负荷波动大、锅炉容量不足或增容有限的工业企业和服务业尤为合适。

用户是否愿意采用蓄冷和蓄热技术，主要取决于它减少高峰电费的支出是否能补偿多消耗低谷电量支出电费，并获得合适的收益。

2）能源替代运行。在夏季尖峰的电网，在冬季可用电加热替代燃料加热，在夏季可用燃料加热替代电加热。在冬季尖峰的电网，在夏季可用电加热替代燃料加热，在冬季可用燃料加热替代电加热。在日负荷的高峰和低谷时段，也可采用能源替代技术实现移峰填谷，其中燃气和太阳能是易于与电能相互替代的能源。

3）调整作业程序。调整作业程序是一些国家曾经长期采取的一种平抑电网日内高峰负荷的常用办法，在工业企业中把一班制作业改为二班制，把二班制作业改为三班制。作业制度大规模的社会调整，对移峰填谷起到了很大作用，但却也在很大程度上干扰了职工的正常生活节奏和家庭生活秩序，也增加了企业不少的额外负担，尤其是在硬性电价下，企业这种额外负担不能得到任何补偿，不易被社会所接受，也是电力部门服务能力不足的表现。实践证明：随着市场经济的发展，不顾及用户接受能力，强制推行多班连续作业的办法将逐渐失效。对那些客观上不需要多班连续作业的企业，要它以调整作业程序来移峰填谷必须采取更有力的市场手段。

4）调整轮休制度。调整轮休制度也是一些国家长期采取的一种平抑电网日间高峰负荷的常用办法，在企业间实行周内轮休来实现错峰，取得了很大成效。由于它改变了人们早已规范化的休整习惯，影响了社会正常的活动节奏，冲击了人们的往来交际，又没有增加企业的额外效益，一般难于被广大用户所乐意接受。电网应服务于社会大众，不该影响甚至左右人们的正常活动习惯。尤其是随着社会的进步和不断增长的物质与精神文明，那种使社会的运转步调去屈从于电网调荷需要的概念将逐步消失殆尽。然而。在一些严重缺电的地区，在已经实行轮休制度的企业，采取必要的市场手段仍然可能为移峰填谷做出贡献。

（三）提高终端用电效率的措施

终端用电设备有千万种，消费方式千差万别，节能节电具有多样分散的特点，提高终端用电效率的技术措施也多种多样。概括起来大体上包括：选用高效用电设备、实行节电运行、采用能源替代、实现余能余热回收，以及应用高效节电材料、作业合理调度、改变消费行为等几个方面。

（1）在照明方面：用细管荧光灯替代普通粗管荧光灯，由钠灯替代汞灯，用高效电感镇流器替代普通电感镇流器，用电子镇流器替代普通电感镇流器，用高效反射灯罩替代普通反射灯罩等高效节电灯具，以及采用声控、光控、时控、感控等智能开关和钥匙开关控制等实行照明节电运行，等等。

（2）在电动机方面：选用高导电、高导磁性能的电动机替代普通电动机，选用与生产工艺需要容量相匹配的电动机提高运行的平均负载率；应用各种调速技术实现电动机节电运行，实行流水作业降低电动机空载率，等等。

（3）在制冷空调方面：应用智能控制高效空调器节约用电，利用热泵替代电阻加热的取暖空调节约用电，建立适应人体生理条件的消费行为降低用电，等等。

（4）在变配电方面：采用低铜铁损的高效变压器，减少变电次数，实行变压器节电运行、配电线路合理布局和采用无功就地补偿减少配电损失，等等。

（5）在余能余热回收方面：应用干法熄焦高温余热回收发电、工业炉窑高温余热回收发电、高炉炉顶排气压力发电、工业锅炉余压发电等，来提高能源利用效率和增加终端用户自给电量，采用热泵、热管和高效换热器等热回收和热传导设备能直接或间接地减少用电消耗。

（6）在作业合理调度方面：实行专业化集中生产，提高炉窑的装载率，降低单位产品电耗；实行连续作业，减少开炉停炉损失，提高设备的用电效率；风机、泵类、压缩机实行经济运行，等等。

（7）在建筑物方面：采用绝热性能高的墙体材料和门窗结构，充分利用自然光和热等。

（8）在能源替代方面：要把太阳能和燃气作为与电能相互替代的主要对象，更经济合理地利用能源资源。

第三节　需求方管理的其他手段

一、管理的财政手段

管理的财政手段是开拓节能市场、增强节电活力最主要的激励手段，也是需求方管理在运营策略方面的重点，其目的在于刺激和鼓励用户主动改变消费行为和用电方式，减少电量消耗和电力需求。主要的措施有：电价鼓励、折让鼓励、借贷优惠鼓励、免费安装鼓励、节电设备租赁鼓励、节电特别奖励、节电招标鼓励等。电价鼓励主要是由供应方制定的，没有随意性，属于控制性鼓励手段，其他措施属于激励性鼓励手段，是更灵活的市场手段。

不论哪种手段，鼓励的都是那些致力于终端直接节能节电为社会做出有益贡献的用户。虽然对不参与节电的用户不予财政鼓励，但并不损害其经济利益。

1. 电价鼓励

电价鼓励是影响面大且敏感性强的一种很有效、便于操作的激励手段。但其制定程序比较复杂，调整难度较大，主要是制定一个适合市场机制的合理的电价制度，使其既能激发电力公司实施需求方管理的积极性，又能激励用户主动参与需求方管理活动的难度较大。

电价制度的确定，要考虑电价水平和电价结构两个方面。一种能源有多种用途，一种用途可使用多种能源。合理的电价水平会促使用户对能源资源有更多的择优机会，在满足同样能源服务条件下在资源合理配置方面会发挥更大的作用。过低的电价水平会抑制用户节电的积极性和电力公司兴办电业的努力。过高的电价水平会抑制用户必要的用电需求和不断增长的物质与精神文明的需要。有人认为基于平均成本制定电价与边际成本之间的差距是导致提高用电效率的主要障碍。西欧、日本、巴西的一些电力公司和美国将尽半数州的部分电力公司开始采用基于边际成本制定电价的办法。然而并不是都同意按这种办法来制定电价，如果这样，那么公用事业部门将失去实施需求方管理的经济优势，它们提高终端用电效率的努力将受到抑制。

在电价结构方面，主要是制定一个面向用户多种可供选择的鼓励性电价，主要目的是激发用户在削峰、填谷和移峰填谷方面的主动性。电价结构要考虑用户用电需求容量的大小和电网负荷从高峰到低谷各个时点供电成本的差异对电力公司和用户双方成本的影响，供用户在用电可靠性、时序性和经济性之间做出自己的选择，如容量电价、峰谷电价、分时电价、季节性电价、可中断负荷电价，等等。可中断负荷电价是在电网峰荷时段可中断或削减较大工商业户的负荷，电力公司按合同规定对用户在该时间内的用电按较低的电价收费。峰谷电价是电力公司根据电网的负荷特性确定年内或日内峰荷和低谷的时段，在高峰时段和低谷时段实行峰谷两种不同的电价，提供用户选择他们认为合适的用电时间和用电强度，最重要的不仅仅是有没有实行这种电价，而是峰电电价和谷电电价是否能够对削峰填谷起到应有的激励作用。分时电价是日内峰谷电价的进一步细化，电力公司按用电时点电价收费，它是提供用户更仔细地安排用电时间的激励电价。季节性电价是为改善电力系统季节性负荷不均衡性所采取的一种鼓励性电价，它有利于充分利用水力资源和选择价格相对便宜的发电燃料，降低电网的供电成本。特别是在水力资源丰富的地区实行季节性电价会吸引更多的大耗电用户坐落在水电站周围，充分利用廉价和干净的水力资源。容量电价又称基本电价，它不是电量价格而是电力价格，以用户变压器装置容量或最大负荷需量收取电费，促使用户削峰填谷和节约用电。

建立多种结构有选择性的电价制度，为电力部门开拓市场，促进电力商品化创造了条件。它增强了用户在削减电网负荷尖峰、增加填谷电量、进行移峰填谷、减少用电的内在动力，它也是调节需求方管理效益在电力公司与用户之间合理分配的一种管理手段。

为增强电价鼓励的有效性，电价制度通常还考虑用户对负荷的可调能力。对居民用户目前一般不采用容量电价、蜂谷电价和分时电价，尽管有人认为对居民用户应该采用容量电价和分时电价来收取电费，但其合理性和有效性尚未被大多数人所认同。对工业、商业、服务业等用户，通常都采用反映电力需求的容量电价，以及峰谷电价或分时电价、可中断电价等可选择电价。

容量电价一直是我国电价结构的一个组成部分。在水力资源丰富的地区电网，部分地实行了季节性电价，多数电网实行了峰谷电价，目前正在完善和推行峰谷分时电价。

2. 折让鼓励

折让鼓励被认为是需求方管理的一个很有刺激力的市场调节手段。它是给予购置特定高效节电产品的用户或推销商适当比例的折让，注重发挥推销商参与节电活动的特殊作用，以吸引更多的用户参与需求方管理活动，并促使制造厂家推出更好的新型节电产品。

折让是市场经济的产物，是竞争环境中运营活动的一种促销手段，不是经营活动的目的。它与以推销假冒伪劣产品为目的损害用户利益的那种"回扣"，或陈旧积压产品降价大甩卖在本质上不是一回事。需求方管理的折让鼓励是在符合市场运行规范条件下进行的，首先是为货真价实的优质高效节电产品开拓市场。折让额是事先标定和完全透明的，不是那种"袖口"里的交易。正常有序的折让活动，将得到法律的保护。

折让方式是灵活的。对一些产品折让额是一定的，对另外一些产品的折让额随产品效率的增加而增加，后一种折让方法更有助于活化效率市场。折让大的对象主要是电力用户和节电产品推销商，有的同时赋予两者折让。购置特定高效节电产品的用户或该产品的推销商，经过安装取得验证检查和凭证后方能提取折让。在折让鼓励中特别注重推销商的作用，他们有丰富的市场经验，更了解用户的偏好，有很强的诱导本领，吸收他们参与需求方管理活动会使先进的节能技术和高效的节电产品更快地转移到用户。

3. 免费安装鼓励

免费安装鼓励被视为需求方管理相当成功的一个市场手段。它是指电力公司或受雇于电力公司的能源服务公司等，为用户全部或部分免费安装节电设备以鼓励用户节电。用户不必或仅支付少许费用，减轻了用户节电的投资风险和资金筹措的困难，颇受用户的欢迎。免费安装一般是对收入较低的家庭住宅和对需求方管理计划反映不太强烈的用户，也往往仅限于初始投资低和节电效果好的那些节电设备。免费安装鼓励是最为直接的鼓励手段，往往易于争得更高的用户参与率。

我国有个大型生产企业1997年采用需求方管理免费安装鼓励手段，以135万元购进一批5万余只紧凑型荧光灯来替代白炽灯，安装在下属的生产厂、宾馆、办公大楼等50多个单位照明时间较长的大厅、走道、操作间、生产厂房等地方。与免费安装前相比，节电70%～80%，平均投资回收期为6个月，紧凑型荧光灯寿命期平均在3000h左右。在寿命期内照明节电的收益是荧光灯价格的1.5倍，可用节电收益作为节电基金推动照明节电。

4. 借贷优惠鼓励

借贷优惠鼓励是非常通行的一个市场手段。它是向购置高效节电设备的用户，尤其是初始投资较高的那些用户提供低息或零息贷款，以减少它们参加需求方管理计划在资金短缺方面存在的障碍。电力公司在选择借贷对象时，在可能的条件下使节电所带来的收益超过提供贷款而减少的利息收入。

美国田纳西流域管理委员会（TVA）多年来一直为居民住宅节能改造和热泵推广应用提供低息或无息贷款，到 1984 年底的 7 年间对 5 万多项节电措施提供一批这类贷款，减少了冬季峰荷 60 多万 kW，削减了 3% 的峰荷，20 世纪 80 年代以来开始对工商业用户也采取了借贷的鼓励手段。

波利维尔动力委员会和北部各州的实践结果是，同时接受用电审计和优惠贷款用户的节电量，比只接受用电审计而没获得优惠贷款用户的节电量高出 3 倍。它说明借贷鼓励不但可以提高用户参与需求方管理计划的积极性，而且还会激励用户做出更大的节电努力去偿还借贷。

由于推行节电优惠贷款鼓励，电力公司在实施需求方管理计划过程中要支付一笔管理费和债务服务费。根据一些电力公司的经验，实行无息贷款时减少的利息收入和直接与间接的支出费用，与每个居民用户的节电改造成本相差无几。而且，如果让用户在折让和低息贷款之间选择的话，他们更愿意接受折让鼓励。南加利福尼亚爱迪生公司在实施居民鼓励性节电计划时，参与计划的用户只有 2% 选择了优惠贷款，维斯康辛电力公司和普吉湾动力和照明公司在实施商业节电计划时也遇到了类似的情况。太平洋电气公司在对低收入居民住宅进行节能改造时，把无息优惠借贷鼓励改为免费安装鼓励，大幅度地提高了用户的参与率。

5. 节电设备租赁鼓励

节电设备租赁鼓励是把节电设备租借给用户。以节电效益逐步偿还租金的办法来鼓励用户节电。这种鼓励手段的特点在于它有利于消除用户举债的心理压力，克服缺乏支付初始投资能力的障碍。

美国曼彻斯特的汤顿市照明设备厂，每月每只按 20 美分出租紧凑型荧光灯，用户可在较长时间内以提高用电效率节约的电费补偿还租金。对用户在使用过程中的自然损坏予以免费更换服务，随呼随到，用户并不承担节电照明的投资风险，也不降低服务水平，越来越多的用户加入了这种节电租赁鼓励活动的行列。

这种租赁鼓励手段的生命力，主要取决于节电产品质量、寿命、成本优势和租后服务。

6. 节电特别奖励

节电特别奖励是对工商业户等提出准备实施且行之有效的优秀节电方案给予"用户节电特别奖励"，借以树立节电榜样以激发更多用户提高用电效率的热情，维斯康辛电力公司采用这种鼓励手段收到了满意的效果。节电特别奖励是在对多个节电评奖方案进行可行性和预期实施效果的审计和评估后确定的。评奖活动也是一次节电会诊活动，有利于参与评奖用户提高他们节电方案的实施能力和实施效果，即使落选也有收获。

7. 节电招标鼓励

节电招标鼓励是为满足用户的用电需求，电力公司通过建立的"负瓦数"市场采用招标、拍卖、期货等交易手段，向独立经营的发电公司、独立经营的节能公司（或能源服务公司）和用户征集各种切实可行的供电方案和节电方案，激励它们在供电和节电技术、方法、成本等方面开展竞争，借以降低供电和节电成本，提高供用电的整体经济效益。

竞争性节电招标被认为是一种市场性更强的鼓励性措施，也是促进节电走向商品化的一个有力手段，是一个很有前景的市场手段，对节能有更大的推动力。它提倡在各种节电方案之间、各种发电方案之间、各种发电和节电方案之间展开竞争，鼓励采取多种形式和刺激办法为实施成本有效的需求方管理计划开辟道路。

一种办法是根据节电方案的节电量和削峰情况，按节电方案初始成本给予中标者一定比例的报酬。具体的做法是：为提高节电方案之间的竞争力，电力公司招标前往往并不事先规定付酬标准，而是让投标者在它们的方案中提出自己的付酬比例；电力公司经过对各个投标方案的技术可行性和可靠性以及所需成本等有关因素进行分析、评估和筛选，当确定中标方案后便与中标者签订合同，然后是安装节电设备；为保障电力公司和中标者双方的贡献和收益的公平性，将根据实际节电效果付酬，而不是方案提出的初始节电目标。

美国东北部地区的一些电力公司采用了这种节电招标办法。例如，缅因中央动力公司在一个工商业的节电规划中，付酬比例高达节电方案初始投资的50%，使用户的节电投资回收期缩短到两年，每节约 $1kW \cdot h$ 电量电力公司相当付酬 $1\sim2$ 美分，不但比新增单位电量成本低得多，也比正在运行电厂的单位电量平均成本低得多。

一种办法是电力公司采取拍卖的形式实行节电招标。参加"全源"节电招标的有电力公司下属的子公司、独立经营的电力公司、节能公词（或能源服务公司）等，子公司和独立的电力公司竞争卖电给电力公司。节能公司则竞争把节约的电销售给电力公司。电力公司将中标者安装节电设备后节约的电再转售给参与需求方管理计划的用户，电力公司以扮演"负瓦数"市场转售商的角色来推进需求方管理计划的实施。中标价就是销售给电力公司的节电电价。

美国新英格兰电力系统通过其在马萨诸塞州经营的电力公司进行了两次拍卖方式的节电招标活动，从大型工商业用户的电力需求中购得 1.36 万 kW 的节约电力，竟吸引了在电力公司注册的 120 个节能公司提供能源服务。为保障电力公司的收益，最高中标价被限制在中标价与电力公司管理成本之和低于公司的可避免成本之内。为鼓励用户参与拍卖节电招标活动，节能公司将中标价与节能成本之差收益中的一部分提供给其合作用户，使用户分享在招标中获得的部分收益，作为共同协力节电的回报。

二、管理的诱导手段

诱导是对用户进行消费引导的一种有效的、不可缺少的市场手段。相同的财政激励和同样的收益，用户可能有不同的反应。关键在于诱导。实行诱导也需要成本，但对用户来说基本上不是直接的，属于非财政性的。

节能要落实到终端，要通过用户来实现。用户普遍缺乏必要的节能节电知识，对市场上销售的先进节能技术和新型节能设备了解得更少，往往也难于获得他们需要的有关节电信息，不太知道怎么选择能源、怎么更省效地利用能源。

主要的诱导措施有普及节能知识、信息传播、研讨交流、审计咨询、技术推广、宣传鼓动、政策交代，等等。主要的方式有两种，一种是利用各种媒介把信息传递给用户，如电视、广播、报刊、展览、广告、画册、读物、信箱等；另一种是与用户直接接触提供各种能源服务，如讲座、座谈、研讨、培训、寻访、诊断、审计等。经验证明，诱导手段的时效长、成本低、活力强，关键是选准诱导方向和建立起诱导信誉。

三、管理的行政手段

需求方管理的行政手段是指政府及其有关职能部门，通过法规、标准、政策、制度等来规范电力消费和市场行为，以政府持有的行政力量来推动节能、约束浪费、保护环境的一种管理活动。

提高能源利用效率和能源利用的经济效果要依赖于市场来实现。但仅靠市场微观调节的力量不能完全符合资源合理配置的整体要求和社会可持续发展的长远利益，需要政府运用行政力量以宏观调控来保障市场健康地运转。行政手段具有权威性、指导性和强制性，在培育效率市场方面将起到特殊的作用。20 世纪 90 年代初期，综合资源规划和需求方管理被正式列入国家能源战略支持的重点，到目前为止尚未形成一套完整的有针对性的法规、标准和政策，近些年来正在不断补充和完善中，有意识地为综合资源规划和需求方管理的实施环境开辟道路。

第十三章 智能用电服务

第一节 智能电网发展背景

一、客户需求与智能电网

客户坐在家里，就可以知道全市的用电情况，就可以知道用电峰谷，并且这一天的用电价格，会根据一天用电时段的不同来自动定价；可以根据峰谷价差决定什么时间给汽车充电、什么时候洗澡、什么时间启动电动消毒柜等，这就是智能电网的效果。

随着社会的发展，客户也对电力供应提出了越来越高的要求，国家安全、环保等各方面政策都对电网的建设和管理提出了更高的标准。为了争取更多客户，在市场竞争中取胜，电力企业纷纷提高服务水平，加强与客户的交互，提供更多产品供客户选择，以使不同类型的客户需求都能得到最好的满足。与此同时，在近年基础材料、电力技术、信息技术的研究等出现了不少可以明显改善电网可靠性、效率等运行指标的突破。这些技术的推广应用为电网运行管理水平的提高创造了条件。为了解决电网存在的问题，美国电力行业率先提出了建设一个基于新技术和架构的"智能电网"。

与美国客户一样，欧洲电力客户也对电力供应和电能质量提出了更高的要求，而对环境保护的极度重视，则造成欧洲智能电网建设比美国更为关注可再生能源的接入，以及对野生动物的影响。

智能电网发展根本驱动力是人类追求对能源的有效利用和对温室气体的控制排放，以实现可持续发展。美国奥巴马政府提出的智能电网建设计划是引起全球关注智能电网的导火索，因为占全球人口约 4%，但能耗与碳排放却占全球约 25% 的美国可持续发展任务紧迫。

中国近几年发展特别快，电力过去每年都是以 10% 以上的增长速度发展，而且持续好几年。2005 年以后的三年间，中国每年新增加的装机容量大概一亿 kW 左右。为了满足生产水平和生活水平提高，我们需要建设超高压的线路和远距离输电，用交流的办法从西部输送到东部沿海地区。

要有一个清洁环保的环境，就要尽可能多地接纳可再生能源，我国 2006 年发布了可再生能源法，希望把所有的可再生能源全部接收。但是因为太阳能和风能是随机性的，不是同步的，解决这个的办法就是可再生能源不能无序发展，电网要规划更多的技术来接纳可再生能源。另外其经济性、优化、兼容都是智能电网的一个特点。

能源可简单分为一次能源和二次能源。其中一次能源是直接取自自然界没有经过加工转换的各种能量和资源，包括原煤、原油、天然气、核能等非再生能源，及太阳能、水力、风力、波浪能、潮汐能、地热、生物质能和海洋温差能等可再生能源两类；二次能源是由一次能源经加工转换得到的能源产品，如电力、蒸汽、煤气、汽油、柴油、重油、液化石油气、酒精、沼气、氢气和焦炭等。

二次能源中的电力，作为现代社会和现代工业的主要消费能源，可由多种一次能源通过转换产生。电力能源的主要特征为生产和消费过程同时发生，可分为由发电—输电—配电—用电等组成的连续过程。在采用煤、油、气等燃料的发电过程中，会排放大量的废热和二氧化碳等温室气体（通常发电热效率为 37％～42％。热电厂综合发电和供热，热效率可达70％左右），给环境带来严重污染。此外在电力的传输过程中有 5％～15％的线路（热）损耗，产生传输污染。

智能电网是解决可持续发展问题，实现电力生产、输配、售用等三大环节的协调互动目标，解决电力工业面临的可再生能源代替和减少不可再生能源发电、先进的输电技术降低线路损耗、建立一种电力生产和消费的关联机制，将环境保护、经济利益和电力消耗有机结合起来，实现最好的环境保护，最少经济支出，最合理的电能消费问题的重大举措。

二、智能电网发展历史

2005 年，一位名叫马克·坎贝尔（Mark Kerbel）的加拿大人发明了一种技术：让大楼里的电器互相协调，减少大楼在用电高峰期的用电量。因为通常在用电高峰期，电的价格会格外地高。

坎贝尔的技术利用的是群体行为（Swarm）原理。这一原理最早的灵感来自蚂蚁、蜜蜂等群居的小动物。比如，一群蚂蚁，可能有几十万只，他们并没有一个指挥官，却可以非常有序高效地合作共事。海里的一群鱼，有成千上万条，在没有一条领头的鱼的情况下，却可以在瞬间就改变航向。

每只蚂蚁都是独立个体，它们协同作战的秘密在于，它们之间会不断沟通，每只蚂蚁可以随时根据周围的信息调整自己的行为。

坎贝尔发明了一种无线控制器，与大楼的各个电器相连，并实现有效控制。每一个无线控制器相当于一只"蚂蚁"，它们之间以特殊的语言相互交流，然后调整自己的行为，发挥集体作战的力量。

比如，一台空调运转 15min，以把室内温度维持在 24℃；而另外两台空调可能会在保证室内温度的前提下，停运 15min。

这样，在不牺牲每个个体的前提下，整个大楼的节能目标便可以实现。因为每个电器的调整都是自动完成的，不需要一个集中发布命令的司令部，所以坎贝尔的设备非常简单，不需要人管，也无需培训，花几个小时装好后就可以投入使用。

坎贝尔在加拿大已经有了客户，即多伦多水电厂（Toronto Hydro）。现在，他正试图挺进美国加利福尼亚州。这家小公司已越来越多地见诸于媒体。实践证明，在使用了坎贝尔的无线控制器后，医院、酒店、大卖场、工厂和其他大型场所可以节省多达 30％的峰值电能。

2006 年欧盟理事会的能源绿皮书《欧洲可持续的、竞争的和安全的电能策略》（A European Strategy for Sustainable，Competitive and Secure Energy）强调智能电网技术是保证欧盟电网电能质量的一个关键技术和发展方向。这时候的智能电网应该是指输配电过程中的自动化技术。

2006 年中期，一家名叫"网点（Grid Point）"的公司开始出售一种可用于监测家用电路耗电量的电子产品，可以通过互联网通信技术调整家用电器的用电量。该电子产品具有了一部分交互功能，可以看作智能电网中的一个基础设施。

2006 年，美国 IBM 公司曾与全球电力专业研究机构、电力企业合作开发了"智能电网"解决方案。这一方案被形象比喻为电力系统的"中枢神经系统"，电力公司可以通过使用传感器、计量表、数字控件和分析手段，自动监控电网，优化电网性能、防止断电、更快地恢复供电，消费者对电力使用的管理也可细化到每个联网的装置。这个方案可以看作智能电网最完整的一个解决方案，标志着智能电网概念的正式诞生。

2007 年 10 月，华东电网正式启动了智能电网可行性研究项目，并规划了从 2008 年至 2030 年的"三步走"战略，即在 2010 年初步建成电网高级调度中心，2020 年全面建成具有初步智能特性的数字化电网，2030 年真正建成具有自愈能力的智能电网。该项目的启动标志着中国开始进入智能电网领域。

2008 年美国科罗拉多州的波尔得（Boulder）已经成为了全美第一个智能电网城市，每户家庭都安排了智能电表，人们可以很直观地了解当时的电价，从而把一些事情，比如洗衣服、熨衣服等安排在电价低的时间段。电表还可以帮助人们优先使用风电和太阳能等清洁能源。同时，变电站可以收集到每家每户的用电情况。一旦有问题出现，可以重新配备电力。

2008 年 9 月 Google 与通用电气联合发表声明对外宣布，他们正在共同开发清洁能源业务，核心是为美国打造国家智能电网。

2009 年 1 月 25 日美国白宫发布的《复苏计划尺度报告》宣布：将铺设或更新 3000 英里输电线路，并为 4000 万美国家庭安装智能电表——美国将推动互动电网的整体革命。2009 年 2 月 2 日能源问题专家武建东在《全面推互动电网革命拉动经济创新转型》一文中，明确提出中国电网亟须实施"互动电网"革命性改造。

2009 年 2 月 4 日，地中海岛国马耳他在周三公布了和 IBM 达成的协议，双方同意建立一个"智能公用系统"，实现该国电网和供水系统数字化。IBM 及其合作伙伴将会把马耳他两万个普通电表替换成互动式电表，这样马耳他的电厂就能实时监控用电，并制定不同的电价来奖励节约用电的用户。这个工程价值高达 9100 万美元（合 7000 万欧元），其中包括在电网中建立一个传感器网络。这种传感器网络和输电线、各发电站以及其他的基础设施一起提供相关数据，让电厂能更有效地进行电力分配并检测到潜在问题。IBM 将会提供收集分析数据的软件，帮助电厂发现机会，降低成本以及该国碳密集型发电厂的排放量。

2009 年 2 月 10 日，谷歌表示已开始测试名为谷歌电表（PowerMeter）的用电监测软件。这是一个测试版在线仪表盘，相当于谷歌正在成为信息时代的公用基础设施。

2009 年 2 月 28 日，作为华北公司智能化电网建设的一部分——华北电网稳态、动态、暂态三位一体安全防御及全过程发电控制系统在京通过专家组的验收。这套系统首次将以往分散的能量管理系统、电网广域动态监测系统、在线稳定分析预警系统高度集成，调度人员无需在不同系统和平台间频繁切换，便可实现对电网综合运行情况的全景监视并获取辅助决策支持。此外，该系统通过搭建并网电厂管理考核和辅助服务市场品质分析平台，能有效提升调度部门对并网电厂管理的标准化和流程化水平。

美国谷歌 2009 年 3 月 3 日向美国议会进言，要求在建设"智能电网（Smart Grid）"时采用非垄断性标准。

2010 年 1 月 12 日，中国国家电网公司制定了《关于加快推进坚强智能电网建设的意见》，确定了建设坚强智能电网的基本原则和总体目标。

三、中国发展智能电网的必要性

与传统电网相比，智能电网在发电、输电、配电及用电四大环节中都具有明显的优势，智能电网也是新能源和智能城市发展的必要条件。

1. 优化能源结构

由于全球气候变暖，必须降低对化石能源的依赖程度，实现能源产业的可持续发展。坚强智能电网通过提高发电效率、输电效率和电能在终端用户的使用效率，以及推动水电、核电、风能及太阳能等清洁能源的大规模开发利用，可以带来巨大的节能减排和化石能源替代效益，更充分地发挥电网在应对气候变化方面的重要作用。智能电网通过集成先进的信息、自动化、储能、运行控制和调度技术，能够对包括清洁能源在内的所有能源资源进行准确预测和优化调度，改善清洁能源发电的功率输出特性，解决大规模清洁能源接入带来的电网安全稳定运行问题，有效提高电网接纳清洁能源的能力，促进清洁能源的可持续开发和消纳。

2. 解决电力供需的地区不均衡

近年来，我国能源资源开发中心不断向西部和北部地区转移，跨区能源输送规模和距离进一步增大。根据国家能源发展规划，规划建设的西部和北部大型煤电基地、西南水电基地、"三北"地区的千万 kW 级风电基地、西北地区的大型太阳能发电基地等都与中东部负荷中心地区的距离在 800～3000km 之间，要实现能源基地的大规模电力外送，必须依托坚强智能电网，建设电力输送的"高速公路"，提升电网的能源资源优化配置能力。同时，由于我国风能、太阳能、煤炭资源富集地区分布比较一致，电力外送可以共用输电通道。加强坚强智能电网建设，统筹考虑西部和北部的煤电基地和可再生能源基地建设，实现成本较低的火电和成本较高的风电、太阳能电力的"打捆"外送，提高输电通道的利用效率，可以有效降低电力供应成本，提高电力系统安全稳定运行水平。根据国家电网公司坚强智能电网发展规划，2020 年我国跨省跨区输电能力可达 4 亿 kW，将发挥西电东送和南北互济运行的巨大效益，能够统筹协调区域经济发展，更好地保障中东部地区能源供应，促进能源及电力发展方式的转变和全国范围内的电力布局优化调整，引导我国能源及电力走上可持续发展道路。

3. 在一定程度上改变终端用能方式

坚强智能电网能够通过错峰、调峰等联网效益及电网与用户的友好互动，引导用户将高峰时段的用电负荷转移到低谷时段，降低高峰负荷，减少负荷峰谷差，减少火电机组出力调节频次和幅度，降低发电机组煤耗。

汽车是除工业外最主要的用油行业，目前新增石油需求的 2/3 来自于交通运输业。建设坚强智能电网，通过推动蓄能电池充电技术的发展，能够友好兼容各类电源和用户接入与退出，促进电动汽车的规模化快速发展，改变终端用户用能方式，提高电能在终端能源消费中的比重，实现对石油的大规模替代，大量减少交通运输业的石油消耗，降低经济社会发展的对外石油依存度。据测算，到 2020 年，全国按电动汽车保有量 3000 万辆计算，电动汽车充电消耗 600 亿 kW·h 电量，可替代燃油 1750 万 t，降低石油依存度两个百分点。如果电动汽车发展进一步加快，替代效益将大幅度提高。

4. 增强电力系统抗灾能力，减轻自然灾害对电网安全的影响

近年来，严重自然灾害频发，必须着力加强电网抵御自然灾害能力建设，满足经济社会快速发展对供电可靠性、安全性越来越高的要求。建设坚强智能电网，能有效加强对电网运行状态的监测和评估，提升灾害预警能力，增强电网运行的灵活性，建立强大的相互支援互补能力，从而提高电网的安全稳定运行水平和供电可靠性。坚强智能电网具有强大的"自愈"功能，可以将电网中有问题的元件从系统中隔离出来并且在很少或不用人为干预的情况

下使系统迅速恢复到正常运行状态，有效抵御自然灾害、外力破坏等各类突发事件给电力系统造成的影响。

5. 改善电能质量，减少停电损失

现代社会用电设备的数字化，对电能质量越来越敏感，电能质量问题可以导致生产线的停产，对社会经济发展带来重大损失，如传输线上的电压有时会低于理想值或预期值，而持续时间短于100ms的电压突降产生的后果就相当于数分钟甚至更长时间的停电。智能电网通过安装在全网的传感器组件反馈的信息，将迅速识别电能质量问题，并准确地提出解决电能质量问题的方案。同时，智能电网将应用超导、材料、储能以及改善电能质量的电力电子技术减少由于闪电、开关涌流、线路故障和谐波源引起的电能质量扰动。

与发达国家相比，我国配电网的自动化还有待提高。坚强智能电网的建设将借助智能化的设备和先进技术实现配电网的高度自动化，达到系统的实时监测和快速反应，系统能够自动寻找可能引发较大事故的隐患，评估这些隐患可能带来的后果，确定补救方案，并模拟每种方案的实施效果，将最有效的解决方案提供给调度员，减少停电的发生率。

6. 成为持续推动经济发展的源动力

由于国际金融危机的影响，世界经济陷入第二次世界大战以来最严重的衰退。加强坚强智能电网等基础设施建设是拉动经济增长的重大投资战略。坚强智能电网的发展将相应地带动电动汽车、新能源、信息服务等新产品和新服务市场的发展，开发巨大的市场空间，催生新的商业投资机会。据测算，每投资500亿元建设坚强智能电网，将带动数倍的社会投资，直接创造就业机会约14万个。

第二节 智能电网

一、智能电网定义

智能电网（Smart Grid），就是电网的智能化，也被称为"电网2.0"，最初于2000年由美国提出。它是建立在集成的、高速双向通信网络的基础上，通过先进的传感和测量技术、先进的设备技术、先进的控制方法以及先进的决策支持系统技术的应用，实现电网的可靠、安全、经济、高效、环境友好和使用安全的目标。

其实，到目前为止，智能电网并没有统一的定义，它是指一个完全自动化的供电网络，其中的每一个用户和节点都得到了实时监控，并保证了从发电厂到用户端电器之间的每一点上的电流和信息的双向流动。通过广泛应用的分布式智能和宽带通信及自动控制系统的集成，它能保证市场交易的实时进行和电网上各成员之间的无缝连接及实时互动。

1. 智能目标

智能电网的目标是实现电网运行的可靠、安全、经济、高效、环境友好和使用安全，电网能够实现这些目标，就可以称其为智能电网。

（1）智能电网必须更加可靠。不管用户在何时何地，智能电网都能提供可靠的电力供应。它对电网可能出现的问题提出充分的告警，并能忍受大多数的电网扰动而不会断电。它在用户受到断电影响之前就能采取有效的校正措施，以使电网用户免受供电中断的影响。

（2）智能电网必须更加安全。智能电网能够经受物理的和网络的攻击而不会出现大面积停电或者不会付出高昂的恢复费用。它更不容易受到自然灾害的影响。

（3）智能电网必须更加经济。智能电网运行在供求平衡的基本规律之下，价格公平且供应充足。

（4）智能电网必须更加高效。智能电网利用投资，控制成本，减少电力输送和分配的损耗，电力生产和资产利用更加高效。通过控制潮流的方法，以减少输送功率拥堵和允许低成本的电源包括可再生能源的接入。

（5）智能电网必须更加环境友好。智能电网通过在发电、输电、配电、储能和消费过程中的创新来减少对环境的影响，进一步扩大可再生能源的接入。在可能的情况下，在未来的设计中，智能电网的资产将占用更少的土地，减少对景观的实际影响。

（6）智能电网必须是使用安全的，必须不能伤害到公众或电网工人，也就是对电力的使用必须是安全的。

2. 主要特征

智能电网包括八个方面的主要特征，这些特征从功能上描述了电网的特性，而不是最终应用的具体技术，它们形成了智能电网完整的景象。

（1）智能电网是自愈电网。"自愈"指的是把电网中有问题的元件从系统中隔离出来，并且在很少或不用人为干预的情况下可以使系统迅速恢复到正常运行状态，从而几乎不中断对用户的供电服务。从本质上讲，自愈就是智能电网的"免疫系统"，这是智能电网最重要的特征。自愈电网进行连续不断的在线自我评估以预测电网可能出现的问题，发现已经存在的或正在发展的问题，并立即采取措施加以控制或纠正。自愈电网确保了电网的可靠性、安全性、电能质量和效率。自愈电网将尽量减少供电服务中断，充分应用数据获取技术，执行决策支持算法，避免或限制电力供应的中断，迅速恢复供电服务。基于实时测量的概率风险评估将确定最有可能失败的设备、发电厂和线路；实时应急分析将确定电网整体的健康水平，触发可能导致电网故障发展的早期预警，确定是否需要立即进行检查或采取相应的措施；和本地及远程设备的通信将帮助分析故障、电压降低、电能质量差、过载和其他不希望的系统状态，基于这些分析，采取适当的控制行动。自愈电网经常应用连接多个电源的网络设计方式。当出现故障或发生其他的问题时，在电网设备中的先进的传感器确定故障并和附近的设备进行通信，以切除故障元件或将用户迅速地切换到另外的可靠的电源上，同时传感器还有检测故障前兆的能力，在故障实际发生前，将设备状况告知系统，系统就会及时地提出预警信息。

（2）智能电网激励和包括用户。在智能电网中，用户将是电力系统不可分割的一部分。鼓励和促进用户参与电力系统的运行和管理是智能电网的另一重要特征。从智能电网的角度来看，用户的需求完全是另一种可管理的资源，它将有助于平衡供求关系，确保系统的可靠性；从用户的角度来看，电力消费是一种经济的选择，通过参与电网的运行和管理，修正其使用和购买电力的方式，从而获得实实在在的好处。在智能电网中，用户将根据其电力需求和电力系统满足其需求的能力的平衡来调整其消费。同时需求响应（DR）计划将满足用户在能源购买中有更多选择的基本需求，减少或转移高峰电力需求的能力使电力公司尽量减少资本开支和营运开支，通过降低线损和减少效率低下的调峰电厂的运营，同时也提供了大量的环境效益。在智能电网中，和用户建立的双向实时的通信系统是实现鼓励和促进用户积极参与电力系统运行和管理的基础。实时通知用户其电力消费的成本、实时电价、电网目前的状况、计划停电信息以及其他一些服务的信息，同时用户也可以根据这些信息制定自己的电力使用的方案。

（3）智能电网将抵御攻击。电网的安全性要求一个降低对电网物理攻击和网络攻击的脆弱性并快速从供电中断中恢复的全系统的解决方案。智能电网能够有效抵御自然灾害或人为的外力破坏，保证电网安全可靠运行。智能电网的设计和运行都将阻止攻击，最大限度地降低其后果和快速恢复供电服务。智能电网也能同时承受对电力系统的几个部分的攻击和在一段时间内多重协调的攻击。智能电网的安全策略将包含威慑、预防、检测、反应，以尽量减少和减轻对电网和经济发展的影响。不管是物理攻击还是网络攻击，智能电网要通过加强电力企业与政府之间重大威胁信息的密切沟通，在电网规划中强调安全风险，加强网络安全等手段，提高智能电网抵御风险的能力。

（4）智能电网提供满足21世纪用户需求的电能质量。电能质量指标包括电压偏移、频率偏移、三相不平衡、谐波、闪变、电压骤降和突升等。由于用电设备的数字化，对电能质量越来越敏感，电能质量问题可以导致生产线的停产，对社会经济发展造成重大的损失，因此提供能满足21世纪用户需求的电能质量是智能电网的又一重要特征。但是电能质量问题又不是电力公司一家的问题，因此需要制定新的电能质量标准，对电能质量进行分级，因为并非所有的商业企业用户和居民用户，都需要相同的电能质量。电能质量的分级可以从"标准"到"优质"，取决于消费者的需求，它将在一个合理的价格水平上平衡负荷的敏感度与供电的电能质量。智能电网将以不同的价格水平提供不同等级的电能质量，以满足用户对不同电能质量水平的需求，同时要将优质优价写入电力服务的合同中。

（5）智能电网将减轻来自输电和配电系统中的电能质量事件。通过其先进的控制方法监测电网的基本元件，从而快速诊断并准确地提出解决任何电能质量事件的方案。此外，智能电网的设计还要考虑减少由于闪电、开关涌流、线路故障和谐波源引起的电能质量的扰动，同时应用超、材料、储能以及改善电能质量的电力电子技术的最新研究成果来解决电能质量的问题。另外，智能电网将采取技术和管理手段，使电网免受由于用户的电子负荷所造成的电能质量的影响，将通过监测和执行相关的标准，限制用户负荷产生的谐波电流注入电网。除此之外，智能电网将采用适当的滤波器，以防止谐波污染送入电网，恶化电网的电能质量。

（6）智能电网将容许各种不同类型发电和储能系统的接入。智能电网将安全、无缝地容许各种不同类型的发电和储能系统接入系统，简化联网的过程，类似于"即插即用"，这一特征对电网提出了严峻的挑战。改进的互联标准将使各种各样的发电和储能系统容易接入。从小到大各种不同容量的发电和储能在所有的电压等级上都可以互联，包括分布式电源如光伏发电、风电、先进的电池系统、即插式混合动力汽车和燃料电池。商业用户安装自己的发电设备（包括高效热电联产装置）和电力储能设施将更加容易和更加有利可图。在智能电网中，大型集中式发电厂包括环境友好型电源，如风电和大型太阳能电厂和先进的核电厂将继续发挥重要的作用。加强输电系统的建设使这些大型电厂仍然能够远距离输送电力。同时各种各样的分布式电源的接入一方面减少了对外来能源的依赖，另一方面提高了供电可靠性和电能质量，特别是对应对战争和恐怖袭击具有重要的意义。

（7）智能电网将使电力市场蓬勃发展。在智能电网中，先进的设备和广泛的通信系统在每个时间段内都支持市场的运作，并为市场参与者提供了充分的数据，因此电力市场的基础设施及其技术支持系统是电力市场蓬勃发展的关键因素。智能电网通过市场上供给和需求的互动，可以最有效地管理如能源、容量、容量变化率、潮流阻塞等参量，降低潮流阻塞，扩大市场，汇集更多的买家和卖家。用户通过实时报价来感受到价格的增长，从而降低电力需求，推动成本更低的解决方案，并促进新技术的开发。新型洁净的能源产品也将给市场提供更多选择的机会。

（8）智能电网优化其资产应用，使运行更加高效。智能电网优化调整其电网资产的管理和运行以实现用最低的成本提供所期望的功能。这并不意味着资产将被连续不断地用到其极限，而是有效地管理需要什么资产以及何时需要，每个资产将和所有其他资产进行很好的整合，以最大限度地发挥其功能，同时降低成本。智能电网将应用最新技术以优化其资产的应用。例如，通过动态评估技术以使资产发挥其最佳的能力，通过连续不断地监测和评价其能力使资产能够在更大的负荷下使用。

智能电网通过高速通信网络实现对运行设备的在线状态监测，以获取设备的运行状态，在最恰当的时间给出需要维修设备的信号，实现设备的状态检修，同时使设备运行在最佳状态。系统的控制装置可以被调整到降低损耗和消除阻塞的状态。通过对系统控制装置的这些调整，选择最小成本的能源输送系统，提高运行的效率。最佳的容量、最佳的状态和最佳的运行将大大降低电网运行的费用。此外，先进的信息技术将提供大量的数据和资料，并将集成到现有的企业范围的系统中，大大加强其能力，以优化运行和维修过程。这些信息将为设计人员提供更好的手段，创造出最佳的设计来，为规划人员提供所需的数据，从而提高其电网规划的能力和水平。这样，运行和维护费用以及电网建设投资将得到更为有效的管理。

二、智能电网概念发展的三个阶段

（1）2006年，美国IBM公司提出的"智能电网"解决方案。IBM的智能电网主要是解决电网安全运行、提高可靠性，从其在中国发布的《建设智能电网创新运营管理—中国电力发展的新思路》白皮书可以看出，解决方案主要包括以下几个方面：一是通过传感器连接资产和设备提高数字化程度；二是数据的整合体系和数据的收集体系；三是进行分析的能力，即依据已经掌握的数据进行相关分析，以优化运行和管理。该方案提供了一个大的框架，通过对电力生产、输送、零售各个环节的优化管理，为相关企业提高运行效率及可靠性、降低成本描绘了一个蓝图，是IBM的一个市场推广策略。

（2）奥巴马上任后提出新的能源计划。除了已公布的计划，美国还将着重集中对每年要耗费1200亿美元的电路损耗和故障维修的电网系统进行升级换代，建立美国横跨四个时区的统一电网；发展智能电网产业，最大限度发挥美国国家电网的价值和效率，将逐步实现美国太阳能、风能、地热能的统一入网管理；全面推进分布式能源管理，创造世界上最高的能源使用效率。

可以看出美国政府的智能电网有三个目的，一个是由于美国电网设备比较落后，急需进行更新改造，提高电网运营的可靠性；二是通过智能电网建设将美国拉出金融危机的泥潭；三是提高能源利用效率。

（3）中国能源专家武建东提出的"互动电网（Interactive Smart Grid）"。互动电网将智能电网的含义涵盖其中。互动电网定义为：在开放和互联的信息模式基础上，通过加载系统数字设备和升级电网网络管理系统，实现发电、输电、供电、用电、客户售电、电网分级调度、综合服务等电力产业全流程的智能化、信息化、分级化互动管理，是集合了产业革命、技术革命和管理革命的综合性的效率变革。它将再造电网的信息回路，构建用户新型的反馈方式，推动电网整体转型为节能基础设施，提高能源效率，降低客户成本，减少温室气体排放，创造电网价值的最大化。

互动电网还可以通过电子终端将用户之间、用户和电网公司之间形成网络互动和即时连接，实现电力数据读取的实时、高速、双向的总体效果，实现电力、电讯、电视、智能家电控制和电池集成充电等的多用途开发，实现用户富余电能的回售；可以整合系统中的数据，完善中央电力体系的集成作用，实现有效的临界负荷保护，实现各种电源和客户终端与电网的无缝互连，由此可以优化电网的管理，将电网提升为互动运转的全新模式，形成电网全新的服务功能，提高整个电网的可靠性、可用性和综合效率。

三、智能电网发展动态

1. 美国

（1）美国夏威夷大学研发的配电管理系统平台。用户在家中进行能量管理的功能改进的配电系统操作，以这些为特征的综合能量管理平台将被研发出来。平台集成了先进的计量设备作为家庭需求响应的入口，家庭节能自动化，配电系统内分布式发电、储存、负荷的优化调度，并使配电系统成为一个可控整体与电网中其他整体配合运作。这种类型的家庭能量管理将使用户能够基于自己的偏好来控制负荷、实现自动节能等。家庭自动化将基于大电网的智能电表等元件，带有某种网络的智能电表可以与家用电器交换信息从而实现自动控制。此外，这个平台还能为当地的公共事业提供辅助服务，如旋转备用，负荷跟踪监管，风能和太阳能的间歇性管理。该平台将被部署到夏威夷岛的某个变电站中。

（2）伊利诺伊理工大学的"完美电网"。"完美电网"系统被定义为：一个能时刻满足用户的电力需求的电力系统。完美的电力系统具有灵活性，能够为各种不同类型的终端用户提供电力，满足他们的需要。智能电网将使具有上述功能的电网成为可能。

这个工程将要设计一个完美电网的原型，利用先进技术创造微网来反应不同的电网条件，提高可靠性，减少负荷。该模型能够复制于各种市一级规模的系统，在这种系统里，用户具有参与电力市场的机会。

（3）西弗吉尼亚的"超级电路"。超级电路工程被设计出来，证明一个先进的配电电路通过综合分布式电源和先进的检测、控制、保护技术具有更高的稳定性和安全性。通过先进的测量设备和一种通信网络，这个电路能结合生物柴油发电和能量储存达到快速的故障预测、快速的故障定位与解决，使对用户的影响最小化。现在当电路发生故障时，电路上的所有用户都会受到影响，或者停电或者电能质量出现问题。超级电路将证明其能动态地重新配置电路，使得故障段被隔离而对无故障段保持正常供电，也可以从相邻馈线上取得电能提供给用户，优化服务。

（4）沿海城市微网。微网与现在的电网很相似，但规模要小得多。它的独特功能在于：在大电网受到干扰时，微网能够与大电网隔离并保证用户不被影响，而干扰消失后又能重新恢复与大电网的联系。沿海城市微网项目将把现有的变电站确定为"海滩城市变电站"，目的在于为配电事业提供一个蓝本——证明应用先进的控制和交流技术整合多种分布式能源的效力，也试图提高配电线路、变电站等电网组成部分的可靠性，降低峰荷。

所有国有和私有的发电装置如光伏太阳能系统、生物柴油发电机等和能量储存装置与高级计量装置一起，都将被集成到峰荷大约50MW的变电站统一操作。

海滩城市将成为未来提高资产利用率，控制整个配电网络的一个向导。成功地建立此种功能的网络可以使用户参与电网可靠性与价格驱动负荷管理的实践，这两项都是实现智能电网的关键。

（5）高渗透性的清洁能源技术。柯林斯堡市和市有公共事业支持多种不同的清洁能源举措，包括在市里建设一个零能耗地区，其中之一是促进配电系统的转型和现代化。在保证电力传输高效和可靠的前提下，发展一个集成各种分布式资源的系统，促进新能源如风能、太阳能的使用。各种分布式资源将会充分地集成到配电系统中以支持零能耗地区的建设。这些被集成的资源包括：光伏太阳能、小型发电机（容量在 25～500kW 之间）、双燃料热电联产系统、内燃机、后备发电机、风能、插入式混合动力电动汽车的辅助作用、燃料电池，该项目将帮助确定在保证系统性能和经济性的基础上，使用各种分布式资源的最大程度。

2. 欧洲

从 1984 年起，欧洲开始实施自己的研究与技术开发计划（简称"框架计划"）。迄今，已经执行了六个框架计划。该计划是欧盟成员国共同参与的中期重大科技计划，每期执行 4 年，具有研究国际前沿和预竞争性科技难点的特点，是欧盟投资最多、内容最丰富、市场目的最明确的全欧洲性科研与技术开发计划。历经 20 多年的发展和完善，欧盟框架计划已成为世界规模最大的官方综合性研究与开发计划，已纳入欧盟的政治战略轨道。当前在第七个框架协议（FP7）下，就能源研究的讨论认定这一研究领域为智能电力网络。这一新领域的最初目标是提高欧洲电气系统和网络效率、安全性和可靠性。例如将现有的电网转变为用户与供电商交互的服务网络，有效地将可再生的、分布式的能源接入网络等。

欧洲智能电网技术平台着力于将来欧洲电力网络的研究和发展，创立于 2005 年，它的目标就是规划 2020 年及以后的欧洲电网发展，是欧洲技术平台的重要组成部分。

意大利的特拉哥斯托里项目，开始于 2000 年，2700 万家庭用户应用了通过窄带宽电力通信的智能表。

法国电力公司于 2009 年在美国诺福克试验一种特动态能源储存系统，它有助于电网协调来自北海的间歇性风电。

法国电力公司网络同意与瑞士 ABB 公司之间的交易，即使用 ABB 公司 SVC Light 的"Smart Grid"技术。该系统将使用高技术的锂离子电池和超导体电力晶体管均衡连接风电场配电网络负荷。

当时总部在苏黎世的 ABB 称，该系统将储存风电多余电力在高峰时期使用。该项目是一个协作研究、发展和示范项目，SVC 设施在 2009 年末投入使用。

法国电力公司电网规划工程师博德曼称，该项目有特点，是因为它允许更多新能源电力与现有电网连接，它还将展示其能源储藏功能。

诺福克海姆斯拜项目财经上将由"革新投资刺激计划"支持，该计划由英国能源监管者 Ofgem 运行。

SVC 是 ABB 公司柔性 AC 传输系统部综合几个技术而成，它可以改善配电系统的安全、容量和灵活性。安装该系统可以提高风电场电力的使用率，避免风电给电网造成的失稳。

开发这项技术是为了对付炼钢厂电弧炉大量使用电力产生的摇曳效应。1999 年 SVC Light 系统在瑞典运行，2000 年另外一个在德国特里尔运行。

ABB 称，诺福克项目将通过改善新能源电力进入电网的方法兑现对自己和法国电力对气候变化反应的承诺。

3. 中国

智能电网是一个完整的信息架构和基础设施体系，实现对电力客户、电力资产、电力运营的持续监视，利用"随需应变"的信息提高电网公司的管理水平、工作效率、电网可靠性和服务水平。随着全球经济社会的发展，世界各国的电网规模不断扩大，影响电力系统安全运行的不确定因素和潜在风险随之增加，而用户对电力供应的安全可靠性和质量要求越来越高，电力发展所面临的资源和环境压力越来越大，市场竞争迫使电力经营者不断提高企业运营效率。21世纪初智能电网在欧美的发展，为全世界电力工业在安全可靠、优质高效、绿色环保等方面开辟了新的发展空间。虽然国际上对智能电网研究和应用还处于初期阶段，但国际上正在形成发展智能电网的三极态势，即美加、欧洲和中印三种发展类型。中国，正在贡献出自己独特的发展模式。

2009年，国家电网公司正式发布了举世瞩目的"建设坚强智能电网"的研究报告，首次向社会公布了"智能电网"的发展计划，中国坚强智能电网发展战略框架如图13-1所示，中国智能电网架构如图13-2所示。中国的智能电网首先是一个坚强的电网，其中，具有长距离、大容量输电特征的特高压电网将成为核心环节。这是由中国经济发展阶段能源集中分布的特点所决定的。国家电网公司将按照统筹规划、统一标准、试点先行、整体推进的原则，在建设由1000kV交流和±800kV、±1000kV直流构成的特高压骨干网架、实现各级电网协调发展的同时，围绕主要环节和信息化等方面，分阶段推进坚强智能电网发展，到2020年，使电网的资源配置能力、安全稳定水平，以及电网与电源和用户之间的互动性得到显著提高，坚强智能电网在服务经济社会发展中将发挥重要作用。

智能电网建设将是中国电网未来十年发展的主要方向，这是继新能源汽车之后，又一重量级新兴产业规划。国家电网公司将分三个阶段推进坚强智能电网的建设。在三个阶段里总投资预计将超过4万亿。第一阶段（2009～2010年）预计投资5500亿元；第二阶段（2011～2015年）预计投资2万亿元，其中特高压电网投资3000亿元；第三阶段（2016～2020年）预计投资1.7万亿元，其中特高压投资2500亿元。

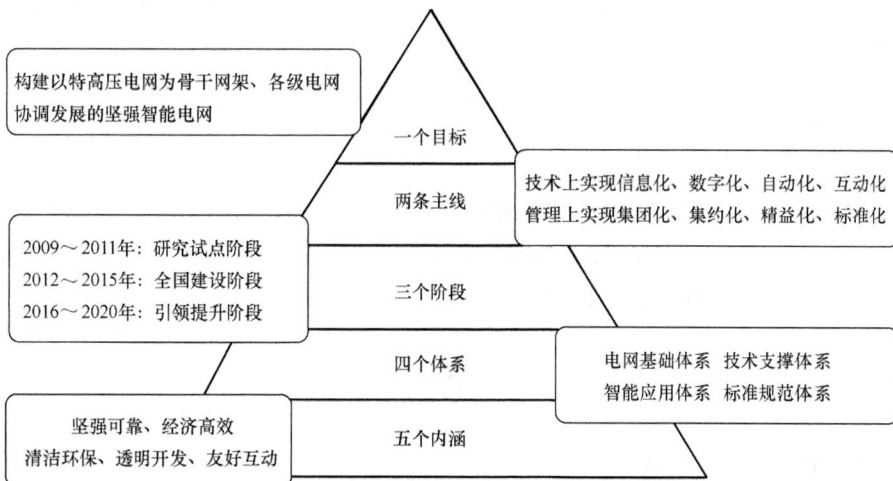

图13-1 中国坚强智能电网发展战略框架

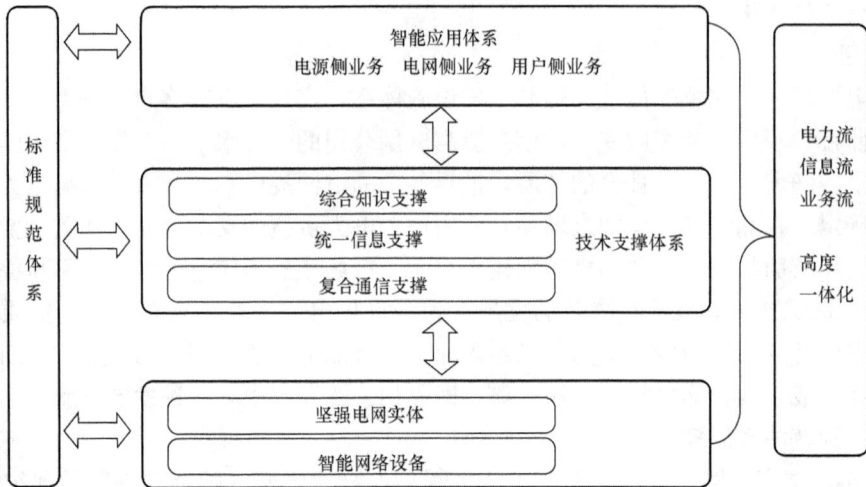

图 13-2　中国智能电网架构示意图

科学时报首席经济学家武建东在其发布的《中国智能互动电网发展战略报告》中预计,如果启动电网的改造,智能电网的建设有望每年拉动 GDP 一个百分点。中国仅需要更新的变电站就已超过百万,智能电表更是有 3000 万～5000 万块的需求。

中国智能电网的总体发展目标:以特高压电网为骨干网架、各级电网协调发展的坚强电网为基础,利用先进的通信、信息和控制技术,构建以信息化、数字化、自动化、互动化为特征的国际领先、自主创新、有中国特色的坚强智能电网。通过电力流、信息流、业务流的一体化融合,实现多元化电源和不同特征电力用户的灵活接入和方便使用,极大提高电网的资源优化配置能力,大幅提升电网的服务能力,带动电力行业及其他产业的技术升级,满足我国经济社会全面、协调、可持续发展要求。

中国智能电网的分阶段建设目标:整体规划、统一部署、试点先行、稳步推广。

2009～2011 年研究试点阶段。明确内涵,确定目标,完成整体规划,开展关键技术研究,加强实体电网建设,统一信息模型,整合信息平台,开展标准制订,进行相关试点,积累总结经验,基本达到国际先进水平。

2012～2015 年全面建设阶段。总结技术试点和设备研发经验,优化业务流,规范建设要求,完善整体架构,滚动修订发展战略规划,全面推广建设。基本建成智能电网,达到国际领先水平。

2016～2020 年引领提升阶段。在全面建设基础上,评估建设绩效,结合应用需求及技术发展,进一步提升技术、管理和装备水平,引领世界智能电网技术发展。全面建成世界领先、自主创新、有中国特色的坚强智能电网。

第三节　智 能 用 电 服 务

一、智能用电服务及其内容

智能用电服务是指依托坚强智能电网和现代管理理念,利用高级量测、高效控制、高速通信、快速储能等技术,实现市场响应迅速、计量公正准确、数据采集实时、收费方式多样、服务高效便捷，构建电网与客户间电力流、信息流、业务流实时互动的新型供用电关系。其特点是：

(1) 技术先进：自主创新并消化吸收计量、控制、通信、储能、超导等新技术。

(2) 经济高效：推动可再生能源利用和提高能源效率。

(3) 服务多样：满足客户多元化、个性化需求。

(4) 灵活互动：实现电能、信息和业务的双向交互。

(5) 友好开放：充分利用电网资源为客户提供增值服务。

依托智能用电服务技术支持平台，形成电网与客户间电力流、信息流、业务流的双向互动，提供满足电网发展及客户需求的智能化应用，增强客户服务能力，实现电网经济运行和客户安全、可靠、合理用电的有机融合。智能用电服务的内容主要有以下七个方面。

1. 智能化客户服务

(1) 灵活的信息定制。客户可根据各自需求，通过多种方式，灵活选择定制供用电状况、电价电费、能效分析、社会新闻等信息套餐，由电网通过短信、网络、电话、邮件、传真、智能设备等方式，实时向客户提供定制信息；根据供电服务的要求，及时向客户提供电网供需、停复电、用电价格等基础信息。

(2) 多渠道的自助服务。运用网上营业厅，为客户提供信息发布、信息查询、故障报修、业扩报装、在线费用结算、能效评价、用能策略制定、电动汽车充放电预约等服务。运用实体营业厅，为客户提供自助缴费、触摸查询、智能家居体验等服务。运用95598，为客户提供实时在线文本交互、双向视频通话等服务。

(3) 客户故障自动诊断与处理。自动判断故障范围和停电设备产权，及时告知客户故障情况，提供自动寻找替代供电线路、启动自备应急电源等应急供电服务。实时定位抢修车辆，优化抢修派工，提供快速抢修服务。

(4) 电费双向自动结算服务。适应分布式电源、充放电站的需要，在双向计量的基础上，实现不同时段客户与电力供应商之间互供电量、电费的自动结算，并自动生成账单信息实时传输供用双方。

(5) 多样化的交费服务。依托社会化资源和自助缴费渠道，提供自助缴费终端、电费充值卡、95598电话、网上营业厅、"一卡通"等新型收费方式，多渠道发送电费欠费信息，实现交费多样便捷。

(6) 智能化业扩报装服务。实现多渠道的跨区域客户报装受理，自动生成低压客户供电方案，辅助生成高压客户供电方案，利用手持掌上电脑（PDA）等终端设备，建立业扩报装现场勘查、工程验收等环节与营销支持系统的实时联络，缩短报装服务时限。

(7) 在线安全用电服务。实时在线管理重要客户安全用电情况，自动判别客户重要程度分级，依据客户供电方式、自备应急电源配备等信息，自动分析检测重要客户供用电安全隐患，生成供用电安全隐患治理建议方案，在线跟踪、监督隐患整改情况。利用状态监测等技术手段，为客户提供设备状态信息，及时告知潜在风险。

2. 智能量测及控制

(1) 高级计量应用：实现计量装置自动化检定和检验、精益需求预测、状态运行管理、数字化校验、计量故障自动管理、寿命评估、动态轮换、优化派工、装接移动作业等高级计量应用。

（2）数据采集。实现电能双向计量；自动采集客户电能量数据、电能质量数据、各种电气和状态（事件）数据，对数据进行合理性检查、分析和存储管理。

（3）控制。功率定值控制、电量定值控制、费率定值控制、远方控制、电费催收辅助控制、预付费管理控制。

（4）远方设置和控制。客户根据电价变化，远程对家用电器进行设置和控制，如低谷时开启用电设备。

（5）数据共享：所有数据通过统一的平台进行管理和发布，实现信息共享。

3. 智能化营销业务管理与决策

（1）精益化的电费核算。依据客户用电业务变更、用电负荷运行、电价等信息和计费规则，自动核算电费，自动分析客户用电量变化情况，生成异常情况提示，并动态跟踪和统计分析异常核对情况。

（2）线损实时分析。实现区域、线路、台区、分压线损实时统计分析，自动生成降损建议措施，为资源优化配置提供依据。

（3）电费回收风险自动监控。依据客户任一时段的实际用电量、电价和计费规则自动计算客户实际发生电费，实时监测客户电费账户余额，自动生成客户交费提示，对客户电费资金在途及交纳情况实施动态监控；自动进行电费回收风险评价，判断风险等级，自动发布电费回收风险预警信息；通过客户用电信用与社会信用的信息交互与共享，动态评价客户综合信用等级。

（4）电力市场分析与预测。自动进行市场细分和电力销售信息的归类整合，自动完成购、售电市场分析与预测信息处理，辅助完成市场分析预测报告和市场营销策略建议，为电力电量平衡、电网规划与建设、市场培育与开发提供重要依据。

（5）营销服务质量在线稽查与实时监控。对电力营销及用电服务质量实施全过程在线监测，对业务处理、流程执行、工作时限、工作效果进行实时评价、分析，自动生成稽查报告，并对历史稽查情况和整改记录实施动态跟踪。

（6）客户关系管理。建立客户价值、信用等管理评价指标体系，应用电价、电量、能效等信息，开展客户价值评价，根据评价结果，细分不同类型的客户群，定期开展客户满意度调查、客户需求分析，形成满足不同层次客户需求的服务策略，更有效地开展市场调查、满意度测评、新产品和新服务推广等工作。

（7）智能分析决策。对各类供用电数据信息进行自动统计、归类、查询和分析，对各项营销及用电服务指标进行自动比对、分析和预测，自动生成营销策略和指标提升建议，为公司经营管理提供决策依据，为国家电力能源政策、电价政策、节能减排政策调整提供全面、准确、多角度的决策辅助信息。

4. 客户资源开发利用

（1）客户资源管理。对客户用电资产信息、信用信息、用电信息等进行有效利用，开展金融产品开发和营销。对客户进行分类管理，细分客户群体和类别，建立高价值客户资料库，为各金融平台设计差异化产品以及开展电话、信函等销售奠定基础。

（2）客户营销服务支持。支持各金融平台面向客户的直销、电话营销、信函销售等营销模式。

（3）客户增值服务。与保险、信托、证券等业务相结合，为客户提供深化服务；提供客

44

户节能衍生品（二氧化碳等）转化服务。

（4）社会诚信服务。实现客户信用评价信息化，并纳入社会信用体系。

5. 分布式电源的智能化管理

（1）通过分布式电源接入系统，实现分布式电源的"即插即用"、远程监视控制、双向计量和结算。

（2）实现实时分析预测分布式电源发电情况，自动发布分布式电源运行状态信息。

（3）配合分散式储能装置，优化控制分布式电源接入系统，实现根据电网潮流变化情况及区域负荷平衡情况，自动接入和退出分布式电源；最大限度平抑间歇性发电对配电网的扰动。

6. 电动汽车及储能的智能化管理

（1）电动汽车充放电服务。对于城镇主要干道、商业区等大型电动汽车充放电站（类似目前加油站、加气站），优化制定充放电策略，合理控制充放电时间，实现快速充放电、整组电池更换以及双向计量、计费等功能，同时可考虑电池检测、电池维护等扩展功能，并满足客户自助充放电需求。

对于居民区、商厦、停车场和政府大楼等区域小型电动汽车充放电站，实现即插即用式、随时随地的便捷充放电。充电机可接收来自电力企业的电价等信息，自动避开高峰时间充电。

（2）储能元件接入服务。推广多种储能装置，采取集中储能、分散储能、随器储能等方式，根据电网需要，自动控制储能装置的充放电，实现电能计量设备的信息采集、电能质量监测，满足电网削峰填谷及移峰填谷的需要。重点推广电动汽车及应急电源储能装置，实现以电代油，提高电能占终端能源比重。

7. 智能用能服务和能效诊断

（1）智能化小区、楼宇、家居。实现小区、楼宇、家居用电信息管理、能效管理、实时负荷和异常用电分析、自动抄表、智能家电控制和社区增值服务。

自动抄表可以实现水、电、气抄表集中自动采集，用电分时计价，监测用电负荷，监视异常用电、预防故障和及时复电等功能。

智能家电控制，可以视电网不同时段电价情况或客户自行需要，本地与远程控制家用电器，促进科学合理用电。可自动跟踪电网电压，视电网电压情况，自动调整电压。

社区增值服务实现电力网、通信网、有线电视网、互联网"四网合一"，可提供影视点播、信息公告、物业管理等服务。

（2）智能化"虚拟电厂"。基于资源综合规划的理念，通过电价激励或经济补偿措施，在电网用电高峰时期，对自愿参与短时暂停用电的大工业、中央空调客户，进行编组并设定暂停时间，由电网直接控制其申请负荷，降低电网高峰负荷，节约客户用电成本。同时，视客户暂停用电负荷为一个"能效电厂"，作为电网备用容量使用，电力系统需要时，供各级调度部门按照预定的规则调度，提高电网供电能力及可靠性、灵活性。

（3）智能有序用电响应。实现有序用电方案的辅助自动编制及优化；有序用电指标和指令的自动下达；有序用电措施的自动通知、执行、报警、反馈；实现分区、分片、分线、分客户的分级分层实时监控的有序用电执行；实现有序用电效果自动统计评价，确保有序用电措施迅速执行到位，保障电网安全稳定运行。

（4）远程能耗监测与能效诊断。通过远程传输手段，对重点耗能客户主要用电设备的用电数据进行实时检测，并将采集的数据与设定的阈值或是同类客户数据进行比对，分析客户能耗情况，通过能效智能诊断，自动编制能效诊断报告，为客户节能改造提供参考和建议，为能效项目实施效果提供验证，实现能效市场潜力分析、客户能效项目在线预评估及能效信息发布和交流等。

（5）绿色电力认购。通过绿色电力认购平台，实现各种绿色电力价格发布、客户在线申购、审批、结算、交易结果信息发布等功能。

（6）能源合同管理。实现能源合同管理项目从项目申请、立项、实施、验收和验证到项目激励资金、效益分享资金等全过程管理的信息化和自动化。

二、智能用电服务体系

1. 智能用电服务体系的总体要求

智能用电服务体系建设要依托坚强电网和现代化管理理念，利用高级量测、高效控制、高速通信、快速储能等技术，实现电网与客户间能量流、信息流、业务流的实时互动，构建客户广泛参与、市场响应迅速、服务方式灵活、资源配置优化、管理高效集约、多方合作共赢的新型供用电模式，不断提升供电质量和服务品质，逐步提高电能利用效率及电能占终端能源消费的比重。

智能用电服务体系应满足以下几个方面的要求。

（1）支持新能源新设备接入。应满足各种不同容量的分布式电源、电动汽车、储能装置等新能源新设备的"即插即用式"接入。

（2）及时响应客户自由用电需求。客户可根据电网发布的实时电价信息，选择最佳用能方案，自主做出用电需求响应。

（3）提高终端能源利用效率。应合理利用发供用三方资源，发挥分布式电源和储能设备的作用，提高电能在终端能源消费中的比重，提高电力设备和用电设备的利用效率，提高全社会能源使用效率，进一步推动节能减排，促进环境保护。

（4）提供互动多样的用电服务。应能根据客户个性化、差异化服务需求，实现能量流、信息流和业务流的双向交互，满足多样化用电服务需求，提升客户满意度。

（5）深化营销业务集约化管理。应构建业务范围清晰、业务流程通畅、业务处理高效的营销组织模式和标准化业务体系，进一步转变营销服务发展方式，提高工作效率和效益。

（6）拓展多方共赢的营销服务市场。应依托智能用电服务平台，不断延伸服务领域，拓宽营销服务市场，拓展公司经营范围，提升电力服务的附加值和让渡价值，实现多方共赢。

2. 智能用电服务体系总体架构

智能用电服务系统应以坚强智能电网为坚实基础，以智能用电服务组织管理及标准和智能用电服务关键技术及装备为坚强支撑，以通信与安全保障体系为可靠保证，以智能用电信息共享平台为信息交换途径，通过智能用电服务系统技术支持平台和智能用电服务系统互动平台，为电力客户提供智能化、多样化的用电服务，实现与电力客户进行能量流、信息流、业务流的友好互动，提升客户服务的质量和水平。智能用电服务体系的总体架构如图13-3所示。

三、智能用电服务体系的核心内容

智能用电服务体系的核心内容包括：智能用电服务互动平台、智能用电服务技术支持平

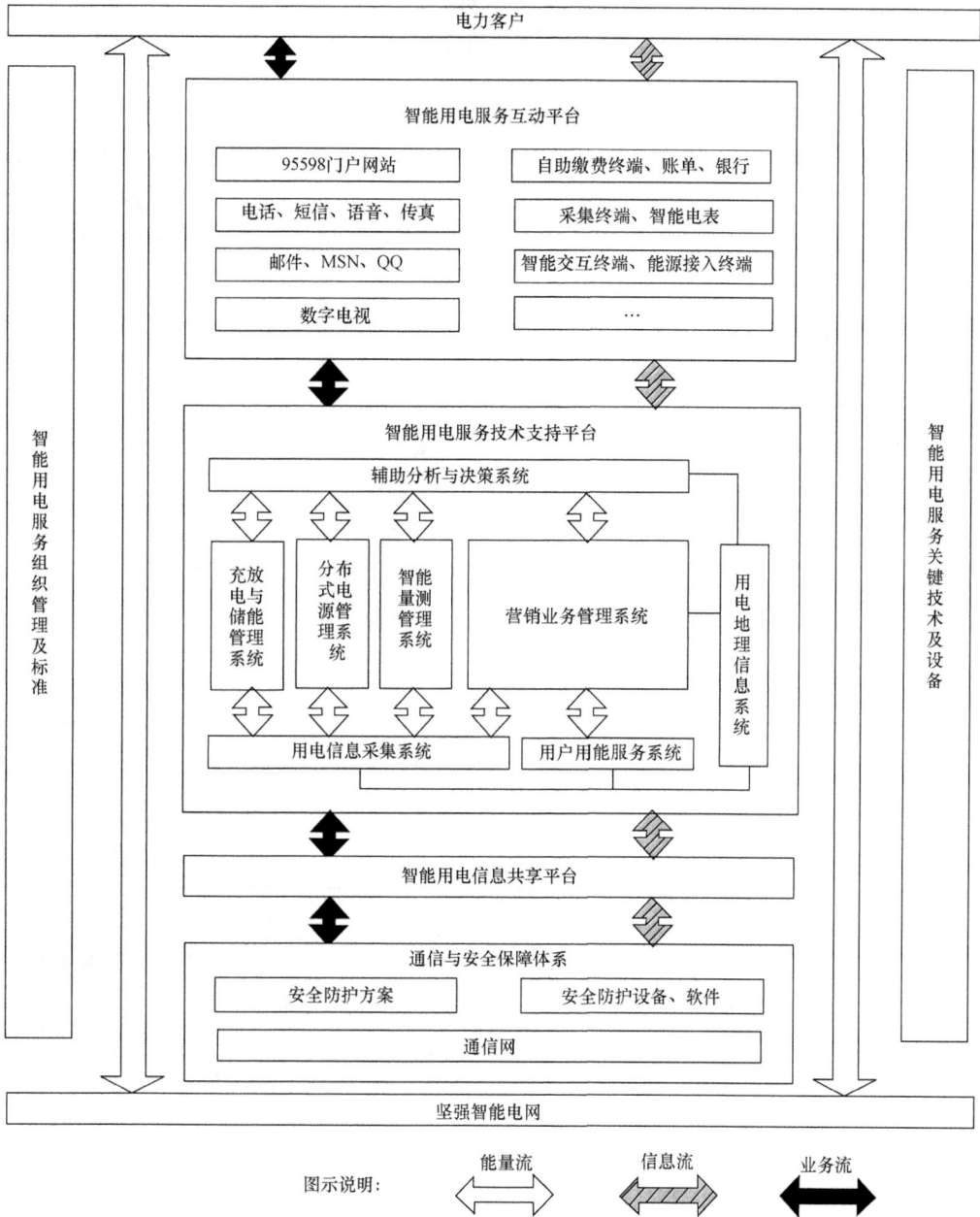

图 13-3 智能用电服务体系总体架构

台、智能用电信息共享平台、通信与安全保障体系。智能用电服务建设的支撑体系包括：组织管理及标准、关键技术及装备等。

1. 智能用电服务系统互动平台

智能用电服务互动平台是电力企业实现与客户进行互动的主要渠道，通过计算机、数字电视、自助终端、智能交互终端、能源接入终端、智能电表、电话、手机等设备，利用95598门户网站、网络、短信、电话、邮件、传真等多种途径给客户提供灵活、多样的交互方式，实现与客户的现场和远程互动，使客户可根据自身需要查询供用电状况、电价电费、用能效率、缴费结算等信息，并可提供多种缴费方式和渠道，快速响应市场变化和客户需求，确保分布式电源、电动汽车、储能装置等新能源新设备的即插即用式接入与使用，更方便、快捷地为客户提供服务。

2. 智能用电服务系统技术支持平台

智能用电服务技术支持平台主要由八个系统构成，用电信息采集系统和客户用能服务系统是基础应用系统，负责智能用电服务相关信息的采集与监控；智能量测管理系统、分布式电源管理系统、充放电与储能管理系统是专业应用系统，实现智能用电服务不同专业的业务管理；营销业务管理系统是智能用电的综合业务应用系统，是技术支持平台的核心系统，实现智能化的营销业务管理与综合应用；辅助分析与决策系统是高级应用系统，为决策层提供分析和决策服务；用电地理信息系统是智能用电地理图形服务系统，为其他系统提供可视化、形象化的智能用电图形服务。

智能用电服务技术支持平台各系统之间存在大量信息与业务交互，各系统间信息及业务交互关系如图 13-4 所示。

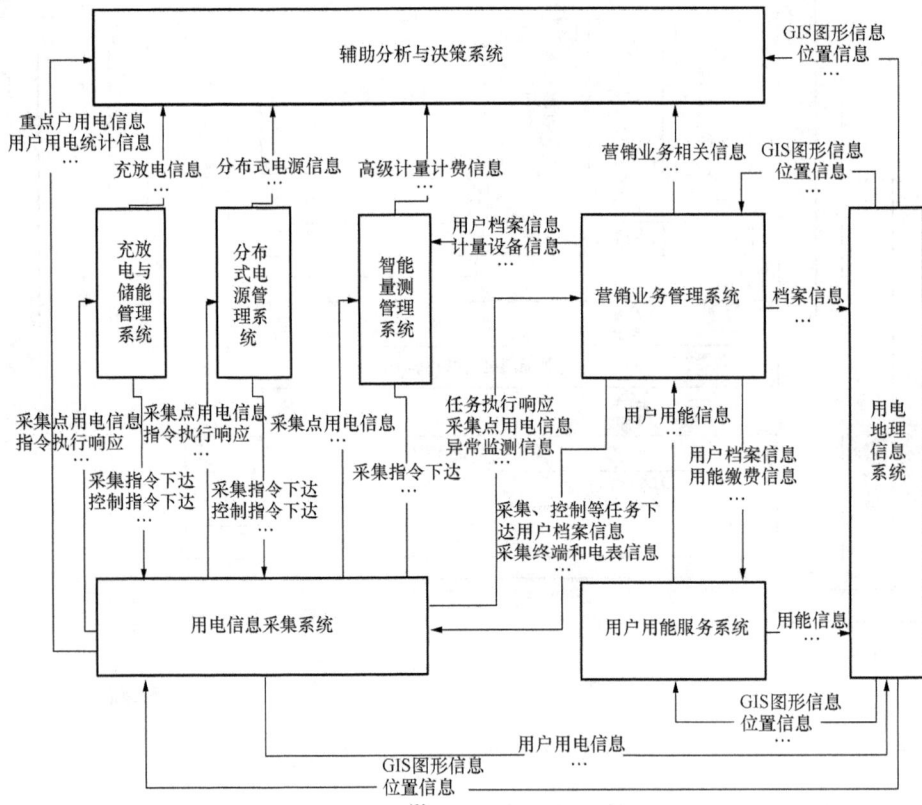

图 13-4 智能用电服务技术支持平台构成

（1）用电信息采集系统。用电信息采集系统是对用户的用电信息进行实时采集、处理和监控的系统，实现电力用户的全覆盖和用电信息的全采集，全面支持费控管理，是智能电网用电环节的重要基础和用户用电信息的重要来源，为"SG186"信息系统提供及时、完整、准确的基础数据，为智能用电服务技术支持平台提供基础用电信息数据。

系统主要由主站、通信信道、采集终端、智能电表等部分组成，采集的对象包括大型专变用户、中小型专变用户、三相一般工商业用户、单相一般工商业用户、居民用户和公用配变考核计量点等，同时也可以将关口计量、分布式电源接入、充放电与储能接入等计量点信息纳入采集的范围。

系统主要功能包括：数据采集、数据管理、终端管理、档案管理、控制、自动抄表、任务执行、费控管理、有序用电管理、用电情况统计分析、异常用电分析、电能质量数据统计分析、运行维护管理、权限和密码管理等。

用电信息采集系统的构成及与其他系统的交互关系如图 13-5 所示。

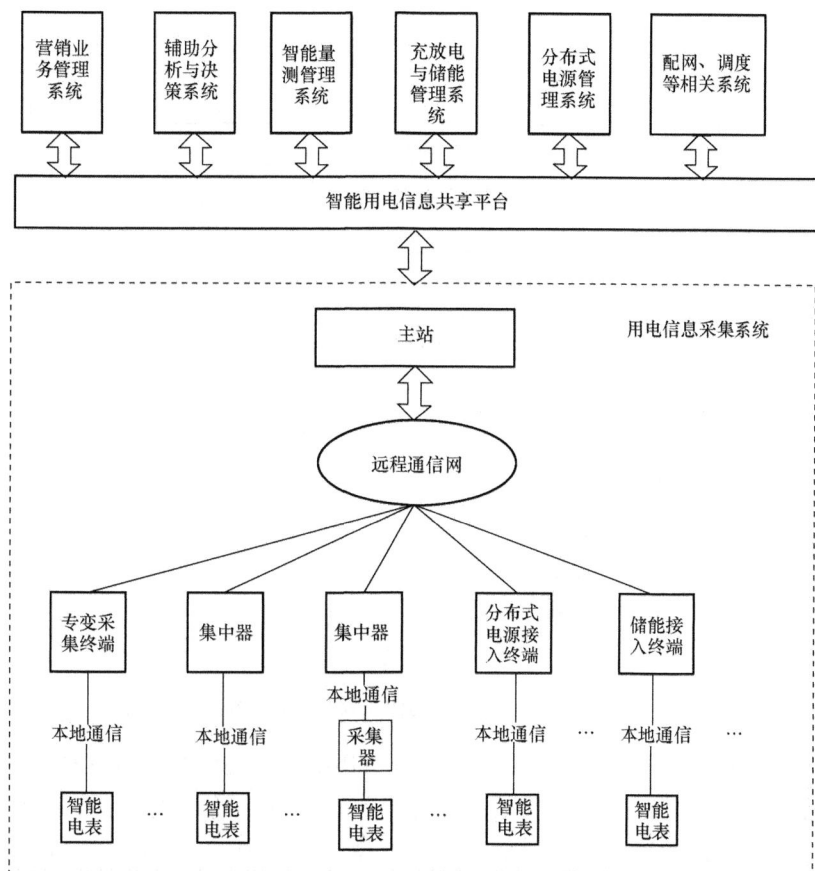

图 13-5 用电信息采集系统的构成及与其他系统的交互关系

（2）用户用能服务系统。用户用能服务系统是对智能交互终端用能信息进行采集与监控，并为用户提供用能策略、用能辅助决策等多样化服务的系统，是实现智能用电增值服务的有效手段。该系统可将用户用能信息传递给智能用电服务互动平台，通过多种交互渠道向用户展现；也可接收来自 95598 门户等交互渠道的信息，为用户提供用能信息和用能策略查询服务，对智能用能设备进行监控，并将监控信息通过智能用电服务互动平台反馈给用户。

系统主要由主站、公用信道、智能交互终端等部分组成。系统通过主站实现对智能交互终端的信息采集和操作；智能交互终端涵盖大客户（智能小区、智能楼宇）和居民客户（智能家居）。对于大客户，该系统将采集的用能数据传递至营销业务管理系统，完成能效评测等服务，达到提高能源利用效率的目的。对居民客户，该系统可与智能家居的各种应用子系统有机结合，通过综合管理，实现智能家居服务，为家庭生活提供舒适安全、高效节能、具有高度人性化的生活空间，通过执行优化的用户用能策略，提高用电效率，降低用电成本，减少能源浪费。

系统主要功能包括：数据采集、数据管理、档案管理、用能信息与用能策略服务、监控执行管理、客户关系管理、运行维护管理、权限和密码管理等。

用户用能服务系统的构成及与其他系统的交互关系如图 13-6 所示。

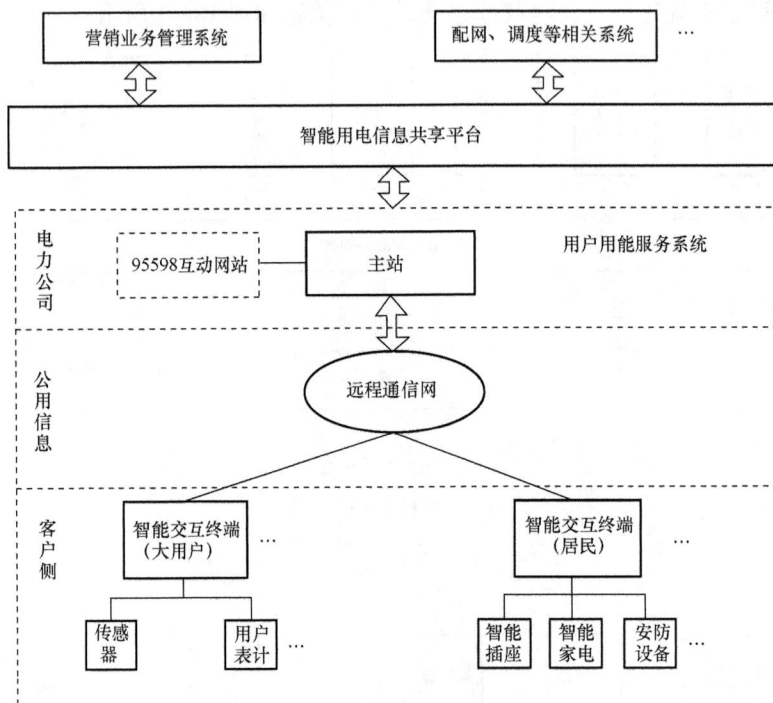

图 13-6　用户用能服务系统的构成及与其他系统的交互关系

（3）智能量测管理系统。智能量测管理系统以用电信息采集系统为数据支持，通过智能量测、通信和控制技术，提供智能化的监控和高级计量管理的系统，满足自动化检定和检验、数字化校验、量值传递、寿命评估、计量故障自动管理、各类客户计量计费、实时监测、智能控制等要求。

系统主要功能包括：计量装置自动化检定、量值传递、精益需求预测、现代仓储和物流配送、状态运行管理、数字化校验、计量投诉和故障管理、寿命评估、动态轮换、优化派工、装接移动作业、计量计费、实时监测、智能控制等。

（4）分布式电源管理系统。分布式电源管理系统是通过有效的技术手段，实现对分布式电源的灵活接入、实时监测、柔性控制的管理与控制系统。该系统实现客户侧分布式电源智能调配以及客户发电信息分析处理，以用电信息采集系统所提供的分布式电源有关数据为依托，实现分布式电源接入智能管理，可为配网、调度相关系统提供数据信息。

系统主要功能包括：分布式电源接入管理、分布式电源并网实时监控、分布式电源潮流分析与负荷预测、故障保护管理、系统设备运行管理、发电信息综合分析、发电能力预测、客户档案管理等。

（5）营销业务管理系统。营销业务管理系统实现营销业务综合处理与管理控制，为营销辅助分析及决策管理提供数据支撑，是营销业务处理的核心应用系统。

系统主要由客户服务与客户关系、电费管理、电能计量与采集信息管理、市场与需求侧管理等几部分构成。

系统主要功能包括：新装增容及变更用电、抄表管理、核算管理、电费收缴及账务管理、线损管理、资产管理、计量点管理、计量体系管理、电能采集信息管理、供用电合同管理、用电检查管理、95598 业务处理、客户关系管理、客户联络、市场管理、能效管理、有序用电管理、稽查及工作质量和客户档案资料管理等。

（6）辅助分析与决策系统。辅助分析与决策系统是面向管理层的营销智能化查询、监督、统计、分析的高级管理决策系统，以智能用电服务技术支持平台各专业系统为依托，实现对营销基础数据纵横向挖掘、分析、比较、提炼，使管理层能够及时掌握营销与用电服务情况，为公司经营管理者提供分析、决策的依据。

系统主要功能包括：报表、监管和分析三个部分。报表部分包含营销管理需要的市场、营业、计量、服务等各类报表，并支持报表的自动生成与上报；监管部分包含营销指标与管理过程的定义，对各专业的工作质量、工作业绩和客户用电情况（业扩、电费、计量、用电检查、客户服务、用电信息采集、供电质量、有序用电、客户信用、设备资产与运行等）实现在线监管；分析部分包含售电量、电价、售电收入、电费回收、市场开拓、客户服务、计量装置资产与运行管理、用电信息采集、用电检查、电力市场运行、有序用电、业务差错等主题分析与相关预测。

（7）用电地理信息系统。用电地理信息系统是为用电数据管理、分析、维护以及辅助决策提供可视化地理图形服务的系统，主要为平台内其他各系统提供地理图形信息的支持与服务，为用户用电信息和营销业务应用提供可视化的地理图形展示手段。

系统主要功能包括：基于地理图形的综合信息查询、供用电设备及客户位置定位、电源追踪分析、智能故障判断及查找、台区范围图形化定位与量化分析管理、业扩供用电方案辅助制订及辅助决策、辅助工程设计/预算、辅助用户现场管理、辅助检查违章窃电、辅助现场电表查找定位等。

（8）充放电与储能管理系统。充放电与储能管理系统是实现灵活的柔性充放电和充电时间的综合管理系统。该系统以用电信息采集系统所提供的数据为依托，制定有效的充放电方案，协调平衡电动汽车的有序充放电，发挥储能装置改善电能质量的功效，提高设备利用率，并可为配网、调度相关系统提供数据信息。

系统主要功能包括：充放电与储能需求预测、充放电与储能接入管理、有序充放电优化方案管理、柔性充放电管理、故障保护管理、充放电与储能设备运行管理、充放电与储能信息综合分析、客户档案管理、客户充放电记录等。

3. 智能用电信息共享平台

智能用电信息共享平台为智能用电提供基础的信息交换和接口服务，是智能用电服务技术支持平台相关系统间实现信息交换和数据共享的基础平台，并承担与智能电网其他环节进行信息交互的任务。

该平台具有信息数据集中管理、多方共享功能，可提高信息资源的利用效率，从基础上支撑智能用电各层次能量流、信息流、业务流的高度融合，实现信息高度共享和业务深度互动。在"SG186"营销业务应用的基础上，根据相关标准和规范，构建智能用电一体化的信息共享平台，规范智能用电一体化信息模型及信息交换模型，包括统一信息编码、公用服务、公共信息模型、通用信息接口等，整合智能用电服务的各系统信息数据。

4. 通信与安全保障体系

通信与安全是支撑智能用电服务各部分可靠高效运行的重要环节，是智能用电服务的基础保障体系。

（1）通信保障。通信网络是支撑智能用电环节各系统进行信息传输、交换的基础载体，是实现用户交互的基本传输媒介。智能用电服务的通信网络覆盖智能用电的各类系统主站、众多的智能终端、表计和最终用户，具有结构复杂、分布广泛的特点。智能用电服务的通信网络应优先选择采用专用网络，公用网络可作为一种补充和延伸。根据网络的布局和用户，通信网可分为远程接入网和本地接入网。

（2）安全保障。智能用电服务的安全涉及信息安全和用户用电安全两方面。用户用电安全方面可通过制定相关的技术措施和管理办法加以保障；信息安全方面涉及的环节和系统繁多，需要在充分评估与分析系统安全风险的基础上，制定有效的安全策略和安全措施，采取科学、适用的安全技术对重点区域实施安全防护和全面的安全监控，通过有效的技术手段和管理办法，构建动态可持续的安全解决方案。

附录一 电力用户与发电企业直接交易试点基本规则（试行）

第一章 总则

第一条 为规范和推进电力用户与发电企业直接交易（以下简称直接交易）试点工作，依据《关于完善电力用户与发电企业直接交易试点工作有关问题的通知》（电监市场〔2009〕20号）以及国家有关法律法规，制定本规则。

第二条 直接交易是指符合准入条件的电力用户与发电企业按照自愿参与、自主协商的原则直接进行的购售电交易，电网企业按规定提供输电服务。

第三条 直接交易应符合国家产业政策和宏观调控政策，坚持市场化原则，保证电力市场公平开放。

第二章 准入与退出

第四条 参加直接交易的电力用户、发电企业，应当是具有法人资格、财务独立核算、信用良好、能够独立承担民事责任的经济实体。内部核算的电力用户、发电企业经法人单位授权，可参与试点。

电力用户和发电企业的具体准入条件，按国家相关规定执行。

第五条 符合直接交易准入条件的电力用户和发电企业可向电力监管机构和政府有关部门提出申请，经按程序审核批准后取得直接交易主体资格。

第六条 直接交易双方，在合同期内原则上不得退出直接交易，如需退出直接交易，由有关部门审核批准。退出方给对方造成损失的，应予适当补偿，补偿方式可在合同中约定或参照电监市场〔2009〕20号文件的精神协商确定。

第七条 取得资格并参与直接交易的企业有下列行为之一的，取消其交易资格，并承担相应违约责任。

（一）违反国家电力或环保政策并受处罚的；

（二）私自将所购电量转售给其他电力用户的；

（三）拖欠直接交易及其他电费一个月以上的；

（四）不服从电网调度命令的。

第三章 交易方式

第八条 坚持市场化原则，交易主体自愿参与、自主选择交易方式。

第九条 直接交易可以采取自由协商、交易洽谈会、信息平台等方式进行，通过自主协商达成交易意向，签订交易合同。

自由协商方式，由电力用户与发电企业自由寻找交易对象。

交易洽谈会方式，通过交易洽谈会形式，进行交易信息沟通，交易主体自由选择交易对象。

信息平台方式，由电力监管机构授权的第三方提供信息平台，电力用户和发电企业通过信息平台发布交易意向，寻找交易对象。

第四章　交易价格

第十条　直接交易价格由电力用户与发电企业通过协商自主确定，非因法定事由，不受第三方干预。

鼓励电力用户与发电企业之间采用上下游产品价格联动定价形成机制。

第十一条　输配电损耗以输配电价方式支付，企业不再抵扣损耗电量。

第十二条　电网企业应公平、公正地向直接交易双方提供输配电服务，按照国家批准并公布的输配电价和结算电量收取输配电费，并代为收取政府性基金和附加。

第十三条　委托电力调度机构调度、运行的发电企业和电力用户的自有电力线路，按规定批准后按照委托运行维护方式执行。委托方应交纳委托运营维护费，不再另交输配电费。委托运营维护费用由委托方和受托方协商确定，报相应电力监管机构和政府有关部门备案。

第五章　容量剔除及电量分配

第十四条　取得直接交易资格的发电企业，合同期限内按照签订的合同电量剔除相应的发电容量，电力调度机构不再对这部分剔除容量分配计划电量。

第十五条　剔除容量原则上依据直接交易合同电量和对应合同用户的上一年用电利用小时数进行测算。

合同用户的上一年用电利用小时数＝合同用户上一年总用电量/该用户上一年的最大需求容量（或变压器报装容量）

第十六条　在安排发电上网计划分配电量时，剔除直接交易发电容量后的剩余发电容量，按照"三公"调度原则参与本地区计划电量分配。

第十七条　因电网安全约束等非发电企业和电力用户原因导致的直接交易受限的，电力用户的用电计划和发电企业的发电容量应纳入本地区正常计划平衡分配。

第六章　合同签订与调整

第十八条　年度及以上的直接交易经交易双方自主协商达成交易意向并通过电网安全校核的，应按照国家电监会制定的合同示范文本（电监市场〔2009〕29号）签订直接交易购售电合同和输配电服务合同。

第十九条　直接交易合同签订后，电力调度机构应将直接交易电量一并纳入发电企业的发电计划和用户的用电计划。安排调度计划时，应优先保证直接交易合同电量。

第二十条　在不影响已执行合同的情况下，交易双方可协商提出直接交易合同调整意向，经电力调度机构安全校核后，签订直接交易购售电合同的补充协议，并与电网公司签订输配电服务合同的补充协议。电力调度机构按照补充协议的约定及时修订交易双方年度内剩余时段的发电计划和购电计划。

第二十一条　直接交易购售电合同和输配电服务合同报电力监管机构备案，共同作为交易执行依据。

第七章　安全校核与交易执行

第二十二条　直接交易的安全校核应在规定时间内完成。在规定期限内，电力调度机构未对直接交易合同提出异议的，视为通过安全校核。

第二十三条　安全校核的顺序是：先签订合同优先于后签订的合同；长期合同电量优先于短期合同电量。

第二十四条　当参与直接交易机组因技术原因无法完成合同电量时，可依据有关规则将发电权转让给其他符合准入条件的发电机组。

第二十五条　电力用户应执行政府批准的有序用电方案，按照电网安全需要实施错峰避峰等限电措施。

第二十六条　电力系统发生紧急情况时，电力调度机构有权按照保证安全的原则实施调度，事后应向电力监管机构报告紧急情况进行认定，并向受到影响的市场成员书面说明原因。

第二十七条　电力系统发生事故时，电力调度有权按照保证安全的原则实施调度，事后应向电力监管机构报告并向受到影响的交易双方书面说明原因并在后续的发供电计划中滚动调整。

第二十八条　直接交易实际执行电量与合同电量发生偏差时，需进行余缺电量调剂。允许偏差范围暂定为3%。

第八章　计量与结算

第二十九条　直接交易电量以电力用户与电网企业签订的《供用电合同》所约定的计量点的计量电量为准，直接交易电量对应的发电企业上网电量以发电企业与电网企业签订的《购售电合同》中所约定计量点的计量电量为准。

合同的电能计量装置、电能计量装置校验要求和计量装置异常处理办法按电力用户与所在电网企业签订的《供用电合同》和发电企业与电网企业签订的《购售电合同》的约定执行。

第三十条　直接交易结算有直接结算和委托结算两种方式。具体结算方式由电力用户、发电企业选择并在合同中约定。

第三十一条　建立直接交易购售电合同履约保证金制度。履约保证金的比例及相关责任、义务由直接交易双方在合同中明确。

第九章　信息披露

第三十二条　直接交易主体，应根据各自职责及时披露相关信息，并按照有关规定报送电力监管机构及省级政府有关部门。

第三十三条　电力用户应披露以下信息：

（一）电力用户的公司股权结构、投产时间、用电电压等级、最大生产能力、年用电量、电费欠缴情况、产品电力单耗、用电负荷率等。

（二）直接交易需求信息。

（三）直接交易电量完成情况、电量清算情况、电费结算情况等信息。

第三十四条　发电企业应披露以下信息：

（一）发电企业的机组台数、机组容量、投产日期、发电业务许可证等。

（二）已签合同电量、发电装机容量扣减直接交易容量后剩余容量等信息。

（三）直接交易电量完成情况、电量清算情况、电费结算情况等信息。

第三十五条 电网企业应披露以下信息：

（一）输配电价标准、政府性基金和附加、输配电损耗率等。

（二）年度电力供需预测，主要输配电设备典型时段的最大允许容量、预测需求容量、约束限制的依据等。

第三十六条 电力调度交易机构应披露以下信息：

（一）直接交易合同电量、发电机组剔除容量等。

（二）由于电网安全约束限制了直接交易的具体输配电线路或输变电设备名称、限制容量、限制依据、该输配电设备上其他用户的使用情况、约束时段等。

（三）直接交易电量执行、电量清算、电费结算等情况。

第十章 监管措施

第三十七条 电力监管机构会同有关部门对电力用户与发电企业直接交易的实施进行监管。各区域电监局应对区域内各省（市、区）的电力用户与发电企业直接交易工作予以协调指导。

第三十八条 有关电力企业和电力用户应签订直接交易合同及输电服务合同，报电力监管机构、政府有关部门备案。

第三十九条 电力监管机构会同有关部门负责审核合同用户年度利用小时数和发电剔除容量。

第四十条 电力监管机构会同有关部门对试点情况定期总结评价，发布监管报告。

第十一章 附则

第四十一条 本办法自 2010 年 1 月 1 日起试行。

附录二　销售电价管理暂行办法

第一章　总则

第一条　为建立健全合理的销售电价机制，充分利用价格杠杆，合理配置电力资源，保护电力企业和用户的合法权益，根据国家有关法律、行政法规和《国务院关于印发电力体制改革方案的通知》（国发〔2002〕5号）、《国务院办公厅关于印发电价改革方案的通知》（国办发〔2003〕62号），制定本办法。

第二条　本办法所称销售电价是指电网经营企业对终端用户销售电能的价格。

第三条　销售电价实行政府定价，统一政策，分级管理。

第四条　制定销售电价的原则是坚持公平负担，有效调节电力需求，兼顾公共政策目标，并建立与上网电价联动的机制。

第五条　本办法适用于中华人民共和国境内依法批准注册的电网经营企业。

第二章　销售电价的构成及分类

第六条　销售电价由购电成本、输配电损耗、输配电价及政府性基金四部分构成。

购电成本指电网企业从发电企业（含电网企业所属电厂）或其他电网购入电能所支付的费用及依法缴纳的税金，包括所支付的容量电费、电度电费。

输配电损耗指电网企业从发电企业（含电网企业所属电厂）或其他电网购入电能后，在输配电过程中发生的正常损耗。

输配电价指按照《输配电价管理暂行办法》制定的输配电价。

政府性基金指按照国家有关法律、行政法规规定或经国务院以及国务院授权部门批准，随售电量征收的基金及附加。

第七条　销售电价分类改革的目标是分为居民生活用电、农业生产用电、工商业及其他用电价格三类。

第八条　销售电价分类根据用户承受能力逐步调整。先将非居民照明、非工业及普通工业、商业用电三大类合并为一类；合并后销售电价分为居民生活用电、大工业用电、农业生产用电、贫困县农业排灌用电、一般工商业及其他用电五大类，大工业用电分类中只保留中小化肥一个子类。

第九条　每类用户按电压等级定价。在同一电压等级中，条件具备的地区按用电负荷特性制定不同负荷率档次的价格，用户可根据其用电特性自行选择。

第三章　销售电价的计价方式

第十条　居民生活、农业生产用电，实行单一制电度电价。工商业及其他用户中受电变压器容量在100kVA或用电设备装接容量100kW及以上的用户，实行两部制电价。受电变压器容量或用电设备装接容量小于100kVA的实行单一电度电价，条件具备的也可实行两部制电价。

第十一条　两部制电价由电度电价和基本电价两部分构成。

电度电价是指按用户用电度数计算的电价。

基本电价是指按用户用电容量计算的电价。

第十二条　基本电价按变压器容量或按最大需量计费，由用户选择，但在一年之内保持不变。

第十三条　基本电价按最大需量计费的用户应和电网企业签订合同，按合同确定值计收基本电费，如果用户实际最大需量超过核定值5%，超过5%部分的基本电费加一倍收取。用户可根据用电需求情况，提前半个月申请变更下一个月的合同最大需量，电网企业不得拒绝变更，但用户申请变更合同最大需量的时间间隔不得少于六个月。

第十四条　实行两部制电价的用户，按国家有关规定同时实行功率因数调整电费办法。

第十五条　销售电价实行峰谷、丰枯和季节电价，具体时段划分及差价依照所在电网的市场供需情况和负荷特性确定。

第十六条　具备条件的地区，销售电价可实行高可靠性电价、可中断负荷电价、节假日电价、分档递增或递减电价等电价形式。

第四章　销售电价的制定和调整

第十七条　按电价构成的因素确定平均销售电价。以平均销售电价为基础，合理核定各类用户的销售电价。

第十八条　平均销售电价按计算期的单位平均购电成本加单位平均输配电损耗、单位平均输配电价和政府性基金确定。

第十九条　各电压等级平均销售电价，按计算期的单位平均购电成本加该电压等级输配电损耗、该电压等级输配电价和政府性基金确定。

第二十条　居民生活和农业生产电价，以各电压等级平均电价为基础，考虑用户承受能力确定，并保持相对稳定。如居民生活和农业生产电价低于平均电价，其价差由工商业及其他用户分摊。

第二十一条　各电压等级工商业及其他类的平均电价，按各电压等级平均电价加上应分摊的价差确定，并与上网电价建立联动机制。

第二十二条　各电压等级工商业及其他用户的单一制电度电价分摊容量成本的比例，依据实行单一制电度电价用户与实行两部制电价用户负荷比例确定。

第二十三条　各电压等级工商业及其他用户的两部制电价中的基本电价和电度电价，按容量成本占总成本的比例分摊确定。

第二十四条　条件具备的地区，在10kV及以上电压等级接入且装接容量在一定规模以上的工商业及其他用户，按用电负荷特性制定不同用电小时或负荷率档次的价格。

第二十五条　各电压等级工商业及其他用户两部制电价中，各用电特性用户应承担的容量成本比例按峰荷责任确定。

第二十六条　不同用电特性的用户基本电价和电度电价的比例，考虑用户的负荷率、用户最高负荷与电网最高负荷的同时率等因素确定。

第二十七条　销售电价的调整，采取定期调价和联动调价两种形式。

定期调价是指政府价格主管部门每年对销售电价进行校核，如果年度间成本水平变化不大，销售电价应尽量保持稳定。

联动调价是指与上网电价实行联动，适用范围仅限于工商业及其他用户。政府价格主管部门核定销售电价后，实际购电价比计入销售电价中的购电价升高或下降的价差，通过购电价格平衡账户进行处理。当购电价格升高或下降达到一定的幅度时，销售电价相应提高或下降，但调整的时间间隔最少为一个月。

第二十八条 输配电价及政府性基金的标准调整后，销售电价相应调整。

第五章 销售电价管理

第二十九条 各级政府价格主管部门负责对销售电价的管理、监督。在输、配分开前，销售电价由国务院价格主管部门负责制定；在输、配分开后，销售电价由省级人民政府价格主管部门负责制定，跨省的报国务院价格主管部门审批。

第三十条 政府价格主管部门在制定和调整销售电价时，应充分听取电力监管部门、电力行业协会及有关市场主体的意见。

第三十一条 居民生活用电销售电价的制定和调整，政府价格主管部门应进行听证。

第三十二条 各级政府价格主管部门和电力监管部门按各自职责对销售电价进行监督和检查，价格主管部门对违反法律、法规和政策规定的行为依法进行处罚。

第六章 附则

第三十三条 上级电网经营企业对下级独立核算电网经营企业的趸售电价，以终端销售电价为基础，给予合理的折扣制定。折扣的价差由电网直供用户分摊。

第三十四条 对农村用户的销售电价，已实行城乡用电同网同价的，按电网的终端销售电价执行；尚未实行城乡用电同网同价的，以电网的终端销售电价为基础，加上农村低压电网维护费制定。

第三十五条 发电企业向特定电压等级或特定用电容量用户直接供电，销售电价由发电企业与用户协商确定，并执行规定的输配电价和基金标准，具体办法另行制定。

第三十六条 各省、自治区、直辖市人民政府价格主管部门根据本办法的要求制定实施细则，报国家发展和改革委员会同意后执行。

第三十七条 本办法由国家发展和改革委员会负责解释。

第三十八条 本办法自 2005 年 5 月 1 日起执行。

参 考 文 献

[1] 陈浩，余乃张. 江苏绿色电能认购市场模式探讨 [J]. 电力科技与环保，2011，12（6）：54-55.

[2] 严慧敏，孙君. 绿色电力市场模式探讨 [J]. 湖北电力，2006，30（2）：47-48，59.

[3] 马国庆. 绿色能源发电侧定价机制研究 [D]. 天津：河北工业大学，2010.

[4] 付蓉，白建华，彭喜明. 绿色电力定价机制研究 [R]. 北京：国电动力经济研究中心，2000：27-28.

[5] 李博. 上海绿色证书交易机制设计 [D]. 上海：上海交通大学，2009.

[6] 刘纪平，王惠英. 上海绿色电力之路的思考 [J]. 上海电力，2007（3）：290-293.

[7] Lorenzoni, Arturo. The Italian Green Certificate market between uncertainty and opportunities, Energy Policy, 31（2003），pp. 33-42.

[8] 黄珺仪. 可再生能源价格管制的政策比较 [J]. 太原理工大学学报（社会科学版），2011，29（2）：29-33.

[9] Cherni, Judith, Kentish, Johanna, Renewable energy policy and electricity market reforms in China, Energy policy, 35（2007），pp. 3616-3629.

[10] Kelly, Geoff, Renewable energy strategies in England, Australia and New Zealand, Geoforum, 38（2007），pp. 326-338.

[11] Huang Jun-yi. The Theoretical Analysis of Green Certificates Policy or Renewable Energy. Journal of Zhejiang Business Technology Institute, 10（1）（2011），pp. 34-39.

[12] 张瑞，高阳. 上海市绿色电力营销策略研究 [J]. 电力需求侧管理，2007，9（4）：47-49.

[13] 吴彬. 我国可再生能源配额制的设计 [D]. 浙江农林大学，2011.

[14] 付蓉. 国外绿色电价项目及对我国的启示 [J]. 中国能源，2011，33（10）：19-22.

[15] 尹春涛. 绿色电力营销可再生能源发展的市场动力 [J]. 中国能源，2004（1）：12-13.

[16] Bertoldi, Paolo, Huld, Thomas. Tradable certificates for renewable energy and energy savings, Energy Policy, 34（2006），pp. 212-222.

[17] 王蓉，麻秀范. 美国可再生能源证书交易市场 [J]. 中外能源，2010，15：30-34.

[18] 沈或，顾孟迪. 欧洲绿色证书交易机制及对我国的启示 [J]. 环境保护，2007（9）：70-73.

[19] 杜松怀. 电力市场 [M]. 北京：中国电力出版社，2004.

[20] 于崇伟. 电力市场营销 [M]. 北京：中国电力出版社，2003.

[21] 肖先勇. 电力市场营销原理 [M]. 北京：中国电力出版社，2004.

[22] 王学军. 电力市场营销学 [M]. 北京：中国水利水电出版社，2000.

[23] 李青. 电力营销主任必读 [M]. 北京：中国水利水电出版社，2006.

[24] 闫刘生. 电力营销基本业务与技能 [M]. 北京：中国电力出版社，2002.

[25] 张粒子. 区域电力市场电价机制 [M]. 北京：中国电力出版社，2004.

[26] 林明宇，高丽玲. 电力市场营销理论与实务 [M]. 北京：中国电力出版社，2007.

[27] 冯之浚. 中国可再生能源和新能源产业化高端论坛 [M]. 北京：中国经济出版社，2007.

[28] 董力通. 电力市场下我国实行可再生能源配额制的研究 [D]. 北京：华北电力大学（北京），2006.

[29] 王冬利. 电力需求侧管理实用技术 [M]. 北京：中国电力出版社，2005.

[30] 中国电力科学研究院，坚强智能电网. http://www.docin.com/p-138909285.html.